Beck-Rechtsberater

Mein Recht bei Pflegebedürftigkeit

dtv

Beck-Rechtsberater

# Mein Recht bei Pflegebedürftigkeit

Leitfaden zu Leistungen der Pflegeversicherung

Von Rechtsanwältin Ulrike Kempchen und Prof. Dr. Utz Krahmer

4. Auflage 2018

**www.dtv.de**
**www.beck.de**

## Originalausgabe

dtv Verlagsgesellschaft mbH & Co. KG,
Tumblingerstraße 21, 80337 München
© 2018. Redaktionelle Verantwortung: Verlag C.H. Beck oHG
Druck und Bindung: Druckerei C.H. Beck, Nördlingen
(Adresse der Druckerei: Wilhelmstraße 9, 80801 München)
Satz: ottomedien, Darmstadt
Umschlaggestaltung: Design Concept Krön, Puchheim,
unter Verwendung eines Fotos von Kzenon – Fotolia.com
ISBN 978-3-423-50775-2 (dtv)
ISBN 978-3-406-69306-9 (C. H. Beck)

# Vorwort zur 4. Auflage

Seit Erscheinen der Vorauflage sind zwölf Jahre vergangen. Die hiermit vorgelegte 4. Auflage des Rechts-Ratgebers zur Pflegeversicherung stellt die mittlerweile erfolgten gesetzlichen Reformen vor, insbesondere diejenigen des Zweiten Pflege-Stärkungsgesetzes (PSG II) mit seinem neuen umfassenderen Pflegebedürftigkeitsbegriff sowie seinen neuen fünf Graden der Pflegebedürftigkeit und erläutert ihre rechtlichen und praktischen Auswirkungen für Pflegebedürftige. Dies mit besonderem Augenmerk auf die Ausweitung der Leistungen für Menschen mit nicht ausschließlich körperlichen Hilfebedarfen. Dabei wird der Situation und dem Unterstützungsbedarf von Menschen mit der Diagnose einer geistigen Behinderung, psychischen Erkrankung oder Demenz besonders Rechnung getragen, außerdem den Hilfebedarfen pflegebedürftiger Kinder.

Außerdem stellen wir das bei ungedecktem Pflegebedarf ergänzende bzw. aufstockende Sozialhilferecht nach dem 12. Buch Sozialgesetzbuch (SGB XII) in der neuen Fassung durch das Dritte Pflegestärkungsgesetz (PSG III) mit seiner Hilfe zur Pflege in seinen Grundzügen dar, benennen zugleich aber auch die häufigsten Fehlvorstellungen über die Sozialhilfe, insbesondere über den Einkommens- und Vermögenseinsatz, die Unterhaltspflichten und die Erbenhaftung, und versuchen damit, die bestehenden Hürden beim Zugang zur Sozialhilfe abzubauen.

Im Übrigen haben wir die bewährten und fortgeltenden Ausführungen, wie sie von den Verfassern der Vorauflagen formuliert worden waren (Andreas Jürgens für die 1. und 2. Auflage sowie Randolf Sengler und Julia Zinsmeister für die 3. Auflage), beibehalten; das gilt insbesondere für diejenigen Passagen, die wir für eher theoretischer, organisatorischer oder mehr struktureller Art halten und deshalb an der einen oder anderen Stelle als knappe *Exkurse* für die Leser einfügen, die sich breiter orientieren wollen. Generell stehen für uns, als die neuen Autoren, die konkreten Leistungen und Berechtigungen der Pflegebedürftigen und ihrer Angehörigen nach dem 11. Buch Sozialgesetzbuch (SGB XI) im Fokus dieses Rechts-Ratgebers.

Den künftigen Leserinnen und Lesern danken wir und der Verlag bereits jetzt für Anregungen und Kritik.

Bonn/Düsseldorf, im November 2017 *Ulrike Kempchen*
*Utz Krahmer*

# Inhaltsübersicht

# Inhaltsverzeichnis

# Abkürzungsverzeichnis

GG.................... Grundgesetz
ggf. .................... gegebenenfalls
GmbH............... Gesellschaft mit beschränkter Haftung
HessVGH.......... Hessischer Verwaltungsgerichtshof
Hrsg.................. Herausgeber
i. S. v................. im Sinne von
Kap. .................. Kapitel
KG .................... Kommanditgesellschaft
KSVG................ Künstlersozialversicherungsgesetz
KVLG................ Gesetz über die Krankenversicherung der Land-
wirte
LPK-SGB........... Lehr- und Praxiskommentar zum Sozialgesetz-
buch
MB/PVV............ Allgemeine Versicherungsbedingungen für die
private Pflegepflichtversicherung
MDK................. Medizinischer Dienst der Krankenversicherung
MDS ................. Medizinischer Dienst der Spitzenverbände der
Krankenkassen
m.w.Nw. ............ mit weiteren Nachworten
NBA.................. Neues Begutachtungsassessment
n. F.................... neue Fassung
NJW ................. Neue Juristische Wochenschrift (zit. nach Jahr-
gang u. Seite)
NVwZ............... Neue Zeitschrift für Verwaltungsrecht (zit. nach
Jahrgang u. Seite)
NVwZ-RR ......... Neue Zeitschrift für Verwaltungsrecht – Rechts-
prechungsdienst
NZS .................. Neue Zeitschrift für Sozialrecht (zit. nach Jahr-
gang u. Seite)
o.Ä..................... oder Ähnliche(s)
o. g..................... oben genannte
OLG.................. Oberlandesgericht
PflegeVG............ Pflegeversicherungsgesetz
PflegeZG............ Pflegezeitgesetz
PKV .................. Private Krankenversicherung
PSG I ................ Erstes Pflegestärkungsgesetz
PSG II ............... Zweites Pflegestärkungsgesetz

| | |
|---|---|
| PSG III | Drittes Pflegestärkungsgesetz |
| RdLH | Rechtsdienst der Lebenshilfe (zit. nach Jahrgang u. Seite) |
| Pflege-RL | Pflegebedürftigkeits-Richtlinien |
| PflRi | Pflegebedürftigkeits-Richtlinien (amtliche Abkürzung) |
| Rn | Randnummer |
| s. | siehe |
| SchwbWVO | Schwerbehinderten-Werkstätten-Verordnung |
| SGb | Die Sozialgerichtsbarkeit (Zeitschrift, zit. nach Jahrgang u. Seite) |
| SGB | Sozialgesetzbuch (die römischen Zahlen bezeichnen das jeweilige Buch) |
| SGB I | Sozialgesetzbuch – Allgemeiner Teil |
| SGB II | Sozialgesetzbuch – Grundsicherung für Arbeitssuchende |
| SGB III | Sozialgesetzbuch – Arbeitsförderung |
| SGB IV | Sozialgesetzbuch – Gemeinsame Vorschriften |
| SGB V | Sozialgesetzbuch – Gesetzliche Krankenversicherung |
| SGB VI | Sozialgesetzbuch – Gesetzliche Rentenversicherung |
| SGB VII | Sozialgesetzbuch – Gesetzliche Unfallversicherung |
| SGB VIII | Sozialgesetzbuch – Kinder- und Jugendhilfe |
| SGB IX | Sozialgesetzbuch – Rehabilitation und Teilhabe behinderter Menschen |
| SGB X | Sozialgesetzbuch – Verwaltungsverfahren |
| SGB XI | Sozialgesetzbuch – Soziale Pflegeversicherung |
| SGB XI-ÄndG | Gesetz zur Änderung des Sozialgesetzbuchs Elftes Buch (SGB XI) |
| SGB XII | Sozialgesetzbuch – Sozialhilfe |
| SGG | Sozialgerichtsgesetz |
| s.o. | siehe oben |
| sog. | sogenannt |

SozSich.............. Soziale Sicherheit (Zeitschrift, zit. nach Jahrgang u. Seite)

s.u..................... siehe unten

u....................... und

u. a................... unter anderem

u. E. ................. unseres Erachtens

USK ................. Urteilssammlung für die Krankenversicherung

usw. ................. und so weiter

VersR ............... Versicherungsrecht (Zeitschrift, zit. nach Jahrgang u. Seite)

VVG.................. Versicherungsvertragsgesetz

VwGO.............. Verwaltungsgerichtsordnung

WfbM .............. Werkstatt für behinderte Menschen

WTG NRW........ Wohn- und Teilhabegesetz Nordrhein-Westfalen

z. B................... zum Beispiel

ZfF................... Zeitschrift für das Fürsorgewesen (Zeitschrift, zit. nach Jahrgang u. Seite)

ZfS................... Zentralblatt für Sozialversicherung (Zeitschrift, zit. nach Jahrgang u. Seite)

zit. ................... zitiert

# Weiterführende Literaturhinweise

Grube/Wahrendorf (Hrsg.), SGB XII, Sozialhilfe, Kommentar, 5. Auflage 2014

Krahmer/Plantholz (Hrsg.), Sozialgesetzbuch XI, Soziale Pflegeversicherung, Lehr- und Praxiskommentar, 5. Auflage 2018

Krahmer/Schellhorn (Hrsg.), Hilfe zur Pflege nach dem SGB XII, Leistungen der Sozialhilfe bei Pflegebedarf, 6. Auflage 2018

Krahmer/Höfer, Erl. zu §§ 61 ff. SGB XII, in: Bieritz-Harder/Conradis/Thie (Hrsg.), Sozialgesetzbuch XII, Sozialhilfe, Lehr- und Praxiskommentar, 11. Auflage 2018

Schellhorn/Hohm/Schneider (Hrsg.), Kommentar zum Sozialgesetzbuch XII, 19. Auflage 2015

Der Paritätische Gesamtverband (Hrsg.), Pflegebedürftig – Was tun?, Ein Ratgeber für pflegebedürftige Menschen und ihre Angehörigen, 4. Auflage 2017

Verbraucherzentrale (Hrsg.), Pflegefall – was tun? In 10 Schritten zur guten Pflege, 2017

# Erste Orientierung

Wer pflegebedürftig oder behindert ist, bedarf oftmals der Hilfe und Unterstützung durch andere Menschen. Je nach Schwere der körperlichen, kognitiven oder auch psychischen Beeinträchtigungen im täglichen Leben sind eine Reihe von Leistungen der Pflege und Betreuung notwendig. Selbst wenn im häuslichen Umfeld von Angehörigen oder ehrenamtlich Tätigen Versorgungsleistungen erbracht werden, geht dies in der Regel zu Lasten der eigenen Erwerbstätigkeit, Freizeit und Leistungsfähigkeit der Pflegenden. Ist eine Betreuung durch ehrenamtliche Personen oder Angehörige nicht möglich, müssen Leistungen von professionell Pflegenden wie etwa Pflegediensten, teilstationären oder stationären Einrichtungen in Anspruch genommen werden. Diese Pflege- und Betreuungsleistungen kosten Geld. Dass zahlreiche Menschen ein Pflegerisiko in sich tragen, aber in jüngeren Jahren nicht entsprechend vorsorgen (können), hat der Gesetzgeber schon vor Jahren erkannt. Vor dem Hintergrund der Situation der Pflegebedürftigen, den Folgen des demografischen Wandels sowie den damit verbundenen finanziellen Belastungen der Kommunen im Zusammenhang mit der Pflege diskutierte man rund 20 Jahre darüber, wie man diese Herausforderungen meistern kann. Mitte der 90er Jahre waren rund 80 % der Personen, die in einem Heim lebten, auf Sozialleistungen angewiesen. Die Sozialhilfe wurde für immer mehr Menschen zur Regelsicherung. Für die Sozialhilfeträger, vor allem für die Kommunen, stieg die Belastung im gleichen Maß. Um das Risiko der Pflegebedürftigkeit für möglichst viele potenziell pflegebedürftige Menschen abzusichern und die Sozialhilfeträger zu entlasten, wurde daher 1995 mit dem „Gesetz zur sozialen Absicherung des Risikos der Pflegebedürftigkeit" die **soziale Pflegeversicherung** eingeführt. Die entsprechenden Regelungen finden sich überwiegend im 11. Buch Sozialgesetzbuch (SGB XI). Darin finden sich die wichtigsten Grundlagen dazu, wer unter welchen Voraussetzungen Leistungen aus der sozialen Pflegversicherung beziehen kann. Beitragserhebung, Finanzierung und Regelung der Rechtsbeziehungen zwischen Kostenträgern und Leistungserbringern bilden weitere Schwerpunkte.

Mit Schaffung der sozialen Pflegeversicherung hat der Gesetzgeber eine finanzielle „Abfederung" des Pflegerisikos geschaffen und u. a. das Ziel verfolgt, den Pflegebedürftigen zu helfen, trotz ihres Hilfebedarfs ein möglichst selbständiges und würdevolles Leben zu führen. Betroffenen soll eine weitgehend eigenverantwortliche Entscheidungskompetenz in ihren persönlichen Angelegenheiten trotz Abhängigkeit von fremder Hilfe erhalten bleiben. Daher bietet die Pflegeversicherung die Wahl zwischen verschiedenen Leistungen der Unterstützung an und dazu Beratung sowie Fallmanagement. Die Pflegeversicherung hat dabei aber grundsätzlich nicht die Aufgabe, den gesamten Bedarf eines Pflegebedürftigen umfassend abzusichern. Sie sichert lediglich einen Teil des pflegebedingten Bedarfs. Als Leistungen stehen festgelegte Beträge in gedeckeltem Umfang zur Verfügung. Die Absicherung des Risikos ist somit begrenzt. Man spricht bei der Pflegeversicherung im übertragenen Sinne daher auch umgangssprachlich von einer „**Teilkaskoversicherung**" für den Fall der Pflegebedürftigkeit. Ist ein pflegebedürftiger Mensch darüber hinaus nicht in der Lage, die Kosten seiner Versorgung zu tragen, fällt dieses Pflegerisiko bei materieller Bedürftigkeit in den Verantwortungsbereich der **Sozialhilfe**. Eine Ergänzung der Leistungen der Pflegeversicherung sowie der Eigenmittel durch die Sozialhilfe ist daher möglich (→ 3. Kap.).

Mit Einführung der Pflegeversicherung wurden zur Umsetzung der geschaffenen Regelungen neue Sozialleistungsträger geschaffen: Die **Pflegekassen**. Sie sind die **Träger der sozialen Pflegeversicherung** und haben u. a. die Aufgabe, Leistungen der Pflegeversicherung zu organisieren und zu koordinieren sowie dazu Versorgungsverträge zu schließen. Als Grundsatz des SGB XI gilt, dass die Pflegeversicherung der Krankenversicherung folgt. Die Pflegekassen als Träger der sozialen Pflegeversicherung wurden also in der Weise neu gebildet, dass bei jeder Krankenkasse eine Pflegekasse eingerichtet wurde. Diese Pflegekasse ist eine selbständige Körperschaft des öffentlichen Rechts mit eigener Selbstverwaltung und ist für diejenigen Versicherten zuständig, die bei der jeweiligen Krankenkasse abgesichert sind. In der sozialen Pflegeversicherung werden einkommensabhängige Beiträge erhoben und mittels eines Umlageverfahrens unmittelbar für laufende Ausgaben verwendet.

**Die eigene Pflegekasse sollte daher immer der erste Ansprechpartner sein, wenn sich ein Pflegebedarf abzeichnet oder die bestehende Pflegebedürftigkeit steigt.** Die Kassen sind verpflichtet, ihren Mitgliedern eine unabhängige Pflegeberatung nach § 7a SGB XI zukommen zu lassen. Dies geschieht entweder durch eigene Pflegeberater, die mitunter auch ins Haus kommen, oder in Pflegestützpunkten, sofern regional vorhanden.

Da in Deutschland die Bürger nicht immer gesetzlich, sondern auch privat krankenversichert sein können, musste in der Folge auch eine **private Pflegepflichtversicherung** ins Leben gerufen werden, wenn auch mit eigenen Regelungen. Bei Einführung der sozialen Pflegepflichtversicherung wurde deshalb festgelegt, dass privat Krankenversicherte zum Abschluss einer privaten Pflegeversicherung verpflichtet sind. Der Versicherungsvertrag muss Leistungen bei Pflegebedürftigkeit für die Versicherten und für ihre mitversicherten Angehörigen vorsehen, die nach Art und Umfang denen der sozialen Pflegeversicherung gleichwertig sind. Beihilfeberechtigte Personen (z. B. Beamte) haben in der Regel bei Pflegebedürftigkeit auch Ansprüche gegenüber ihrem Dienstherrn. Die zusätzliche private Pflegeversicherung muss entsprechend anteilig beihilfekonform sein, so dass die Leistungen zusammengenommen denen der sozialen Pflegeversicherung entsprechen. Bei Eintritt von Pflegebedürftigkeit hat der Versicherte einen Anspruch auf Leistungen gegenüber der Pflegeversicherung, die seiner Krankenversicherung folgt, also gegenüber der sozialen oder privaten Pflegeversicherung. Pflegebedürftige Personen, die vor Eintritt der Pflegebedürftigkeit nicht in einer der vorbenannten Versicherungen versichert waren, haben im Pflegefall **keinen Anspruch** auf Leistungen der sozialen oder privaten Pflegeversicherung. Sie können bei Vorliegen entsprechender Voraussetzungen allerdings einen **Anspruch auf Hilfe zur Pflege** gegenüber dem Sozialhilfeträger nach SGB XII haben (→ 3. Kap.). Zur ersten Orientierung kann man festhalten, dass alle Personen, die bei einer **gesetzlichen Krankenversicherung** versichert oder mitversichert sind, grundsätzlich Leistungen der sozialen Pflegeversicherung beziehen können.

Grundlage des Anspruchs auf Leistungen ist immer der Eintritt der **Pflegebedürftigkeit.** Die Person, die Unterstützungsleistungen der Pflegeversicherung beziehen will, stellt dazu einen Antrag auf Begutachtung zur Feststellung der Pflegebedürftigkeit. Diese ist, je nach Umfang der tatsächlich benötigten Hilfe, in fünf Pflegegrade unterteilt, wobei Pflegegrad 1 den Mindestbedarf an Pflege bezeichnet und Pflegegrad 5 die am stärksten hilfebedürftigen Personen erfasst. Der Hilfebedarf richtet sich auf die Tätigkeiten der Selbstversorgung im täglichen Leben, die kognitiven und kommunikativen Fähigkeiten, die Bewältigung und den Umgang mit krankheitsbedingten Anforderungen sowie die Gestaltung des Alltagslebens, bei denen die hilfebedürftige Person der Unterstützung oder teilweiser oder vollständiger Übernahme entsprechender Verrichtungen bedarf sowie gegebenenfalls deren Beaufsichtigung oder Anleitung. Liegt dieser Bedarf für eine bestimmte Dauer und nicht nur vorübergehend z. B. wegen eines Unfalls vor, kann eine Pflegebedürftigkeit vorliegen. Festgestellt wird dies durch den **Medizinischen Dienst der Krankenversicherung,** der auch die Einstufung in einen Pflegegrad vornimmt. Dabei wird nicht nur altersbedingter Bedarf erfasst, sondern z. B. auch eine Behinderung in jüngeren Jahren, da Pflegebedürftigkeit in jedem Alter auftreten kann.

Pflegebedürftige können sowohl in ihrem häuslichen Umfeld als auch teilstationär (z. B. am Tage oder nachts) oder in einem Heim (vollstationäre Einrichtung) versorgt werden und entsprechende **Leistungen** erhalten. Der Fokus liegt auf der Versorgung im häuslichen Umfeld. Diese wird entsprechend stark von Politik und Gesellschaft gefördert. Kann die häusliche Pflege aber nicht in ausreichendem Umfang sichergestellt werden, hat eine pflegebedürftige Person auch Anspruch auf eine teilstationäre Versorgung. In diesem Fall verbringt sie einen Teil des Tages in einer dafür vorgesehenen Einrichtung, den anderen Teil im häuslichen Umfeld. Die Pflegeversicherung übernimmt hierbei bis zu einer gesetzlich festgelegten Höhe den Kostenanteil für die pflegebedingten Aufwendungen und die soziale Betreuung. Die darüber hinaus gehenden Kosten sind von dem Pflegebedürftigen selbst zu tragen. Ist dies aufgrund der Einkommenssituation nicht möglich, kann ergänzend Sozialhilfe beantragt werden. Bedarf es vorübergehend oder dauerhaft einer Versorgung eines Pflegebedürftigen in einem Heim, weil z. B. keine Angehörigen da sind, die Pflegeleistungen erbringen können, oder weil sonstige Umstände eine häusliche Versorgung (derzeit) nicht möglich machen und auch keine teilstationäre Pflege möglich ist bzw. ausreicht, kann die Versorgung auch vollstationär erfolgen. Die Leistungen der Pflegeversicherung sind dabei auf einen Teil der anfallenden Kosten beschränkt. Die Einzelheiten zu diesen Versorgungsformen und ihrem jeweiligen Umfang werden in den nachfolgenden Kapiteln besprochen.

Es gibt aber auch Situationen im Leben, in denen die Bedarfe nicht durch Leistungen der sozialen und privaten Pflegeversicherung abgefangen werden können, z. B. wenn eine hilfebedürftige Person in keiner Pflegeversicherung versichert ist oder die (Teil-)Leistungen der Pflegeversicherung zusammen mit den Einkünften nicht ausreichen, die notwendigen Kosten zu decken. Pflegebedürftigkeit und/ oder Behinderung stellen dann **besondere Lebenslagen** dar, die in den Regelungen der Sozialhilfe nach dem SGB XII Berücksichtigung finden. D. h. pflegebedürftige Menschen können neben oder statt den Leistungen der sozialen Pflegeversicherung auch Leistungen in Form von Hilfe zur Pflege nach den §§ 61 ff. SGB XII erhalten (→ 3. Kap.).

# 1. Kapitel

## Soziale Pflegeversicherung

Das Recht der sozialen Pflegeversicherung ist im **11. Buch Sozialgesetzbuch – Soziale Pflegeversicherung (SGB XI)** geregelt. Diese gesetzlichen Grundlagen werden uns also durch das gesamte Buch begleiten, In diesem **Gesetz** sind die wichtigsten Festlegungen darüber getroffen, wer als Betroffener unter welchen Voraussetzungen welche Leistungen aus der Pflegeversicherung beziehen kann. Außerdem ist geregelt, wie die Begutachtungen zur Pflegebedürftigkeit durch Gutachter erfolgen und welche materiellen Wirkungen die von den Pflegekassen getroffenen Einstufungen für die Kostentragung durch die Pflegeversicherung haben. Darüber hinaus finden sich die **Grundlagen** dazu, unter welchen Voraussetzungen pflegende Angehörige Vergünstigungen und Leistungen in Anspruch nehmen können. Außerdem gibt es Regelungen zur Organisation der Pflegekassen als Träger der sozialen Pflegeversicherung sowie zu den Aufgaben der privaten Pflegepflichtversicherung, über die Beitragserhebung und sonstige Finanzierung und vor allem auch über die Rechtsbeziehungen zwischen den Pflegekassen und den Leistungsanbietern, also den ambulanten Pflegediensten und den stationären oder teilstationären Pflegeeinrichtungen. Auch die Sicherung der Qualität der Pflege zum Schutz der Pflegebedürftigen ist Inhalt des SGB XI.

Das SGB XI wird immer wieder den sich ändernden Lebensbedingungen angepasst und unterliegt damit ständig Veränderungen. Eingeführt wurde das SGB XI im Jahr 1995 durch das „Gesetz zur sozialen Absicherung des Risikos der Pflegebedürftigkeit (**Pflege-Versicherungsgesetz, PflegeVG)"** vom 26.5.1994 (BGBl. I S. 1014, 2797), zuletzt geändert wurde es ganz aktuell durch das **Dritte Pflegestärkungsgesetz (PSG III)** vom 23.12.2016 (BGBl. I S. 3191) sowie durch das Bundesteilhabegesetz (BTHG) vom 23.12.2016 (BGBl. I S. 3234). Die neuesten Änderungen mit Wirkung zum 1.1. 2017 sind in diesem Ratgeber berücksichtigt.

Die Pflegeversicherung wurde im Laufe der Jahre einige Male **geändert.** War zunächst Grund der Einführung der Pflegeversicherung die Tatsache, dass bei einem Großteil der Pflegebedürftigen das Alterseinkommen nicht zur Versorgung ausreichte (→ Erste Orientierung), sollte mit den weiteren vorgenommenen Änderungen jeweils die Situation der pflegebedürftigen Menschen und ihrer Angehörigen weiter verbessert werden. Die Angebotspalette hat sich dabei weiterentwickelt; geändert haben sich teilweise auch die Voraussetzungen für den Zugang zu Leistungen. Auch eine Anpassung der Leistungsbeträge ist nach und nach erfolgt. Insbesondere die wachsende Anzahl demenzkranker und immer älter werdender Menschen machte Veränderungen hinsichtlich der Leistungsangebote in den letzten Jahren notwendig.

**Ziele** der gesetzgeberischen Einführung und Überarbeitungen der Sozialen Pflegeversicherung waren und sind:

- Schaffung einer eigenständigen Absicherung des „Risikos Pflegebedürftigkeit" jenseits der Sozialhilfe, um Pflegebedürftige dadurch zu entlasten,

- Ermöglichung eines selbstbestimmten Lebens des Hilfe- und Pflegebedürftigen,

- Einräumung eines Vorrangs der häuslichen Pflege vor der stationären Versorgung,

- Aufbau einer qualitativ hochwertigen Pflegeinfrastruktur und damit die Sicherung der Qualität der Pflege.

Die Pflegeversicherung wurde seitens des Gesetzgebers bewusst als **Teilleistungssystem** aufgebaut und übernimmt daher nicht alle pflegebedingten Aufwendungen einer pflegebedürftigen Person. Sie stellt lediglich eine Entlastung dar.

**Art und Umfang der Leistungen** der Pflegeversicherung sind jeweils von der Schwere der Pflegebedürftigkeit abhängig, die mittels eines Begutachtungssystems bewertet wird. Ausschlaggebend ist dabei der Hilfebedarf des Einzelnen, gemessen an seinen noch vorhandenen Fähigkeiten, selbst mit der Pflegebetroffenheit umzugehen. Dabei wird auf die Bereiche körperbezogene Pflegemaßnahmen, pflegerische Betreuungsmaßnahmen und Hilfe bei der Haushaltsführung sowie überhaupt bei der Alltagsbewältigung abgestellt. Gleichzeitig sollen im Rahmen der Begutachtung etwa vorhandene Möglichkeiten der Rehabilitation auch im hohen Alter überprüft und festgehalten werden. Da es ein Grundsatz der Pflegeversicherung ist, dass Rehabilitation und Prävention grundsätzlich Vorrang vor der Pflegebedürftigkeit haben, um vorhandene Ressourcen seitens der pflegebedürftigen Menschen zu fördern, werden diese Bedarfe bei der Begutachtung miterfasst.

Die Pflegeversicherung soll die Versicherten je nach Schwere der Pflegebedürftigkeit durch Zugang zu bestimmten Leistungen entlasten und eine qualitativ hochwertige Pflegeinfrastruktur aufbauen. Ausgangspunkt ist dabei die Feststellung von Pflegebedürftigkeit sowie deren Schwere.

Leistungen der Pflegeversicherung kann jede Person erhalten, die

- einen Antrag auf Feststellung/Überprüfung der Pflegebedürftigkeit stellt,
- in den letzten zehn Jahren vor Antragstellung mindestens zwei Jahre in der Pflegeversicherung (mit-)versichert war und
- als pflegebedürftig für voraussichtlich mindestens sechs Monate eingestuft wird.

Entscheidender Ausgangpunkt zum Erhalt von Leistungen aus der Pflegeversicherung ist also, dass eine Person als **pflegebedürftig** nach dem SGB XI anerkannt ist, weil sie ihren Alltag nicht allein bewältigen kann. Dazu bedarf es zunächst einer Definition, was überhaupt Pflegebedürftigkeit ist und welche Voraussetzungen für eine Anerkennung vorliegen müssen: Die Antwort darauf gibt das

SGB XI vor. Um die **Schwere der Pflegebedürftigkeit** eines Menschen zu bewerten, bedarf es darüber hinaus einer Bewertungsmethode, die eine Einteilung nach Schweregraden ermöglicht. Anhand der Eingraduierung einer Person ergeben sich dann deren jeweilige Ansprüche auf Leistungen der Pflegeversicherung. Geprüft wird das Vorliegen von Pflegebedürftigkeit sowie deren Schwere von geschulten Gutachtern des Medizinischen Dienstes der Krankenversicherung (MDK) oder der vergleichbaren Institution Medicproof der Privaten Pflegepflichtversicherung. Dazu bedarf es einer **Antragstellung auf Begutachtung** und Feststellung der Pflegebedürftigkeit. Die Gutachter führen die Begutachtung durch und gruppieren den Antragsteller dann in einen Pflegegrad ein, wenn die Voraussetzungen dafür vorliegen. Der Antrag wird bei der zuständigen Pflegeversicherung gestellt. Die Begutachtung findet im Wohnumfeld der betroffenen Person statt, damit die Gutachter die gesamten Lebensumstände erfassen können. Dazu gehören auch die Wohnsituation und die Versorgungs- bzw. Unterstützungsmöglichkeiten durch Familie, Nachbarn oder sonstige Dritte wie z. B. ein Pflegedienst oder eine Sozialstation. Ist eine Person bereits als pflegebedürftig eingestuft worden und hat einen Pflegegrad, kann es evtl. notwendig sein, einen **Antrag auf Überprüfung der Pflegestufe** (in der Regel **Höherstufung**) zu stellen. Die nachfolgenden Ausführungen gelten hier entsprechend.

# I. Der Pflegebedürftigkeitsbegriff

Das zentrale Thema der Pflegeversicherung ist der Begriff der **Pflegebedürftigkeit**. Durch die Definition der Pflegebedürftigkeit soll im Sinne der Gerechtigkeit und Gleichbehandlung eine Grundlage geschaffen werden, möglichst alle potentiell betroffenen Personen – obwohl jeder Mensch individuell ist und ganz eigene Bedarfe hat – nach den gleichen Kriterien zu begutachten und deren Pflegebedarf festzustellen. Dabei soll jeder die **gleichen Zugangsmöglichkeiten** zu den Leistungen der Pflegeversicherung erhalten, unabhängig davon, warum und welche Hilfe er benötigt. Wird bei einer Person also festgestellt, dass sie pflegebedürftig ist und in einen Pflegegrad eingestuft, erhält sie entsprechende Leistungen der Pflegeversicherung.

Da sicherlich einige Leser bereits selbst oder über Angehörige Erfahrungen mit dem Thema Pflegebedürftigkeit und Pflegestufen haben, soll hier kurz auf die neuesten Veränderungen eingegangen werden, die das Thema betreffen:

Der Begriff der Pflegebedürftigkeit hat in jüngster Zeit eine umfassende Reform erfahren. **Bis Ende 2016** galt als pflegebedürftig, wer

> *„wegen einer körperlichen, geistigen oder seelischen Krankheit oder Behinderung für die gewöhnlichen oder regelmäßigen wiederkehrenden Verrichtungen im Ablauf des täglichen Lebens in erheblichem oder höheren Maße der Hilfe bedarf".*

Abgestellt wurde auf Verluste, Lähmungen oder Funktionsstörungen am Stütz- und Bewegungsapparat, Funktionsstörungen der inneren Organe oder Sinnesorgane sowie Störungen des Zentralnervensystems. Für die Beurteilung der Pflegebedürftigkeit wurden ganz bestimmte Fähigkeiten getestet. Es galt, dass nur der Bedarf an Hilfe und Unterstützung bei bestimmten im Gesetz genannten Verrichtungen (insgesamt 21) im Ablauf des täglichen Lebens für die Beurteilung der Pflegebedürftigkeit herangezogen werden durfte. Es kam also nicht auf einen allgemeinen Hilfebedarf oder auf landläufige Vorstellungen von Pflegebedürftigkeit an, sondern ausschließlich auf die Frage, ob bei einzelnen im Gesetz genannten Verrichtungen, die ein nicht-pflegebedürftiger Mensch ganz selbstverständlich ohne Hilfe bewältigen kann, Hilfe benötigt wird oder nicht. Ein Bedarf an Hilfe bei anderen, im Gesetz nicht genannten Verrichtungen war für die Feststellung der Pflegebedürftigkeit bis Ende 2016 nicht von Bedeutung. Die im Gesetz genannten Kriterien waren Tätigkeiten aus den Bereichen Körperpflege, Ernährung, Mobilität und hauswirtschaftliche Versorgung, die im Alltagsleben immer wieder vorkommen. Man hat beispielsweise konkret abgefragt, ob eine betroffene Person sich selbst waschen oder zur Toilette gehen, selbst die Nahrung zubereiten, gehen, die Wohnung verlassen oder Wäsche und Wohnung versorgen kann. Abgestellt wurde dabei überwiegend auf die körperlichen Einschränkungen einer Person.

Die Herstellung und Unterhaltung sozialer Kontakte, Spaziergänge, die Teilnahme an kulturellen Veranstaltungen, die Begleitung zu Arbeitsplatz, Rehabilitationseinrichtung etc. gehörten ebenso wenig zum Leistungsbereich der Pflegeversicherung und wurden in der Begutachtung nicht abgefragt, wie z. B. die Fähigkeiten zur allgemeinen Kommunikation oder sonstige psycho-soziale Problemlagen. Die Zuordnung in eine Pflegestufe orientierte sich bis dahin ausschließlich an der Betrachtung von Einschränkungen bei bestimmten Verrichtungen, die einen Hilfebedarf auslösen und somit auf Basis eines **defizitären Ansatzes.** Je nach Schwere der Beeinträchtigung und damit verbundenen Einschränkung der Lebensführung wurde die Anzahl der Minuten eingeschätzt, die zur Unterstützung und für die Hilfe durch Dritte bei den oben genannten bestimmten Verrichtungen notwendig sind. Gemessen wurde dies anhand der Zeit, die ein pflegefachlicher Laie für die benötigten Hilfestellungen aufbringen würde. Auf Grundlage des sich daraus ergebenden Gesamtminutenaufwands erfolgte im Anschluss eine Eingruppierung in eine der Pflegestufen (1 bis 3 ansteigend). Man sprach daher auch kritisch von einer „**Minutenpflege**".

Viele Menschen, die aufgrund demenzieller Veränderungen zwar persönliche Hilfe oder Assistenz benötigen, nicht aber z. B. im Bereich der Grundpflege, haben nach dieser Überprüfung der Pflegebedürftigkeit oftmals keine Einstufung in die Pflegestufe I erreichen können. Menschen mit ausschließlich bzw. überwiegend **kognitiven oder psychischen Einschränkungen** wurden ausgeschlossen und fielen ganz bzw. teilweise durch das Begutachtungsraster, mit der Folge, dass eine Zuordnung in eine Pflegestufe wegen fehlender Pflegebedürftigkeit gar nicht erfolgte bzw. sie wegen zu geringer Pflegebedürftigkeit in eine niedrigere Pflegestufe eingeordnet wurden. Sie erhielten damit unter Umständen keinen bzw. keinen ausreichenden Zugang zu Leistungen der Pflegeversicherung.

Dies war auch die **Hauptkritik** an der bisherigen Definition der Pflegebedürftigkeit. Die Ungleichbehandlung bzw. unzureichende Teilhabeorientierung der Pflegeversicherung bedurfte dringend der Korrektur. Die Sichtweise auf die betroffenen Menschen und ihren Hilfebedarf hat sich im Laufe der Jahre seit Einführung der Pflegeversicherung verändert. Bereits seit Beginn der Pflegeversicherung wurde von Pflegeexperten immer wieder bemängelt, dass nicht alle aufgrund von Krankheit oder Behinderung dauerhaft Hilfebedürftigen gleichermaßen Zugang zu den Leistungen der Pflegeversicherung erhalten, weil das Bewertungssystem nicht umfassend genug, sondern überwiegend auf **körperliche Einschränkungen** bezogen war. Auch vor dem Hintergrund des demografischen Wandels und damit der Zunahme älterer, häufig demenziell veränderter Menschen war die Überarbeitung erforderlich. Gerade die Anzahl der Menschen, die unter demenziellen Veränderungen leiden, wächst. Diese Betroffenen weisen häufig „nur" eine eingeschränkte Alltagskompetenz auf, dies bei gleichzeitig vorliegender körperlicher „Fitness". Viele sind körperlich ihrem Alter entsprechend gesund und benötigen kaum Hilfen bei den Verrichtungen des täglichen Lebens. Sie sind jedoch kognitiv nicht mehr in der Lage, allein zurechtzukommen und ihren Alltag zu bewältigen. Wer aber z.B. eine demente Person betreut oder einen psychisch kranken Menschen, weiß, wie aufwendig und zeitintensiv diese Betreuung und Unterstützung sein kann. Wenn diese Personen keine Leistungen der Pflegeversicherung erhalten, ist dies ungerecht. Die Begriffsbestimmung der Pflegebedürftigkeit wurde daher in einem jahrelangen Prozess von einem Expertenrat überarbeitet.

Mit Erlass des sog. PSG II, des Zweiten Gesetzes zur Stärkung der pflegerischen Versorgung und zur Änderung weiterer Vorschriften, wurde **mit Wirkung zum 1.1.2017** ein **neuer Pflegebedürftigkeitsbegriff** eingeführt, der dem gesamten Bedarf betroffener Personen Rechnung tragen soll. Die unterschiedliche Behandlung von Menschen mit den verschiedensten Hilfebedarfen und Einschränkungen wird aufgehoben, und es soll ein gerechterer und gleichberechtigter Zugang für alle Pflegebedürftigen zu den Leistungen der Pflegeversicherung bewirkt werden.

Man nähert sich nun den hilfebedürftigen Menschen, die einen Antrag auf Feststellung einer Pflegebedürftigkeit stellen, auf andere Weise als bisher. Eine defizitäre Betrachtung anhand vorgegebener Verrichtungen soll nicht mehr stattfinden, sondern im Mittelpunkt steht die Frage, über welche **Ressourcen** der Antragsteller noch verfügt und wie diese erhalten und gestärkt werden können. Zentraler

Maßstab der Prüfung soll danach sein, was der Pflegebedürftige noch aus eigener Kraft kann – es wird also der Grad der noch gegebenen **Selbständigkeit** definiert. Abgestellt werden soll dabei auf Fähigkeiten, wie z. B. den selbständigen Umgang mit krankheitsbedingten Anforderungen, Verhaltensweisen und psychische Problemlagen oder soziale Kontakte. Erfasst werden sollen alle relevanten Aspekte der Pflegebedürftigkeit, unabhängig davon, ob diese auf körperlichen, psychischen oder kognitiven Beeinträchtigungen beruhen. Gemessen wird dies anhand des Ausmaßes, in dem ein Betroffener auf Hilfe Dritter angewiesen ist. Neu ist, dass die kognitiven und kommunikativen Fähigkeiten, das soziale Verhalten und die psychischen Problemlagen, die Gestaltung des Alltags und die sozialen Kontakte gleichgewichtig betrachtet werden. Damit soll es gelingen, die **Problemlagen und Hilfebedarfe** Pflegebedürftiger möglichst weitgehend zu erfassen.

Unterstützungsaufwände in Minuten sollen dabei keine Rolle mehr spielen. Es wird also nicht mehr nur danach geschaut, was der Pflegebedürftige nicht kann und wie viel Zeit eine Pflegeperson für die unterstützende Hilfeleistung benötigt, sondern danach, was der Pflegebedürftige alleine schafft und in welchem Bereich (egal, um welchen es sich handelt) er auf Unterstützung angewiesen ist. Ob allerdings diese scheinbar um 180 Grad gedrehte Betrachtungsweise wirklich weniger auf Defizite achtet oder nur den Betrachtungsschwerpunkt anders setzt, wird die Zukunft zeigen. Tatsache bleibt, dass es immer um Menschen geht, die aufgrund ihres gesundheitlichen Zustands nicht mehr alleine zurechtkommen und Unterstützung benötigen (man kann das Vorliegen gewisser Defizite nicht leugnen).

Um die Pflegebedürftigkeit anhand des neu definierten Pflegebedürftigkeitsbegriffs festzustellen und allen Betroffenen einen gleichwertigen Zugang zu den Leistungen der Pflegeversicherung zu ermöglichen, bedarf es folgerichtig auch eines **neuen Begutachtungssystems** (genannt „NBA"), das möglichst objektiv auf alle Personen anzuwenden ist, die Hilfe benötigen und einen Antrag auf Feststellung von Pflegebedürftigkeit stellen. Die Erarbeitung und Erprobung dieser neuen Methode ist 2016 erfolgt, die Gutachter wurden auf dieses neue Begutachtungssystem geschult.

Um die Pflegebedürftigkeit einzuschätzen, wird künftig in acht Lebensbereichen das Ausmaß eingeschätzt, in dem die pflegebedürftige Person sich noch selbst ohne fremde Hilfe versorgen kann (→1. Kap. II.1.). Für die Bewertung tatsächlich relevant sind **sechs Bereiche** (→1. Kap. II.1.). Geachtet wird dabei auf den **Grad der Selbständigkeit**. Bei der Bewertung wird auch der geistige und seelische Zustand einbezogen. Es werden also nicht mehr nur die „klassischen" Hilfebedarfe bei Körperpflege, Ernährung, Mobilität und hauswirtschaftliche Versorgung erfasst.

Anhand des neu erarbeiteten Begutachtungsinstruments werden die Betroffenen in einen von fünf **Pflegegraden** eingruppiert. Alle Pflegebedürftigen innerhalb eines Pflegegrades haben Zugang zu den gleichen Leistungen der Pflegeversicherung. Die Begutachtung führt ggf. zum **Leistungszugang**, misst aber nicht den Hilfebedarf im Einzelnen mit dem Ziel, daraus eine Versorgungsplanung abzuleiten. Pflegebedürftige Kinder werden mit dem gleichen Begutachtungssystem bewertet wie Erwachsene, jedoch mit besonderen Regelungen, die ihr Alter und ihren Entwicklungsstand berücksichtigen. Den Erwartungen an den neuen Pflegebedürftigkeitsbegriff sowie einen gerechteren Zugang zu den Leistungen soll auch dadurch Rechnung getragen werden, dass mit dem neuen Pflegegrad 1 die Zugangsschwelle zu bestimmten Leistungen der Pflegeversicherung niedriger liegt als die bisherige Schwelle der erheblichen Pflegebedürftigkeit mit Pflegestufe 1. Betroffene sollen dadurch früher Zugang zu Unterstützungsleistungen erhalten als vor 2017. Der Kreis der Anspruchsberechtigten wurde dadurch erweitert.

## Pflegebedürftigkeitsbegriff

Der Pflegebedürftigkeitsbegriff ist der Ausgangspunkt um zu bewerten, ob jemand pflegebedürftig im Sinne des Gesetzes ist. Nur Personen, denen eine Pflegebedürftigkeit bestätigt wurde, können Leistungen der Pflegeversicherung zu erhalten. Der Pflegebedürftigkeitsbegriff wurde in den letzten Jahren überarbeitet, um möglichst allen Menschen, die einen erheblichen Hilfebedarf haben, einen Zugang zu den Leistungen der Pflegeversicherung zu gewähren, unabhängig davon, ob der Grund für die Hilfebedürftigkeit somatischer oder kognitiver/psychischer Natur ist. Gemessen wird der Grad der Pflegebedürftigkeit durch ein eigenes Begutachtungsinstrument.

| Begutachtung bis Ende 2016 | Begutachtung ab dem 1.1.2017 |
|---|---|
| Erfassung des Hilfebedarfs anhand von 21 im Gesetz genannter Kriterien bei<br><br>– Körperpflege<br>– Ernährung<br>– Mobilität und<br>– hauswirtschaftlicher Versorgung<br><br>Zusätzlich Möglichkeit der gesonderten Prüfung einer eingeschränkten Alltagskompetenz | Ermittlung der Selbständigkeit und Fähigkeiten bzw. Schwere der Beeinträchtigungen anhand von 6 Modulen im Bereich<br><br>– Mobilität<br>– kognitive und kommunikative Fähigkeiten<br>– Verhaltensweisen und psychische Problemlagen<br>– Selbstversorgung<br>– Umgang mit und selbständige Bewältigung von krankheits- und therapiebedingten Anforderungen<br>– Gestaltung des Alltagslebens und sozialer Kontakte |
| Bedarfsermittlung durch Messung in Minuten | Bedarfsermittlung durch Punktevergabe in den einzelnen Bereichen je nach dem Grad der noch vorhandenen Kompetenzen |

# II. Wer ist pflegebedürftig?

Pflegebedürftig ist, wer nach Untersuchung durch einen Gutachter als solcher anerkannt und einem Pflegegrad zugeordnet wurde. Ob dies auf eine Person zutrifft, richtet sich nach dem in §§ 14, 15 SGB XI definierten Pflegebedürftigkeitsbegriff.

## 1. Definition

§ 14 SGB XI definiert den Begriff der **Pflegebedürftigkeit**: Danach sind Personen pflegebedürftig, die

> „gesundheitlich bedingte Beeinträchtigungen ihrer Selbständigkeit oder Fähigkeiten aufweisen und deshalb der Hilfe durch andere bedürfen".

Der Hilfebedarf muss dabei in der eingeschränkten oder fehlenden Selbständigkeit oder in einer Fähigkeitsstörung bestehen und darf nicht andere Ursachen als gesundheitliche haben. Die Beeinträchtigungen der Selbständigkeit oder der Fähigkeiten werden personenbezogen und unabhängig vom jeweiligen (Wohn-) Umfeld ermittelt.

Es muss sich nach dem Wortlaut des Gesetzes also um Personen handeln,

- die körperliche, kognitive oder psychische Beeinträchtigungen oder gesundheitlich bedingte Belastungen oder Anforderungen nicht selbständig kompensieren oder bewältigen können,

Die Pflegebedürftigkeit muss

- auf **Dauer**, voraussichtlich für mindestens sechs Monate,
- und mindestens mit der in § 15 Abs. 3 (→ Anhang) festgelegten Schwere bestehen.

**BEISPIELE:**

- Herr A. ist 85 Jahre alt und leidet unter einer fortgeschrittenen Krebserkrankung. Diese führt zusammen mit dem fortgeschrittenen Alter zu erheblichen körperlichen Beeinträchtigungen, so dass er nicht mehr in der Lage ist, sich selbständig zu versorgen; vielmehr braucht er die Unterstützung anderer Menschen.
- Frau B. ist demenzkrank und leidet unter Inkontinenz. Ansonsten ist sie körperlich ihrem Alter entsprechend leistungsfähig und geht gern spazieren. Aufgrund ihrer fortschreitenden Demenz ist Frau B. aber nicht in der Lage, selbständig ihre Versorgung mit Vorlagen zu organisieren, diese zu wechseln, zu entsorgen und sich ausreichend zu waschen, weil sie aufgrund der demenziellen Veränderung in ihrer Selbständigkeit beeinträchtigt ist. Sie bedarf daher der Hilfe einer Pflegeperson.
- Herr C. ist wegen einer Lähmung der Beine auf einen Rollstuhl angewiesen. Wegen seiner immer wieder plötzlich auftretenden Spasmen auch der oberen Gliedmaßen hat er erhebliche Probleme seinen Haushalt selbständig zu führen. Er bedarf daher der Unterstützung im hauswirtschaftlichen Bereich.

Die einzelnen **Merkmale,** die den Begriff der Pflegebedürftigkeit definieren, sind im SGB XI näher festgelegt. Nur wer diese erfüllt und einem Pflegegrad zugeordnet wird, kann Leistungen der Pflegeversicherung beziehen. Die Begutachtungen über die Pflegebedürftigkeit treffen allein der Medizinische Dienst der Krankenversicherung bzw. sonstige beauftragte unabhängige Gutachter; bei privat krankenversicherten Personen prüfen Gutachter der Fa. Medicproof, dem „Pendant" zum MDK, nur eben bei der PKV (→ 2. Kap.). Den Gutachtern, die die Antragsteller untersuchen, werden dazu Prüfkataloge und nähere Erläuterungen für die Begutachtung an die Hand gegeben. Mit dem Prüfinstrument NBA wird erhoben, was der Pflegebedürftige in bestimmten Lebensbereichen noch kann, also zu welchen Tätigkeiten er noch selbständig in der Lage ist.

Die Begutachtung erfasst nicht nur die klassischen Bereiche Körperpflege, Ernährung, Mobilität und hauswirtschaftliche Versorgung – darauf war früher (bis zum 1.1.2017) die Begutachtung beschränkt –, sondern auch die kognitiven und kommunikativen Fähigkeiten einer Person, die Verhaltensweisen und psychischen Problemlagen sowie die Gestaltung von Alltagsleben und sozialen Kontakten. Dadurch soll eine umfassende Betrachtung in allen Lebenslagen erfolgen, die den Menschen mit seinen Ressourcen und Fähigkeiten in den Mittelpunkt stellt. Die Begutachtung ist modular aufgebaut und misst den Grad der Selbständigkeit in ganz bestimmten pflegerelevanten Bereichen des täglichen Lebens. In diesen **pflegerelevanten Lebensbereichen,** die in die Bewertung einbezogen werden, wird erfasst, wie selbständig die betroffene Person ist, ob sie z. B. (noch) kognitive und kommunikative Fähigkeiten hat und wie sie mit den krankheits- und therapiebedingten Anforderungen umgehen kann (→1. Kap. II.2.a–g). Zwei Bereiche (→1. Kap. II.2.b, c) stellen dabei besonders auf die Überprüfung der kognitiven und psychischen Beeinträchtigungen ab und erfassen damit etwa eine eingeschränkte Alltagskompetenz sowie den damit verbundenen Hilfebedarf eines z. B. demenziell veränderten Menschen. Darüber hinaus stellen die Gutachter auch fest, ob und welche Beeinträchtigungen bei außerhäuslichen Aktivitäten und bei der Haushaltsführung vorliegen. Diese Informationen ermöglichen zusammen mit den anderen Modulen einen Gesamtblick auf die betroffene Person und damit eine umfassende Beratung hinsichtlich eines individuellen Pflege- und Hilfeplans sowie präventiver und rehabilitativer Maßnahmen und Hilfsmitteln.

In jedem der sechs bewertungsrelevanten Lebensbereiche (= **Module**) wird eine **Punktwertung** vorgenommen (die im Folgenden näher erläutert wird). Die Bewertung der einzelnen Module führt dann zu einer **Gesamtbewertung.** Unabhängig davon, ob der Schwerpunkt der Beeinträchtigung im körperlichen, kognitiven oder psychischem Bereich liegt, wird mit dem neuen Begutachtungsinstrument aufgrund der Gesamtbewertung schließlich der individuelle **Pflegegrad** ermittelt. Je mehr Punkte insgesamt erreicht werden, desto höher ist der Pflegegrad, in den die Betroffenen eingruppiert werden. Die Höchstpunktzahl sind **100 Punkte.** Insgesamt gibt es fünf Pflegegrade, die eine abgestimmte Differenzierung zwischen den betroffenen Personen ermöglichen. Die Einstiegsschwelle wurde mit dem Pflegegrad 1 so niedrig gelegt, dass auch Menschen erfasst werden können, die erst geringere Beeinträchtigungen aufweisen.

Alle Personen, die ein und denselben Pflegegrad zugewiesen bekommen, erhalten dadurch Zugang zu grundsätzlich den gleichen Leistungen. Welche Leistungen ein Pflegebedürftiger in Anspruch nehmen kann, hängt nicht von der Art der Beeinträchtigung ab, sondern alle Pflegebedürftigen können grundsätzlich aus dem gleichen Leistungsangebot wählen. Dies führt zu der gewünschten Besserstellung demenzkranker Personen, hat aber auch Vorteile für andere Pflegebedürftige (s. nachfolgendes Beispiel).

**BEISPIEL:** Für z. B. demenzkranke Menschen mit eingeschränkter Alltagskompetenz wurde vor einigen Jahren die Möglichkeit eingeräumt, dass sie häusliche Betreuungsleistungen erhalten können, statt typischer Pflegeleistungen für körperlich beeinträchtigte Menschen (wie z. B. die körperbezogene Grundpflege). Damit sollte erreicht werden, dass diese Personen (wenn auch bislang nur in sehr eingeschränktem Umfang) die Hilfe bekommen, die sie tatsächlich brauchen und die die Pflegversicherung bis dahin nicht vorgesehen hatte. Häusliche Betreuungsleistungen waren bislang aber nur für bestimmte Personen vorgesehen, die bestimmte Kriterien erfüllen, wie beispielsweise unkontrolliertes Verlassen

**19**

des Wohnbereichs (Weglauftendenz). Heute kann jede Person, die als pflegebedürftig gilt und Leistungen der Pflegeversicherung erhält, die ihr zustehenden Leistungen einsetzen, wie sie möchte. Auch eine vorrangig körperlich beeinträchtigte Person kann also häusliche Betreuungsleistungen in Anspruch nehmen, wenn sie dies wünscht, unabhängig davon, ob in diesem Bereich eine Einschränkung vorliegt. Die Neuerung, dass alle Pflegebedürftigen eines Pflegegrades den gleichen Zugang zu den gleichen Leistungen erhalten sollen, ist also nicht nur für die bisher benachteiligten – weil kognitiv beeinträchtigten – Menschen vorteilhaft, sondern kann auch für „nur" körperlich Beeinträchtigte Vorteile bringen.

Dadurch, dass der Begutachtungsansatz ein anderer ist als bisher, und weil der Gutachter die betroffene Person in ihrer Gesamtheit betrachten muss, erfasst das neue Begutachtungsinstrument auch präventions- und rehabilitationsrelevante Aspekte besser. **Präventions- und Rehabilitationsmaßnahmen** sollen (weitere) Pflegebedürftigkeit möglichst verhindern oder zumindest verzögern. Bestehende Rehabilitationsmöglichkeiten können erkannt und entsprechende Maßnahmen eingeleitet werden. Empfehlungen, die in den Gutachten gegeben werden, sollen eine anschließende Pflegeplanung sowie den Zugang zu entsprechenden Maßnahmen erleichtern. Empfiehlt ein Gutachter dann Rehabilitationsmaßnahmen, können diese auf der Grundlage des Gutachtens in Anspruch genommen werden. Jeder Gutachter ist daher gehalten, nicht nur die Selbständigkeit und damit den Hilfebedarf einer Person zu bewerten, sondern auch aufzuzeigen, welche Rehabilitationsmaßnahmen der Person helfen können, weiter anwachsende Pflegebedürftigkeit zu verhindern bzw. hinauszuschieben. Der Mensch soll so ganzheitlich betrachtet und nicht etwa nur auf seine Defizite reduziert werden.

## 2. Das Begutachtungsinstrument

Der neue Pflegebedürftigkeitsbegriff stellt darauf ab, was eine gesundheitlich beeinträchtigte Person noch selbständig leisten kann und in welchem Bereich sie der Hilfe Dritter bedarf. Dabei sollen Hilfebedarfe aufgrund körperlicher Beeinträchtigungen gleichermaßen berücksichtigt werden wie die aufgrund kognitiver oder psychischer Beeinträchtigungen. Die acht zu überprüfenden Bereiche, in denen für eine Person ein Hilfebedarf gegeben sein kann (von denen – wie bereits ausgeführt – sechs Bereiche in die Bewertung einfließen), fassen jeweils bestimmte artverwandte Kriterien, Aktivitäten, Fähigkeiten oder einen Lebensbereich zusammen. Der Lebensalltag der Betroffenen steht damit im Vordergrund. Die Module stellen damit einen **abschließenden Katalog** der zu berücksichtigenden Kriterien dar, anhand derer Beeinträchtigungen festgestellt werden können. Dabei wird das komplette Lebensumfeld des Betroffenen betrachtet. Die Begutachtung findet regelmäßig in seinem häuslichen Umfeld statt, was einen zusätzlichen Blick auf die Lebensumstände gestattet. Dazu gehört auch die Pflegeeinrichtung, wenn die betroffene Person bereits in einer solchen lebt.

Bei der Begutachtung eines Antragstellers durch Untersuchung der einzelnen Prüfbereiche werden in jedem Bereich mittels eines Wertungssystems bestimmte Punkte vergeben, die dann ermöglichen, den Grad der **Beeinträchtigung der Selbständigkeit und Fähigkeitsstörungen** für den einzelnen Betroffenen zu ermitteln. Unter Selbständigkeit versteht man die Fähigkeit einer Person, eine Aktivität alleine ausführen zu können, ohne dass es der Unterstützung eines anderen bedarf; dazu darf auch ein Hilfsmittel – z. B. ein Rollator – in Anspruch genommen werden. Hinsichtlich der zu berücksichtigenden Bereiche wird dann eine Gesamtschau vorgenommen, die zu einem bestimmten Pflegegrad führt.

Die acht nach pflegefachlich begründeten Kriterien gestalteten Prüfungsbereiche sind:

- Modul 1: Mobilität
- Modul 2: kognitive und kommunikative Fähigkeiten
- Modul 3: Verhaltensweisen und psychische Problemlagen
- Modul 4: Selbstversorgung
- Modul 5: Bewältigung von und selbständiger Umgang mit krankheits- oder therapiebedingten Anforderungen und Belastungen
- Modul 6: Gestaltung des Alltagslebens und soziale Kontakte
- Modul 7: Außerhäusliche Aktivitäten
- Modul 8: Haushaltsführung.

Die *Module 7 und 8* werden nicht für die nähere Bestimmung der Pflegebedürftigkeit herangezogen, sondern dienen nur der Gesamtschau. Sie ermöglichen jedoch den Gutachtern die pflegebedürftige Person umfassend auch in Bezug auf weitere Angebote oder Sozialleistungen zu beraten bzw. einen individuellen Versorgungsplan zu erstellen, weshalb sie zu Informationsgewinnung wichtig sind.

Die *Module 1 und 4* sind inhaltlich mit den vom bisherigen Begutachtungsinstrument erfassten Bereichen vergleichbar (→1. Kap. I.). Zusammen mit Modul 6 wird überprüft, wie selbständig das Alltagsleben noch bewältigt werden kann.

Die *Module 2 und 3* beinhalten dagegen solche Kriterien, die bisher nicht geprüft wurden, sondern nur im Rahmen der zusätzlichen Feststellung einer erheblich **eingeschränkten Alltagskompetenz** erfasst werden konnten. Damit werden auch die besonderen Bedarfe kognitiv beeinträchtigter Menschen erfasst. Es wird geprüft, welche kognitiven und kommunikativen Fähigkeiten noch vorhanden sind und wie häufig bestimmte Verhaltensauffälligkeiten auftreten.

Die neuen Kriterien des *Moduls 5* werden dem Themenkreis der **selbständigen Krankheitsbewältigung** zugeordnet und wurden bisher im Rahmen der Begutachtung auf Basis des bisherigen Pflegebedürftigkeitsbegriffs noch gar nicht berücksichtigt. Der Fokus liegt auf der krankheitsbezogenen Arbeit, wie die Kontrolle von Krankheiten und Symptomen sowie die Durchführung therapeutischer Interventionen. Damit ist z. B. gemeint, ob die betroffene Person selbst notwendige Medikamente richten und regelmäßig einnehmen, Körperzustände deuten oder auch Wundversorgung oder Arztbesuche organisieren und durchführen kann. Es geht dabei also um den selbständigen Umgang mit der eigenen Krankheit. Dabei soll jedoch nicht der Bedarf an häuslicher Kranken- oder Behandlungspflege (i. S. v. § 37 SGB V) festgestellt werden, sondern lediglich, inwieweit der Pflegebedürftige in welchem Maße der Hilfe durch Dritte bedarf oder über die körperlichen, psychischen und kognitiven Fähigkeiten verfügt, notwendige Maßnahmen selbst durchzuführen.

Das *Modul 6* geht weiter als das bisherige Begutachtungssystem in Bezug auf die Gestaltung des Alltagslebens und die Pflege sozialer

Kontakte. Bis zur Anpassung des Pflegebedürftigkeitsbegriffs wurde lediglich der Bereich Ruhen und Schlafen – und dies auch nur teilweise – erfasst. Die Bereiche **Betreuung und Beaufsichtigung**, die über konkrete Anleitung und Beaufsichtigung bei Verrichtungen hinausgehen, konnten bislang aufgrund des starren Verrichtungskatalogs nicht in der Begutachtung abgebildet werden.

Mit der Abfrage der Kriterien der Module 2, 3, 5 und 6 sollen künftig Hilfebedarfe im Bereich der **Anleitung, Motivation und Schulung** berücksichtigt werden, die eine Stärkung der Selbständigkeit und Fähigkeiten des Pflegebedürftigen bewirken und damit eine aktivierende Pflege begünstigen.

Die Pflege und Versorgung pflegebedürftiger Menschen sollte möglichst als **aktivierende Pflege** vorgenommen werden. Unter der aktivierenden Pflege ist eine Pflegepraxis zu verstehen, die die Selbständigkeit und Unabhängigkeit des Patienten fördert. Diese berücksichtigt die Ressourcen des Patienten, so dass dieser unter Beaufsichtigung bzw. Anleitung selbst aktiv sein kann. Sie hat die **Erhaltung bzw. Wiedergewinnung der Selbständigkeit** des zu pflegenden Menschen im Rahmen des medizinisch und pflegerisch Notwendigen zum Ziel. Sie soll dem Pflegebedürftigen helfen, trotz seines Hilfebedarfs eine möglichst weitgehende Selbständigkeit im täglichen Leben zu fördern, zu erhalten bzw. wiederherzustellen. Dabei ist insbesondere anzustreben, vorhandene Selbstversorgungsstrukturen zu erhalten und solche, die verloren gegangen sind, zu reaktivieren, außerdem bei der Leistungserbringung die Kommunikation zu verbessern und schließlich, dass kognitiv beeinträchtigte Menschen sich in ihrer Umgebung und auch zeitlich zurechtfinden.

- **Anleitung** ist danach immer erforderlich, wenn die Pflegeperson bei einer konkreten Verrichtung des Pflegbedürftigen den Ablauf der einzelnen Handlungsschritte oder den ganzen Handlungsablauf lenken oder demonstrieren muss. Dies kann insbesondere dann erforderlich sein, wenn der Pflegebedürftige trotz vorhandener motorischer Fähigkeiten eine konkrete Verrichtung nicht in einem sinnvollen Ablauf durchführen kann.

- Bei der **Beaufsichtigung** steht zum einen die Sicherheit beim konkreten Handlungsablauf der Verrichtungen im Vordergrund;

z. B. ist Beaufsichtigung beim Rasieren erforderlich, wenn durch unsachgemäße Benutzung der Klinge oder des Stroms eine Selbstgefährdung gegeben ist. Zum anderen kann es um die Kontrolle darüber gehen, ob die betreffenden Verrichtungen in der erforderlichen Art und Weise durchgeführt werden.

Pflegebedürftigkeit im Sinne des SGB XI setzt demzufolge voraus, dass der Betroffene in mindestens einem der genannten Bereiche beeinträchtigt ist und dies aufgrund fehlender Fähigkeiten oder Beeinträchtigung der Selbständigkeit nicht anderweitig kompensieren kann. Um dies zu erfassen, bewertet der beauftragte Gutachter, ob die pflegebedürftige Person in einzelnen Punkten innerhalb eines Prüfungsbereiches die dort angeführten Tätigkeiten selbständig, überwiegend selbständig oder überwiegend unselbständig bewältigen kann oder gänzlich unselbständig ist. Weiterhin wird bei den zu begutachtenden Verhaltensweisen abgefragt, wie häufig diese auftreten.

### Ermittlung der Pflegebedürftigkeit:

Der Gutachter bewertet anhand eines Katalogs von sechs Modulen, ob eine Person pflegebedürftig ist. Innerhalb der Module sind dazu insgesamt 64 Fragen zu beantworten, ob der Betroffene bestimmte Tätigkeiten noch selbständig ausführen kann sowie bestimmte Fähigkeiten aufweist.
Je nach Beantwortung der Fragen werden Punkte vergeben, die es rechnerisch ermöglichen, den Grad der Pflegebedürftigkeit zu bestimmen. Je schwerwiegender eine Beeinträchtigung ist bzw. je häufiger bestimmte Verhaltensweisen auftreten, desto mehr Punkte werden vergeben (→1. Kap. II.3.).

Im Einzelnen:

### a) Modul 1: Mobilität

Im Bereich Mobilität wird die körperliche Beweglichkeit der betroffenen Person in deren Wohnbereich überprüft. Das kann die eigene Wohnung sein, aber auch ein Heim oder eine Wohngemeinschaft. Der Gutachter überprüft, ob der Betroffene motorische Fähigkeiten besitzt, bestimmte Bewegungen „selbständig", „überwiegend selbständig", „überwiegend unselbständig" oder lediglich „unselbständig" ausführen kann. Dazu gehört die Fähigkeit

- eines Positionswechsels im Bett, beispielsweise daraus aufzustehen,
- sich in einer stabilen Sitzposition zu halten,
- sich umzusetzen,
- sich innerhalb des Wohnbereichs zu bewegen und
- Treppen zu steigen.

Der Gutachter prüft Aspekte wie Körperkraft, Balance und Bewegungskoordination, nicht aber die zielgerichtete Fortbewegung. Beim Treppensteigen kommt es z. B. nicht darauf an, ob tatsächlich eine Treppe in der Wohnung vorhanden ist, sondern lediglich darauf, ob Treppenstufen überhaupt beschritten werden können. In den Begutachtungsrichtlinien, die den Gutachtern als Arbeitshilfe an die Hand gegeben werden, wird das Treppensteigen z. B. als das „Überwinden von Treppen zwischen zwei Etagen" beschrieben. Es wird überprüft, ob die antragstellende Person die Fähigkeit hätte, diese Aufgabe zu meistern. Abgestellt wird darauf, wie ihr das gelingen kann. Außerdem wird in diesem Modul die besondere Bedarfskonstellation erfasst, d. h. ob die Gebrauchsfähigkeit beider Arme und Beine gegeben ist. Ist dies nicht der Fall, wird der Pflegebedürftige (wenn er eben weder Arme noch Beine einsetzen kann) direkt in den Pflegegrad 5 eingestuft.

**Selbständigkeit** ist dann gegeben, wenn die zu begutachtende Person die Handlung oder Aktivität ohne Unterstützung einer anderen Person selbständig durchführen kann, oder – wenn die Durchführung erschwert oder verlangsamt ist – zumindest unter Nutzung von Hilfsmitteln; entscheidend ist, dass die Person (noch) keine personelle Hilfe benötigt. Vorübergehende oder nur vereinzelt auftretende Beeinträchtigungen werden dabei nicht berücksichtigt. Im Fall des Treppensteigens z. B. wäre eine Person selbständig, wenn sie eine Treppe ohne Hilfe Dritter aufrecht bewältigen könnte.

**Überwiegend selbständig** ist die zu begutachtende Person dagegen, wenn sie den größten Teil der oben genannten Aktivitäten selbständig durchführen kann. Eine Pflegeperson müsste hier nur einen geringen oder mäßigen Aufwand zur Unterstützung betreiben. Dies könnten z. B. das verbale Motivieren sein, die Impulsgebung zu einer Handlung sowie das Richten oder Zurechtlegen von Gegenständen oder die lediglich punktuelle Übernahme von einzelnen Teilhandlungen der überprüften Aktivität. Im Fall des Treppensteigens läge beispielsweise eine überwiegende Selbständigkeit vor, wenn die betroffene Person zwar die Treppe besteigen kann, aber die Begleitung einer Hilfsperson benötigt, weil ein erhöhtes Sturzrisiko besteht.

Die Abgrenzung der Einordnung zwischen „selbständig" oder „überwiegend selbständig" kann im Einzelfall schwierig sein. Benötigt die zu begutachtende Person nie oder nur selten personelle Unterstützung, ist sie eher als „selbständig" einzustufen. Bedarf sie dagegen meistens einer Unterstützungshandlung, auch wenn diese nur gering ist (z. B. die Aufforderung etwas zu tun), wird die Person eher als nur „überwiegend selbständig" einzustufen sein.

> **BEISPIEL:** Frau D. kann eigenständig ihre Position im Bett wechseln, indem sie sich herumwälzt. Mit Hilfe einer Haltevorrichtung kann sie sich auch in die Sitzposition bringen. In diesen Bereichen ist sie selbständig. Um wirklich aufzustehen, braucht sie aber mindestens verbale Unterstützung und eine Person in ihrer unmittelbaren Nähe, da sie sich aufgrund eines früheren Sturzes nicht zutraut, sich auf ihre Füße aufzustellen, denn sie hat ständig Angst erneut zu fallen und ist deshalb unsicher. Hier wird eher nur eine „überwiegende Selbständigkeit" anzunehmen sein.

Muss die Pflegeperson immer wieder anleiten oder muss sie ständig bereit stehen, um unmittelbar eingreifen zu können, wird bereits die Schwelle zur überwiegenden Unselbständigkeit überschritten.

Eine **überwiegende Unselbständigkeit** wird festgestellt, wenn die zu begutachtende Person die Aktivitäten nur zu einem geringen Teil selbständig durchführen kann. Sie kann sich in diesem Fall zwar aufgrund noch vorhandener Ressourcen beteiligen, bedarf aber z. B. ständiger Anleitung oder andauernd aufwendige Motivation. Das bloße Zurechtlegen oder Richten von Gegenständen, wiederholte Aufforderungen und Impulsgebung oder punktuelle Unterstützungen reichen nicht aus. Das o. g. Treppenbeispiel heranziehend, läge eine überwiegende Unselbständigkeit vor, wenn die betroffene Person durchgehend gestützt, aufgefordert und motiviert werden müsste. Die Grenze zur Unselbständigkeit ist gegeben, wenn der Betroffene sich nur unwesentlich, selten oder gar nicht an der Handlung beteiligen kann.

**Unselbständigkeit** ist gegeben, wenn die Person eine Aktivität in der Regel nicht oder noch nicht einmal in Teilen selbständig durchführen bzw. steuern kann, weil kaum oder keinerlei Ressourcen vorhanden sind. Anleitung, Motivation oder ständige Beaufsichtigung reichen nicht aus, sondern die Pflegeperson muss alle bzw. nahezu alle Teilhandlungen anstelle der betroffenen Person durchführen. In unserem Beispiel müsste die betroffene Person die Treppe hinaufgetragen oder mittels eines Treppenlifts transportiert werden.

Die Einschätzung des Gutachters orientiert sich dabei ausschließlich an den motorischen Fähigkeiten des Betroffenen, eine bestimmte Körperhaltung einzunehmen bzw. zu wechseln und sich fortzubewegen. Es kommt dagegen nicht darauf an, ob die Mobilität aufgrund von kognitiven Beeinträchtigungen eingeschränkt ist, also eine Person die Bewegung z. B. krankheitsbedingt nicht ausführen will. Dies erläutert das folgende Beispiel:

> **BEISPIEL:** Kann eine Person sich zwar innerhalb ihrer Wohnung ins Bad bewegen, tut dies aber nicht, weil sie aufgrund ihrer Demenz weder den Weg findet noch um die Bedeutung einer Toilette weiß, wird sie in diesem Bereich dennoch als selbständig einzustufen sein.

Je nach dem festgestellten Grad der Selbständigkeit werden **Punkte** vergeben, die zusammengerechnet einen Gesamtpunktwert für dieses Modul 1 ergeben. Kann die zu begutachtende Person eine Bewegung selbständig ausführen, so dass kein Hilfebedarf besteht, werden 0 Punkte vergeben. Bei überwiegend selbständiger Ausführung 1 Punkt, bei überwiegend unselbständiger 2 Punkte und bei lediglich unselbständiger Ausführung 3 Punkte.

| | | selb-ständig | überwie-gend selb-ständig | überwie-gend un-selbstän-dig | unselb-ständig |
|---|---|---|---|---|---|
| 1.1 | Positionswechsel im Bett | 0 | 1 | 2 | 3 |
| 1.2 | Halten einer stabilen Sitzposition | 0 | 1 | 2 | 3 |
| 1.3 | Umsetzen | 0 | 1 | 2 | 3 |
| 1.4 | Fortbewegen innerhalb des Wohn-bereichs | 0 | 1 | 2 | 3 |
| 1.5 | Treppensteigen | 0 | 1 | 2 | 3 |
| 1.6 | Besondere Bedarfskonstellation: Gebrauchsfähigkeit beider Arme und Beine | ☐ Ja | ☐ Nein | | |

Ein Problem bei dem neuen Begutachtungssystem ist aber unter Umständen, dass **Hilfsmittel**, die eine betroffene Person nutzt, eine vorhandene Unselbständigkeit, die Punkte bei der Bewertung geben würden, kompensieren. Kann z. B. ein älterer Mensch krankheitsbedingt nicht mehr allein, sondern nur noch mit einem Rollator laufen, würde jeder Beobachter bescheinigen, dass diese Person zumindest in ihrer Selbständigkeit allein zu laufen erheblich eingeschränkt ist, weil eben die Beine nicht mehr voll funktionieren. Der Rollator bewirkt aber, dass die Person sich mit seiner Hilfe zumindest über kurze Strecken relativ frei bewegen kann. Dies hat zur Folge, dass bei einer Begutachtung festgestellt würde, die Person sei überwiegend selbständig und bekommt daher in diesem Bereich gar keine bzw. nur wenig Punkte. Das angewandte Hilfsmittel **kompensiert** hier die Störung der Selbständigkeit. Ob dies bei Gestaltung des Begutachtungsinstruments gewollt war, ist fraglich.

Je höher der Hilfebedarf einer Person ist, desto mehr Punkte können vergeben werden. Aus den Punkten für die einzelnen Fragen 1.1 bis 1.5 wird ein Gesamtpunktwert für das Modul 1 „Mobilität" gebildet. Dieser **Modul-Gesamtwert** hat später Auswirkungen auf die Einordnung der betroffenen Person in einen Pflegegrad (→ II.3.).

## b) Modul 2: kognitive und kommunikative Fähigkeiten

In diesem Modul geht es um die grundlegenden **kognitiven/psychischen Fähigkeiten** einer Person. Bei der Prüfung dieser Fähigkeiten wird darauf abgestellt, ob jemand zeitlich und örtlich orientiert ist, kommunizieren und eigenständig Entscheidungen treffen kann. Es geht dabei um Alltagshandlungen, die zu bewältigen sind. Überprüft wird ein Teil der so genannten **Alltagskompetenz.** Viele pflegebedürftige Menschen sind in ihrer Alltagskompetenz stark eingeschränkt, weil sie einfache Abläufe kognitiv nicht mehr beherrschen, obwohl sie körperlich fit sind. Sie haben z. B. oftmals gar kein Tag-/Nachtgefühl mehr und/oder das Kurzzeitgedächtnis ist stark eingeschränkt. Gerade diese Personen wurden vor Einführung des neuen Pflegebedürftigkeitsbegriffs und des neuen Begutachtungsinstruments nicht im gleichen Maß direkt von den Kriterien zur Bejahung einer Pflegebedürftigkeit erfasst. Mit Einführung der neuen Maßstäbe soll sich dies ändern.

Geprüft wird daher, ob die betroffene Person

- Personen aus dem näheren Umfeld erkennt,
- örtlich orientiert ist,
- zeitlich orientiert ist,
- sich an wesentliche Ereignisse und Beobachtungen erinnern kann (Gedächtnisleistung)
- mehrschrittige Alltagshandlungen ausführen und steuern sowie
- Entscheidungen im Alltagsleben treffen kann,
- Risiken und Gefahren erkennt,
- Sachverhalte und Informationen erkennen und erfassen kann,
- elementare Bedürfnisse mitteilen und
- Aufforderungen verstehen und
- sich an einem Gespräch beteiligen kann.

> **BEISPIEL:** Herr E. steht immer wieder nachts auf und will das Haus verlassen, um einzukaufen. Dazu verlässt er das Haus häufig im Schlafanzug, den ihm der Pflegedienst am Abend angezogen hat, und mit Hausschuhen an den Füßen bekleidet. Herr E. ist zeitlich nicht mehr orientiert

**29**

und versteht weder, dass die Geschäfte nicht geöffnet haben, noch dass er sich, nur mit Schlafanzug bekleidet, verkühlen wird und seine Gesundheit gefährdet. Davon abgesehen zeigt sich im Ausgehen lediglich mit Nachtkleidung eine auffällige Verhaltensweise (→ Modul 3).

Geprüft wird hier jedoch nicht der Grad der Selbständigkeit wie bei Modul 1, sondern in welchem Ausmaß die jeweiligen geistigen Fähigkeiten vorhanden sind. Unterschieden wird danach, ob die Fähigkeit „vorhanden/unbeeinträchtigt", „größtenteils vorhanden", „in geringem Maße vorhanden" oder „nicht vorhanden" ist. Je nach Zuordnung werden wie bei Modul 1 Punkte vergeben, die zusammengerechnet einen **Gesamt-Punktwert** für das Modul 2 ergeben. Ist die jeweilige Fähigkeit vorhanden bzw. unbeeinträchtigt, besteht kein Hilfebedarf, so dass 0 Punkte vergeben werden. Die Punkte steigen je nach Beeinträchtigung bis auf 3 Punkte bei Nichtvorhandensein einer Fähigkeit an. Erkennt eine Person z. B. in der Regel Menschen aus dem näheren Umfeld, dies jedoch erst im Laufe eines Gesprächs, so ist die Fähigkeit größtenteils vorhanden. Ist das Erkennen dagegen stark von der Tagesform abhängig und Schwankungen unterlegen, ist die Fähigkeit nur in geringem Maße vorhanden.

**Modul 2: Kognitive und kommunikative Fähigkeiten**

|     |                                                     | vorhan-den/un-beein-trächtigt | größten-teils vor-handen | in geringem Maße vor-handen | nicht vorhan-den |
| --- | --------------------------------------------------- | ----------------------------- | ------------------------ | --------------------------- | ---------------- |
| 2.1 | Erkennen von Personen aus dem näheren Umfeld        | 0                             | 1                        | 2                           | 3                |
| 2.2 | Örtliche Orientierung                               | 0                             | 1                        | 2                           | 3                |
| 2.3 | Zeitliche Orientierung                             | 0                             | 1                        | 2                           | 3                |
|     | …weitere Feststellungsfragen siehe Auflistung oben  |                               |                          |                             |                  |

Das Gesamtergebnis dieses Moduls spiegelt dann das Ausmaß der Beeinträchtigung der kognitiven und kommunikativen Fähigkeiten insgesamt wider. Zu beachten ist aber, dass das Modul 2 in engem Zusammenhang mit Modul 3 steht. Zwar werden für beide Module jeweils Modul-Gesamtwerte berechnet. Zur weiteren Berechnung des Pflegegrads fließt aber nur der Gesamtwert desjenigen Moduls ein, der den höheren Punktewert aufweist. Es muss also ein Punkteabgleich zwischen den Modulen 2 und 3 stattfinden (→1. Kap. II.3.).

## c) Modul 3: Verhaltensweisen und psychische Problemlagen

Personen mit kognitiven und/oder psychischen Beeinträchtigungen weisen oft ein für Außenstehende „schwieriges" **Verhalten und Handeln** auf, indem sie z. B. nachts unruhig sind, Wahnvorstellungen und Ängste haben oder motorisch geprägte Verhaltensauffälligkeiten aufweisen. Sie werden mitunter für sich und andere zur Belastung und können z. B. ein aggressives oder sozial inadäquates Verhalten an den Tag legen. Pflegerische Maßnahmen werden von ihnen dabei häufig abgewehrt. Man spricht in diesem Zusammenhang auch von „herausforderndem" Verhalten Dritten gegenüber. Diese Personen benötigen, je nach dem Ausmaß, wieweit sie ihr Verhalten noch selber steuern können, ggf. personelle Unterstützung. Bei der Begutachtung wird erfasst, wie oft diese Verhaltensweisen auftreten und eine Unterstützung durch Dritte erforderlich machen.

Geprüft wird bei der Begutachtung das Vorliegen von

- motorisch geprägten Verhaltensauffälligkeiten,
- nächtlicher Unruhe,
- selbstschädigendem oder autoaggressivem Verhalten,
- Beschädigung von Gegenständen,
- physisch aggressivem Verhalten gegenüber anderen Personen,
- verbalen Aggressionen wie Beschimpfen oder Bedrohen anderer Personen,
- anderen pflegerelevant vokalen Auffälligkeiten (z. B. Person schreit oder klagt ohne Grund, führt Selbstgespräche, flucht oder wiederholt ständig bestimmte Sätze),
- Abwehr pflegerischer und/oder anderer unterstützender Maßnahmen,
- Wahnvorstellungen und Sinnestäuschungen,
- Ängsten,
- Antriebslosigkeit bei depressiver Stimmungslage,

- sozial inadäquaten Verhaltensweisen (z. B. distanzloses Verhalten, sich in unpassenden Situationen Auskleiden oder unangemessene sexuelle Annäherungsversuche),

- sonstigen pflegerelevant inadäquaten Verhaltensweisen (z. B. Nesteln an der Kleidung, Kotschmieren und Urinieren in die Wohnung oder Verstecken fremder Gegenstände).

> **BEISPIEL:** Frau F. benötigt Unterstützung bei der Nahrungszubereitung und Versorgung. Da sie ständig befürchtet, jemand wolle sie vergiften, ist eine Belieferung mit fertig zubereiteten Speisen (z. B. Essen auf Rädern) nicht möglich. Nur wenn eine Person in ihrem Beisein eine Speise zubereitet, isst sie diese auch.

Der Gutachter vermerkt bei der Untersuchung der betroffenen Person, wie stark die jeweiligen Verhaltensweisen **ausgeprägt** sind. Eine Bewertung erfolgt über die Bewertungseinheiten

– nie
– selten, d. h. ein- bis dreimal innerhalb von zwei Wochen,
– häufig, d. h. zwei- bis mehrmals wöchentlich, aber nicht täglich, oder
– täglich.

Je nach **Häufigkeit des Auftretens** werden Punkte von 0 („nie"), 1 („1–3 mal"), 3 („2-mehrmals") und 5 („täglich") vergeben, die als Summe in die Gesamtbewertung einfließen.

**Modul 3: Verhaltensweisen und psychische Problemlagen**

| | | nie oder sehr selten | selten, 1–3 mal in 2 Wochen | häufig, 2 bis mehrmals wöchentlich | täglich |
|---|---|---|---|---|---|
| 3.1 | Motorisch geprägte Verhaltensauffälligkeiten | 0 | 1 | 3 | 5 |
| 3.2 | Nächtliche Unruhe | 0 | 1 | 3 | 5 |
| 3.3 | Selbstschädigendes oder autoaggressives Verhalten | 0 | 1 | 3 | 5 |
| | …weitere Feststellungsfragen siehe Auflistung oben | | | | |

Je häufiger eine der hier abgefragten Verhaltensweisen auftritt, desto mehr Punkte werden vergeben Dies erfolgt jedoch nicht wie in den bisherigen Modulen in Einfachschritten (0 bis 3 Punkte), sondern in Doppelsprüngen (0 bis 5 Punkte). In diesem Modul können also eher **mehr Punkte** erreicht werden als z. B. beim ersten Modul „Mobilität". Das hat zur Folge, dass entsprechende Unterstützungsbedarfe im Modul 3 später auch **stärker** in die Gesamtbewertung des Pflegebedarfs einfließen können.

## d) Modul 4: Selbstversorgung

Im Rahmen der Prüfung der Möglichkeiten einer selbständigen Versorgung wird festgestellt, ob die betroffene Person sich um **sich selbst** und ihr körperliches Wohlbefinden **kümmern** kann. Überprüft werden die Bereiche Körperhygiene, Ernährung und Ausscheidungen. Die Gutachter schauen hier wie beim Modul 1 Mobilität danach, wie selbständig die betroffene Person ist und vergeben entsprechende Punkte.

Die zu überprüfende Fähigkeit, sich selbst zu versorgen, umfasst

- Waschen des Oberkörpers,
- Körperpflege im Bereich des Kopfes,
- Waschen des Intimbereichs,
- Duschen und Baden einschließlich Waschen der Haare,
- An- und Auskleiden des Oberkörpers,
- An- und Auskleiden des Unterkörpers,
- mundgerechtes Zubereiten der Nahrung und Eingießen von Getränken,
- Essen,
- Trinken,
- Benutzen einer Toilette oder eines Toilettenstuhls,
- Bewältigung der Folgen einer Harninkontinenz und Umgang mit Dauerkatheter und Urostoma,
- Bewältigung der Folgen einer Stuhlinkontinenz und Umgang mit Stoma.

Eine **selbständige Selbstversorgung** wird wie gehabt mit 0 Punkten gewertet, eine **überwiegend selbständige** mit 1 Punkt, eine **überwiegend unselbständige** mit 2 Punkten und – ist die Person **unselbständig** – mit 3 Punkten. Einige Kriterien wie das Essen, Trinken und der Toilettengang, also die Grundbedürfnisse eines Menschen (s. u.), sind jedoch für die Bewältigung des Alltags im Gegensatz zu anderen Fähigkeiten von besonderer Bedeutung. Die Punkte für diese besonders wichtigen Kriterien werden daher nicht wie bei der Mobilität immer mit dem gleichen Wert vergeben (0–3), sondern **stärker gewichtet**. Ist jemand z. B. unselbständig beim Essen, vergibt der Gutachter nicht lediglich 3 Punkte wie bei den anderen Kriterien, sondern 9 Punkte, weil die Nahrungsaufnahme von elementarer Bedeutung ist. Ebenso verhält es sich beim Trinken mit dem Höchstwert von 6 Punkten oder dem Benutzen einer Toilette oder eines Toilettenstuhls mit ebenfalls 6 Punkten. Der Gutachter prüft, ob die betroffene Person die abzufragenden Tätigkeiten praktisch ausführen kann. Dabei ist es irrelevant, ob eine Beeinträchtigung der Selbständigkeit auf somatischen oder kognitiven Ursachen beruht.

| | | selbstän-dig | überwie-gend selb-ständig | überwie-gend un-selbstän-dig | unselb-ständig |
|---|---|---|---|---|---|
| 4.1 | Waschen des vorderen Oberkörpers | 0 | 1 | 2 | 3 |
| 4.2 | Körperpflege im Bereich des Kopfes | 0 | 1 | 2 | 3 |
| 4.3 | Waschen des Intimbereichs | 0 | 1 | 2 | 3 |
| 4.4 | …weitere Feststellungsfragen siehe vertikale Auflistung oben | | | | |
| … | (z. B. Duschen und Baden) | | | | |
| 4.8 | Essen | 0 | 3 | 6 | 9 |
| 4.9 | Trinken | 0 | 2 | 4 | 6 |
| 4.10 | Benutzen einer Toilette oder eines Toilettenstuhls | 0 | 2 | 4 | 6 |
| 4.11 | Bewältigung der Folgen einer Harninkontinenz und Umgang mit ….. | 0 | 1 | 2 | 3 |
| 4.12 | Bewältigung der Folgen einer Stuhlkontinenz und Umgang mit … | 0 | 1 | 2 | 3 |

Weiterhin wird der besondere Hilfebedarf bei **Sonden- oder paren-teraler Ernährung** bewertet. Es wird geprüft, ob die Versorgung selbständig erfolgt (= 0 Punkte), nicht täglich bzw. nicht auf Dauer (= 0 Punkte), täglich zusätzlich zu oraler Ernährung (= 6 Punkte) oder ob eine (nahezu) ausschließliche Ernährung über dieses Hilfsmittel notwendig ist (= 3 Punkte).

**Versorgung mit Hilfe**

| | Versorgung selbständig | nicht täglich, nicht auf Dauer | täglich zusätzlich zu oraler Ernährung | ausschließlich oder nahezu |
|---|---|---|---|---|
| Ernährung parenteral oder über Sonde | 0 | 0 | 6 | 3 |

Hinsichtlich der Punktevergabe wird bei der höchsten Punktzahl (zusätzlich zu oraler Ernährung) der regelmäßig besondere Unterstützungsbedarf in dieser Situation berücksichtigt.

Bei **Kindern** bis zu 18 Monaten wird darüber hinaus bewertet, ob gravierende Probleme bei der Nahrungsaufnahme bestehen, die einen außergewöhnlichen pflegeintensiven Hilfebedarf auslösen.

> **BEISPIEL:** Kann eine Person sich z. B. die Zähne selbst putzen, das Gesicht waschen und die Haare kämmen, sofern zuvor die notwendigen Utensilien wie Waschlappen mit Seife, Zahnbürste mit Zahncreme, Handtuch und Kamm bereitgestellt werden, so würde man sie als überwiegend selbständig einstufen.
> Fängt sie die Tätigkeit aber nur an und muss eine Pflegeperson weitere Teilschritte übernehmen, wäre die betroffene Person überwiegend unselbständig.

Aus den in diesem Modul vergebenen Punkten wird wieder ein **Gesamt-Modulwert** errechnet.

### e) Modul 5: Bewältigung von und selbständiger Umgang mit krankheits- oder therapiebedingten Anforderungen und Belastungen

In diesem Bereich wird die Fähigkeit zur **selbständigen Krankheitsbewältigung** durch die betroffene Person betrachtet. Die Fähigkeiten, die abgefragt werden, haben große Ähnlichkeit mit der häuslichen Krankenpflege. Überprüft wird an dieser Stelle aber nicht, welche behandlungspflegerischen Maßnahmen notwendig sind, sondern ausschließlich, über welche Ressourcen der Betroffene selbst verfügt, also wie er mit Therapien und anderen krankheitsbedingten Anforderungen umgehen kann. Das bedeutet, dass zu ermitteln ist, ob er die körperlichen und kognitiven Fähigkeiten sowie die Motivation und Kenntnisse hat, seine **Erkrankung und** die damit einhergehenden **Symptome** zu **kontrollieren**. Zu denken wäre dabei z. B. an die selbständige Durchführung und Deutung von Blutzuckermessungen, das Anziehen von Kompressionsstrümpfen, das Anlegen einer Prothese oder das eigenständige Aufsuchen eines Arztes.

Dazu gehört:

- Medikation,

- Injektionen,

- Versorgung intravenöser Zugänge,

- Absaugen und Sauerstoffgabe,

- Einreibungen oder Kälte- und Wärmeanwendung,

- Messung und Deutung von Körperzuständen,

- der Umgang mit körpernahen Hilfsmitteln,

- Verbandswechsel und Wundversorgung,

- Versorgung mit Stoma,

- regelmäßige Einmalkatheterisierung und Nutzung von Abführmethoden,

- Therapiemaßnahmen in häuslicher Umgebung,

- zeit- und technikintensive Maßnahmen in häuslicher Umgebung,

- Arztbesuche,

- Besuche anderer medizinischer oder therapeutischer Einrichtungen (bis zu 3 Stunden),

- zeitlich ausgedehnte Besuche anderer medizinischer oder therapeutischer Einrichtungen (länger als 3 Stunden),

- Einhaltung einer Diät oder anderer krankheits- oder therapiebedingter Verhaltensvorschriften.

In diesem Bereich wird häufig ein Hilfebedarf dahingehend festgestellt, dass die betroffene Person eine Anleitung, Motivation oder Schulung benötigt.

Der Gutachter erfasst zunächst, welche Maßnahmen überhaupt ärztlich angeordnet wurden und überprüft bei diesem Modul dann zum einen, wie selbständig eine Person im Umgang mit den krankheitsbedingten Anforderungen ist, und zum anderen, wie oft Hilfe benötigt wird. Die Selbständigkeit wird wieder mit der Einteilung 0 Punkte = selbständig bis 3 Punkte = unselbständig bewertet. Zusätzlich wird die Anzahl ermittelt, wie häufig jemand Hilfe pro Tag, pro Woche oder pro Monat benötigt. Bei diesem Modul findet also hinsichtlich der einzelnen Fähigkeiten eine doppelte Erfassung statt.

**Modul 5: Bewältigung von und selbständiger Umgang mit krankheits- oder therapiebedingten Anforderungen und Belastungen**

| | | | | Häufigkeit der Hilfe (Anzahl) | | |
|---|---|---|---|---|---|---|
| | | entfällt | selb-ständig | pro Tag | pro Woche | pro Monat |
| 5.1 | Medikation | | 0–3 Punkte | | | |
| 5.2 | Injektion | | ... | | | |
| 5.3 | Versorgung intravenöser Zugänge | | ... | | | |
| | ... weitere Feststellungsfragen siehe vertikale Auflistung oben | | | | | |

**BEISPIEL:** Nach einer Krebsoperation hat Herr F. einen künstlichen Darmausgang und muss über den Tag verteilt zu bestimmten Tageszeiten mehrere Medikamente einnehmen. Hinzu kommen regelmäßige Kontrolltermine beim Arzt. Da er bereits vor der Krebserkrankung unter Diabetes litt, muss er zusätzlich noch auf seine Ernährung und seinen Blutzuckerspiegel achten und gelegentlich zusätzlich Insulin spritzen. Mit der Diabetes kam er bisher ganz gut zurecht. Zusammen mit den Folgen der Krebserkrankung und der damit verbundenen Wechselwirkungen zwischen Ernährung, Medikation und Stoma fühlt er sich zunehmend überfordert und benötigt zur Versorgung und Kontrolle zusätzlich Unterstützung.

In diesem Modul einen **Modul-Gesamtwert** zu ermitteln, ist etwas schwieriger als bei den übrigen. Die Punkte bei der Selbständigkeit rechnet der Gutachter rein rechnerisch zusammen. Die Angaben zur Häufigkeit werden dagegen mit Hilfe einer Anleitung in einen Tageswert umgerechnet. Dieser Tageswert ist bei täglichen Hilfen entsprechend größer als bei lediglich wöchentlichen oder monatlichen, da häufiger Hilfe benötigt wird. Der so ermittelte Tageswert wird zu den Punkten der Selbständigkeit dazu gerechnet und ergibt dann einen Gesamt-Modulwert für Modul 5.

### Tipp:

Die Berechnung des Gesamtwertes ist in diesem Modul recht kompliziert und nur mithilfe interner Umrechnungsanleitungen ermittelbar. Die Punkteberechnung kann aber gerade dann, wenn man z. B. einen Widerspruch gegen das Gutachten einlegen will, entscheidend sein. Lassen Sie sich am besten vom Gutachter die Berechnung erläutern, wenn in diesem Modul Punkte für Sie oder Ihre Angehörigen vergeben werden.

### f) Modul 6: Gestaltung des Alltagslebens und sozialer Kontakte

Das Modul 6 enthält zentrale Aspekte zur Gestaltung des Alltags und zur Unterhaltung sozialer Kontakte. Diese Aspekte waren nach dem früheren System (→1. Kap. I.) von der Prüfung ausgenommen und wurden erst mit dem neuen Pflegebedürftigkeitsbegriff eingeführt und damit berücksichtigungsfähig. Geprüft wird hier die Fähigkeit, den **Tagesablauf** selbständig und individuell zu gestalten und mit anderen Menschen in **Kontakt** zu treten. Abgestellt wird dabei auf den konkreten Lebensraum des Einzelnen. Es werden typische Bereiche des Alltagslebens abgefragt, in denen sowohl motorische Fähigkeiten benötigt werden als auch mentale.

Abgefragt werden:

- Gestaltung des Tagesablaufs und Anpassung an Veränderungen,
- Ruhen und Schlafen,
- sich beschäftigen,
- Vornehmen von in die Zukunft gerichteten Planungen,
- Interaktionen mit Personen im direkten Kontakt,
- Kontaktpflege zu Personen außerhalb des direkten Umfelds.

Die Kontaktpflege kann z. B. durch einen selbständigen Besuch eines Gottesdienstes oder einer Spielrunde gegeben sein. Ein Hilfebedarf kann aber beispielsweise darin bestehen, dass die Personen angeleitet und beaufsichtigt werden müssen.

Wie bei Modul 1 Mobilität und bei Modul 4 Selbstversorgung erfolgt die Bewertung wieder anhand der bekannten vierstufigen Skala „**selbständig**" = 0 Punkte, „**überwiegend selbständig**" = 1 Punkt, „**überwiegend unselbständig**" = 2 Punkte und „**unselbständig**" = 3 Punkte. Es wird demnach wieder überprüft, was die betroffene Person noch selbst erledigen kann, ob sie der Motivation und Unterstützung bedarf oder ob einzelne Aufgaben sogar ganz von einer Pflegeperson übernommen werden müssen.

## Modul 6: Gestaltung des Alltagslebens und sozialer Kontakte

|  |  | selb-ständig | überwie-gend selb-ständig | überwie-gend un-selbständig | unselb-ständig |
|---|---|---|---|---|---|
| 6.1 | Gestaltung des Tagesablaufs und Anpassung an Veränderungen | 0 | 1 | 2 | 3 |
| 6.2 | Ruhen und Schlafen | 0 | 1 | 2 | 3 |
| 6.3 | Sich beschäftigen | 0 | 1 | 2 | 3 |
|  | … weitere Feststellungsfragen siehe Auflistung oben |  |  |  |  |

> **BEISPIEL:** Frau G. leidet unter Demenz. Wenn ihre Tochter sie morgens versorgt hat und sie in einen Sessel ans Fenster setzt, bleibt Frau G. dort sitzen, bis ihre Tochter mittags mit ihr kocht. Aus eigenem Antrieb bewegt Frau G. sich weder aus dem Sessel, obwohl sie dies körperlich könnte, noch beschäftigt sie sich mit etwas.

Der rechnerische **Gesamt-Modulwert** für dieses Modul fließt ebenfalls in die Gesamtbewertung des Pflegebedarfs ein.

### g) Modul 7: Außerhäusliche Aktivitäten

Der Bereich der außerhäuslichen Aktivitäten wird zwar von dem Gutachter abgefragt, um einen möglichst umfassenden Überblick auf die persönliche Lebenssituation des Betroffenen zu erhalten, fließt aber **nicht in die Bewertung** des Pflegegrades selbst ein. Der Unterstützungsbedarf, der hier festgestellt wird, kann z. B. die spätere Versorgungsplanung erleichtern und hilft auch die Feststellungen in den Modulen 1 bis 6 nochmals zu überprüfen.

Erhoben wird in diesem Bereich,

- ob sich eine Person selbständig im öffentlichen Raum bewegen, also den eigenen Wohnraum verlassen und sich außerhalb der Wohnung bewegen,

- an kulturellen, religiösen oder sportlichen Veranstaltungen teilnehmen sowie

- welche Transportmittel sie selbständig nutzen kann; ebenso

■ Besuch von Schule, Kindergarten, Arbeitsplatz, einer Werkstatt für behinderte Menschen sowie Einrichtungen der Tages- oder Nachtpflege oder Tagesbetreuungsangebote.

> **BEISPIEL:** Der Gutachter fragt z.B. danach, ob die Person regelmäßig an Zusammenkünften mit anderen, wie Konzertbesuchen oder Gruppentherapien, teilnimmt oder regelmäßig spazieren geht.

Abgestellt wird hier wieder auf die Selbständigkeit bzw. den Unterstützungsbedarf.

### h) Modul 8: Haushaltsführung

In diesem Modul wird von dem Gutachter die Selbständigkeit der betroffenen Person bei typischen Tätigkeiten der Haushaltsführung ermittelt sowie der Inanspruchnahme von Dienstleistungen. Die Bewertung **fließt nicht in die Gesamtbewertung** zur Ermittlung des Pflegegrades ein. Sie dient lediglich der Vervollständigung eines Gesamtüberblicks über die persönliche Situation des Betroffenen. Dem Gutachter soll es durch diese zusätzlichen Informationen, die nicht der Erfassung des Pflegebedarfs dienen, gelingen, einen umfassenden Überblick über die Lebenssituation der betroffenen Person zu erhalten.

Betrachtet werden

■ das Einkaufen (bzw. die Möglichkeit dazu) durch den Betroffenen selbst sowie die Zubereitung einfacher Mahlzeiten, Aufräumen, Putzen und Wäschepflege,

■ seine Fähigkeit zur Durchführung von Behördengängen und schließlich

■ die Regelung finanzieller Angelegenheiten durch ihn selbst.

> **BEISPIEL:** Herr O. wohnt seit 30 Jahren in seinem Quartier und geht regelmäßig spazieren. Er kann zu dem kleinen Lebensmittelmarkt in der Nebenstraße gehen, wenn ihm eine Hilfsperson eine Einkaufsliste schreibt und jemand beim Tragen der Einkünfte behilflich ist. Demnach ist er in diesem Bereich noch überwiegend selbständig.

## 3. Ermittlung des Grades der Pflegebedürftigkeit

Die soeben vorgestellten Module ermöglichen es dem Gutachter festzustellen, in welchem Bereich und in welchem Ausmaß eine pflegebedürftige Person Unterstützung benötigt. Nunmehr muss ermittelt werden, welchem Pflegegrad die betroffene Person zugeordnet werden kann.

§ 15 Abs. 2 SGB XI enthält Regelungen dazu, wie die Schwere ermittelt, sowie aus den Ergebnissen der einzelnen Module ein Gesamtwert und damit ein Pflegegrad errechnet wird. Erst aufgrund der Gesamtbewertung aller Fähigkeiten und Beeinträchtigungen im Rahmen der Überprüfung der oben genannten sechs relevanten Module erfolgt eine Einstufung in einen der fünf Pflegegrade. Die Berechnung der für die Zuordnung zu einem Pflegegrad relevanten Gesamtpunkte erfolgt mit Hilfe einer mehrschrittigen Berechnungsfolge auf Basis einer pflegefachlich begründeten **Bewertungssystematik**. Die gesamte Systematik ist als Anhang im SGB XI (Anlage 1 zu § 15) enthalten.

> **Tipp:**
>
> Wenden Sie sich an Ihre Pflegekasse, damit man Ihnen die Ermittlung des Pflegegrades anhand des Gutachtens und der darin vorgenommenen Schritte genau erläutert.

Zuerst werden – wie oben dargestellt – innerhalb der **einzelnen Module** für jedes einzelne erhobene Kriterium je nach Schwere der Beeinträchtigung oder Häufigkeit des Vorkommens bestimmte Punktwerte ermittelt. Diese Punktwerte werden dann je Modul addiert, so dass man einen **Modul-Gesamtwert** erhält. Für jedes der sechs Module erhält man auf diese Weise einen Zahlenwert. Diese sechs einzelnen Modulwerte zusammen ergeben einen Wert, der den Grad der Pflegebedürftigkeit bestimmt. Die Module sind untereinander aber nicht gleichwertig, sondern werden im Hinblick auf die Pflegebedürftigkeit eines Menschen unterschiedlich stark **gewichtet** und fließen damit auch unterschiedlich stark in die Gesamtwertung ein.

Die Fähigkeiten einer Person, sich selbst zu versorgen (Modul 4), werden dabei z. B. stärker berücksichtigt als die Möglichkeiten der Mobilität (Modul 1). Die einzelnen Modulwerte müssen daher zueinander **ins Verhältnis** gesetzt werden. So ergibt sich ein Gesamtpunktwert, der die Zuordnung zu einem Pflegegrad erlaubt. Festgelegt wird dieses Verfahren vom Bundesministerium für Gesundheit durch eine Rechtsverordnung. Dieses System wirkt zunächst recht kompliziert. Es erlaubt aber in Zukunft einen flexiblen Umgang hinsichtlich neuer pflegefachlicher Erkenntnisse, weil es nicht starr konstruiert ist und bei Bedarf kurzfristig angepasst werden kann. Damit aber alle betroffenen Personen **einheitlich bewertet** werden können, hat der Spitzenverband der Pflegekassen **Verfahrensanleitungen** zur Handhabung für die Gutachter erarbeitet. Das Verfahren wurde zuvor in zwei Erprobungsstudien auf seine Praxistauglichkeit getestet. Während dieser Phasen haben ausgewählte Gutachter bei der Begutachtung von pflegebedürftigen Personen das alte und das neue Begutachtungssystem parallel angewandt, um die Ergebnisse und die Handhabung direkt vergleichen zu können.

> **Hinweis:**
>
> Die genaue Ermittlung der Pflegegrade ist zwar in § 15 SGB XI und dem Anhang zu dieser Vorschrift vom Gesetzgeber detailliert beschrieben, u. E. aber für betroffene Pflegebedürftige und ihre Angehörigen kaum transparent nachzuvollziehen. Die Überprüfung der Zuordnung zu einem Pflegegrad und damit die Rechtschutzmöglichkeiten für die Betroffenen sind somit in verfassungsrechtlich bedenklicher Weise eingeschränkt. Die mehrschrittige Berechnungsfolge muss u. E. daher den Betroffenen als Teil der Beratungsverpflichtung der Pflegekassen i. S. v. §§ 7 ff. SGB XI im Einzelnen aufgelistet und erklärt werden (spätestens auch schriftlich im entsprechenden Bescheid der Pflegekasse bzw. im auszuhändigenden Gutachten des MDK i. S. v. § 18 SGB XI). In diesem Sinne äußern sich auch kritisch Heitmann/Plantholz in Krahmer/Plantholz (Hrsg.), LPK-SGB XI, § 15 Rn. 22.

## Ermittlung des Pflegegrads:

Um eine zu begutachtende Person einem Pflegegrad zuzuordnen, müssen die Gutachter in **drei Schritten** vorgehen:

- *Schritt 1*: In den einzelnen sechs Bewertungs-Modulen wird für jedes der einzelnen Kriterien ein **Einzelpunktwert** ermittelt (→1. Kap. II.2.a–f).

- *Schritt 2*: Die ermittelten Einzelwerte werden zu einem Gesamtwert für das jeweilige bewertungsrelevante Modul zusammengefasst (dies ergibt **sechs Modulwerte**).

- *Schritt 3*: Die einzelnen Modul-Gesamtwerte werden nach einer festgelegten Gewichtung ins Verhältnis zu einander gesetzt und ein **Gesamtwert** zur Ermittlung des Pflegegrads ermittelt. Die Gewichtung spiegelt die unterschiedliche Berücksichtigung der einzelnen Module wieder.

So ergibt sich letztendlich ein Gesamtwert, der den individuellen Pflegegrad des Betroffenen ergibt.

### a) Ermittlung der Einzelpunktwerte innerhalb eines Moduls (Schritt 1)

Im ersten Schritt werden in jedem Modul die einzeln vergebenen Punkte zu einem Gesamtwert zusammengezählt. Die Bewertung der einzelnen Fähigkeit oder Auffälligkeit in jedem Modul wird von dem Gutachter mit einem **Einzelpunktwert** versehen. Der Gutachter ist gehalten, diese Prüfung bei jedem einzelnen Kriterium der sechs feststellungsrelevanten Module individuell vorzunehmen. Dadurch erhält er für jede zu überprüfende Frage einen Einzelpunktwert. Diese **Einzelpunkte** werden wie zuvor erläutert nach einem vorgegebenen System vergeben.

In den **Modulen 1, 4 und 6** wurde wie oben dargestellt (→1.Kap. II.2.) die Selbständigkeit bzw. Beeinträchtigung der Fähigkeiten in den einzelnen Bereichen in jeweils vier Schweregrade eingeteilt; d. h. jede Fähigkeit, z. B. die Fähigkeit Treppen zu steigen (= in Modul 1) oder den Oberkörper zu waschen (= in Modul 4), wurde mit 0 bis 3 Punkten bewertet, je nachdem, ob die Person diese Aktivitäten selbständig oder unselbständig ausführen kann. In **Modul 2** wurde das Vorhandensein bestimmter Fähigkeiten eingeschätzt und mit Punk-

ten versehen, in **Modul 3** die Häufigkeit bestimmter Verhaltensweisen bewertet. Bei **Modul 5** ist die Ermittlung der Summe der Einzelwerte etwas komplizierter: Zwar wurde auch hier die Selbständigkeit
mit einem Punktwert von 0–3 Punkten bewertet, aber zusätzlich
erfasst der Gutachter auch noch die Häufigkeit von Hilfen pro Tag,
Woche oder Monat (→1. Kap. II.2.e). Diese Anzahl der Hilfen muss
erst noch mittels eines Rechenschritts in einen Tageswert umgerechnet werden, der dann in die Berechnung des Gesamtwertes für dieses Modul einfließt.

**Beispiel Schritt 1:**
Modul 1: Mobilität
Überprüft wird die Fähigkeiten zu:
1.1 Positionswechsel im Bett
1.2 Stabile Sitzposition halten
1.3 Aufstehen aus sitzender Position/Umsetzen
1.4 Fortbewegen innerhalb des Wohnbereichs
1.5 Treppensteigen
Hinsichtlich jeder Fähigkeit prüft der Gutachter, ob die betroffene Person die Tätigkeit selbständig ausführen kann oder Hilfe/Anleitung benötigt und vergibt dafür Punkte:
0 = selbständig
1 = überwiegend selbständig
2 = überwiegend unselbständig
3 = unselbständig
Ist eine genaue Abgrenzung schwierig, muss er anhand seiner Bewer-
tungskriterien eine Zuordnung treffen (siehe oben).
Nimmt man Frau D. aus dem Beispiel beim Modul 1, die sich selbst im
Bett umdrehen und aufsetzen kann, aber aufgrund ihrer Angst vor Stürzen nicht aufstehen mag, so würde der Gutachter wahrscheinlich folgende Bewertung vornehmen:

| Prüfungskriterien | selb-ständig | überwiegend selbständig | überwiegend unselbständig | unselb-ständig |
|---|---|---|---|---|
| Positionswechsel | ✓ 0 | 1 | 2 | 3 |
| Halten einer stabilen Sitz-position | ✓ 0 | 1 | 2 | 3 |
| Umsetzen | 0 | ✓ 1 | 2 | 3 |
| Fortbewegen innerhalb des Wohnbereichs | 0 | ✓ 1 | 2 | 3 |
| Treppensteigen | 0 | ✓ 1 | 2 | 3 |

Bei der Begutachtung von Frau D. würde das Modul 1 einen Modul-Ge-samtwert von 3 als Summe der Einzelpunkte für die einzelnen Kriterien ergeben.

Entsprechend würde auch bei den anderen Modulen verfahren, so dass man insgesamt 6 Modul-Gesamtwerte erhält, für jedes Modul einen.

### Schritt 1:

Der Gutachter geht mit der hilfebedürftigen Person bzw. den an-wesenden Angehörigen jedes einzelne Bewertungsmodul durch und vergibt für jedes einzelne Kriterium innerhalb der Module einen Punktwert anhand einer festgelegten Bewertungsskala. Diese Bewertung erfolgt entweder nach Selbständigkeit oder Häufigkeit bei bestimmten Verhaltensweisen. Aus dem Zusam-menrechnen der Einzelwerte innerhalb eines Moduls ergibt sich ein Modul-Gesamtwert.

### b) Ermittlung und Gewichtung der Gesamtmodulwerte (Schritt 2)

Im ersten Schritt hat man die Einzelpunkte für jedes Kriterium in-nerhalb eines Moduls ermittelt und dann einen **Modul-Gesamtwert** daraus errechnet (im Beispiel von Frau D. = 3 Punkte im Modul 1). Nun liegen entsprechend 6 Modul-Gesamtwerte vor. Die sechs Module sind aber in der Gesamtbetrachtung zur Ermittlung der Schwere des Pflegebedarfs einer Person nicht alle gleichwertig, son-dern werden unterschiedlich stark berücksichtigt. Es muss also eine Gewichtung der einzelnen Module innerhalb der Gesamtbetrach-tung vorgenommen werden.

Die **Gewichtung** führt dazu, dass die jeweilige Schwere der Beeinträchtigungen von Selbständigkeit und/oder Fähigkeiten der betroffenen Personen mit körperlichen Defiziten einerseits und kognitiven oder psychischen Defiziten andererseits sachgerecht bei der **Bildung des Gesamtwerts** berücksichtigt wird. Damit soll erreicht werden, dass die einzelnen Bedarfe der begutachteten Personen angemessen in die Gesamtbewertung einfließen. Der Pflege- und Betreuungsaufwand von Personen mit körperlichen Defiziten z. B. ist nicht unmittelbar mit dem von Personen mit kognitiven oder psychischen Beeinträchtigungen zu vergleichen, die ständig beaufsichtigt und ermutigt werden müssen. Daher fließt z. B. die Mobilität nur mit 10 % in die Gesamtwertung ein, die kognitiven und kommunikativen Fähigkeiten zusammen mit den Verhaltensweisen und psychischen Problemlagen sowie der Gestaltung des Alltagslebens und sozialer Kontakte dagegen mit zusammen 30 %. Kommen bei einzelnen Personen somatische und kognitive/psychische Beeinträchtigungen zusammen, wird dies durch das Modulsystem und die Gewichtung ebenfalls abgebildet. Selbstversorgung zusammen mit Mobilität z. B. haben für die pflegefachliche Einschätzung und die Ausprägung von Pflegebedürftigkeit eine zentrale Bedeutung und werden daher entsprechend stark mit zusammen 50 % des Gesamtwerts gewichtet (Mobilität 10 % und Selbstversorgung 40 %). Diese unterschiedliche Gewichtung wurde von Pflegeexperten erarbeitet.

**Module und deren Gewichtung:**

- Mobilität      10 %
- Kognitive und kommunikative Fähigkeiten
- Verhaltensweisen und deren Problemlagen zusammen      15 %
- Selbstversorgung      40 %
- Umgang mit krankheits-/therapiebedingten Anforderungen    20 %
- Gestaltung des Alltagslebens und soziale Kontakte      15 %

                                                    **100 %**

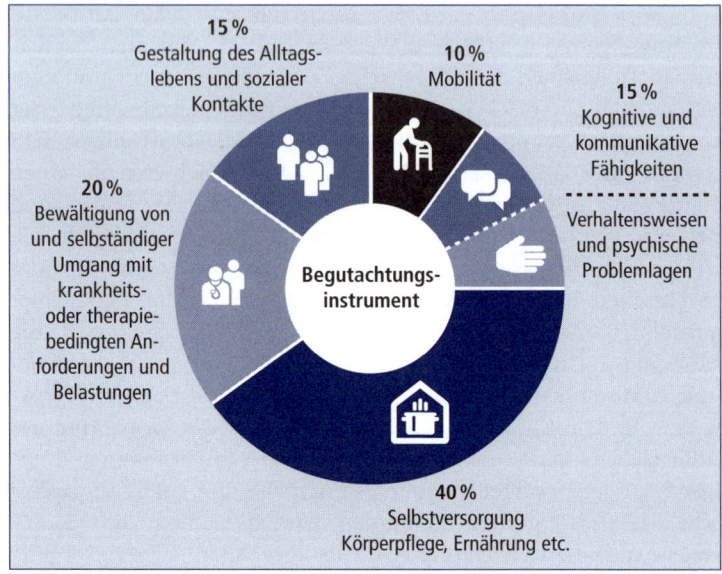

Quelle: https://www.mds-ev.de/uploads/pics/MDS-Grafik-Module-Kreis-300dpi_01.jpg

Die Summe der Einzelpunkte für das Modul 1 „Mobilität", also der Modul-Gesamtwert, wird in der Gesamtbetrachtung somit mit 10 % berücksichtigt. Die Summe der Einzelpunkte der Module 2 „kognitive und kommunikative Fähigkeiten" und 3 „Verhaltensweisen und psychische Problemlagen" betrifft die Besonderheit, dass sie **gemeinsam erfasst** werden. Der jeweils höhere Punktwert fließt in die Gesamtbewertung ein, und wird mit 15 % gewichtet. Ein Grund hierfür ist, dass beide Bereiche einen psychosozialen Unterstützungsbedarf nach sich ziehen, der sich nicht ohne weiteres einzelnen Handlungen zuordnen lässt. Die Summe der Einzelwerte beim Modul 4 „Selbstversorgung" erhält die stärkste Gewichtung und fließt mit 40 % in die Gesamtbewertung mit ein. Der Gesamt-Modulwert von Modul 5 „Bewältigung und Umgang mit krankheitsbedingten Belastungen" geht mit 20 % in die Berechnung des Pflegegrads ein und der Wert des Moduls 6 „Gestaltung des Alltagslebens" mit 15 %.

Um den Gutachtern diese Gewichtung zu erleichtern, gibt es festgelegte Umrechnungsskalen. Das nachfolgende Beispiel soll diese interne Umrechnung nach Gewichtung exemplarisch aufzeigen, zeigt aber auch, wie kompliziert die Bewertung tatsächlich ist.

**BEISPIEL Schritt 2:**

Modul 1: Mobilität

Im Beispiels-Fall von Frau D. ist diese in ihrer Mobilität so beeinträchtigt, dass sie sich zwar noch selbständig im Bett umdrehen (= 0 Punkte) und mit Hilfe einer Haltestange aufsetzen und diese Position halten (= 0 Punkte), aber nur im Beisein Dritter aufstehen und sich fortbewegen (= je 1 Punkt), sowie Treppen steigen kann (= 1 Punkte). Dadurch wurde ein **Modul-Gesamtpunktwert** von **3 Punkten** in diesem Modul ermittelt (siehe das vorherige Beispiel).

Dieser Punktwert muss nun wiederum von dem Gutachter anhand einer festgelegten Skala nach seiner Erheblichkeit im Gesamtbild eingeordnet, also gewichtet werden; die Skala ist als feste Vorgabe im Anhang zu § 15 SGB XI enthalten. In dem Beispielsfall im Modul 1 entsprächen 3 Punkte einem **geringen** Grad der Beeinträchtigung der Selbständigkeit und damit dem **Wert 2,5** auf einer Gewichtungs-Skala von 0–10 Punkten. Die Gewichtungsskala hat deshalb höchstens 10 Punkte, weil das Modul 1 „Mobilität" mit 10 % in den späteren Gesamtwert zur Einstufung der Person in einen Pflegegrad einfließt.

| Summe Modul 1 | 0 – 1 | ✓ 2 – 3 | 4 – 5 | 6 – 9 | 10 – 15 |
|---|---|---|---|---|---|
| Modul 1 Mobilität Gewichtung | 0 = keine Beeinträchtigung der Selbständigkeit | ✓ 2,5 = geringe Beeinträchtigung | 5 = erhebliche | 7,5 = schwere | 10 = schwerste |

Würde die betroffene Person so in ihrer Mobilität eingeschränkt sein, dass alle Kriterien mit „unselbständig" bewertet werden müssten, also jeweils 3 Punkte, käme am Ende ein Gesamtmodulwert von 15 Punkten heraus (= Schritt 1). Setzt man diesen Gesamt-Modulwert nun mittels der oben aufgezeigten Gewichtungs-Skala ins Verhältnis (= Schritt 2), ergäbe sich ein gewichteter Modulwert von 10. Dieser höchste Wert entspricht gleichzeitig der Gewichtung des Moduls Mobilität in der Gesamtbetrachtung der Pflegebedürftigkeitsbewertung, nämlich 10 %. Hier kann man den mathematischen Hintergrund der Umrechnungsskala erkennen. Für Frau D. fließt dagegen für das Modul 1 ein gewichteter Wert von 2,5 in den nachfolgenden Schritt ein.

Insgesamt könnte somit theoretisch, wenn jemand in allen Kriterien in allen Modulen höchste Punktzahl erreichen würde, ein Gesamtwert von 100 Punkten herauskommen, der 100% entspricht und damit absoluter Pflegebedürftigkeit.

**Schweregrad der Beeinträchtigung der Selbständigkeit oder der Fähigkeiten:**

| Modul | keine Beeinträchtigung | geringe | erhebliche | schwere | schwerste | |
|---|---|---|---|---|---|---|
| Mobilität | 0–1 | 2–3 | 4–5 | 6–9 | 10–15 | **Summe** Modul 1 |
| | 0 | 2,5 | 5 | 7,5 | 10 | **Gewichtung** 10% |
| Kognitive und kommunikative Fähigkeiten | 0–1 | 2–5 | 6–10 | 11–16 | 17–33 | **Summe** Modul 2 |
| Verhaltensweisen und psychische Problemlagen | 0 | 1–2 | 3–4 | 5–6 | 7–65 | **Summe** Modul 3 |
| | 0 | 3,75 | 7,5 | 11,25 | 15 | **Gewichtung** zus. 15% |
| Selbstversorgung | 0–2 | 3–7 | 8–18 | 19–36 | 37–54 | **Summe** Modul 4 |
| | 0 | 10 | 20 | 30 | 40 | **Gewichtung** 40% |
| Bewältigung von und Umgang mit krankheits- und therapiebedingten Anforderungen | 0 | 1 | 2–3 | 4–5 | 6–15 | **Summe** Modul 5 |
| | 0 | 5 | 10 | 15 | 20 | **Gewichtung** 20% |
| Gestaltung des Alltagslebens und sozialer Kontakte | 0 | 1–3 | 4–6 | 7–11 | 12–18 | **Summe** Modul 6 |
| | 0 | 3,75 | 7,5 | 11,25 | 15 | **Gewichtung** 15% |

Unter Berücksichtigung aller Bewertungsvorgaben hat der Gutachter am Ende dieses Prüfungsschritts 2 insgesamt **sechs gewichtete Gesamt-Modulwerte** ermittelt. Jeder dieser einzelnen gewichteten Gesamt-Modulwerte zeigt auf, wie stark die Selbständigkeit oder die Fähigkeit, innerhalb eines der sechs Module mit der Pflegebedürftigkeit umzugehen, Einfluss auf den Grad der Pflegebedürftigkeit insgesamt hat.

### Schritt 2:

Der Gutachter gewichtet die in Schritt 1 errechneten Gesamt-Modulwerte eines jeden Moduls (insgesamt sechs Werte, für jedes Modul einen) anhand einer vorgegebenen Umrechnungs-Skala und stellt sie damit zueinander ins Verhältnis.

## c) Zusammenrechnung der gewichteten Gesamt-Modulwerte (Schritt 3)

Jedes Modul erhält also am Ende einen gewichteten Gesamt-Punktwert, der in die Gesamtbewertung zur Bestimmung des Pflegegrads einfließt. Zählt man die sechs gewichteten Gesamt-Modulwerte zusammen, ergibt sich ein Gesamtpunktwert zwischen 0 und 100 Punkten. Personen, die in allen Bereichen selbständig und in ihren Fähigkeiten nicht beeinträchtigt sind, würden am Ende jeden Moduls nur 0 Punkte erhalten und damit nach der Gewichtung im Endergebnis auch nur 0 Punkte. Wer dagegen in allen Bereichen unter größtmöglichen Beeinträchtigungen seiner Selbständigkeit oder seiner Fähigkeiten leidet, würde nicht nur die Höchstpunktzahl in jedem Modul erreichen, sondern am Ende nach Gewichtung auch 100 Gesamtpunkte erhalten.

Innerhalb dieses Gesamt-Spektrums von 100 möglichen Punkten wurden die Pflegegrade angesiedelt:

- 12,5 – unter 27 Gesamtpunkte ergeben den **Pflegegrad 1**. Hier liegt insgesamt eine geringe Beeinträchtigung der Selbständigkeit oder der Fähigkeiten vor.

- 27 – unter 47,5 Gesamtpunkte ergeben den **Pflegegrad 2**. Eine erhebliche Beeinträchtigung der Selbständigkeit oder der Fähigkeiten ist gegeben.

- 47,5 – unter 70 Gesamtpunkte ergeben den **Pflegegrad 3**. Die betroffene Person ist in ihrer Selbständigkeit oder den Fähigkeiten schwer beeinträchtigt.

- 70 – unter 90 Gesamtpunkte ergeben den **Pflegegrad 4**. Es liegen schwerste Beeinträchtigungen der Selbständigkeit oder der Fähigkeiten vor.

- 90 – 100 Gesamtpunkte ergeben den **Pflegegrad 5**. Es liegen schwerste Beeinträchtigungen der Selbständigkeit oder der Fähigkeiten vor, mit besonderen Anforderungen an die pflegerische Versorgung, und damit eine **besondere Bedarfskonstellation**.

  □ Eine besondere Bedarfskonstellation, die besondere Anforderungen an die pflegerische Versorgung aufweist, liegt beispielsweise bei einer Gebrauchsunfähigkeit der Arme und Beine oder ausgeprägten motorischen Verhaltensauffälligkeiten mit Selbst- und Fremdgefährdung vor. Der Spitzenverband der Krankenkassen hat hierfür Richtlinien erarbeitet, welche die pflegefachlich begründeten Voraussetzungen festlegen (z. B. www.aok-gesundheitsparner.de).

Um die Voraussetzungen zu erfüllen, überhaupt einem Pflegegrad zugeordnet werden zu können und damit pflegebedürftig zu sein, muss die Begutachtung danach einen Mindestgesamtwert von 12,5 Punkten ergeben.

> ### Schritt 3:
>
> Zählt man die sechs gewichteten und umgewandelten Modul-Gesamtwerte summarisch zusammen, ergibt sich aus der Summe der Pflegegrad.

Diese kompliziert anmutende Ermittlung eines Pflegegrades soll dafür sorgen, dass entsprechend der Idee des neuen Pflegebedürftigkeitsbegriffs möglichst kein Mensch mit einem Hilfebedarf „durchs Raster fällt". Eine Zeiterfassung des Pflege- bzw. Hilfebedarfs wie nach dem bisherigen Bewertungssystem ist nicht mehr relevant. Die Zeit, die benötigt wird, um dem Betroffenen Hilfen zu geben, fließt nicht mehr in die Einstufung ein.

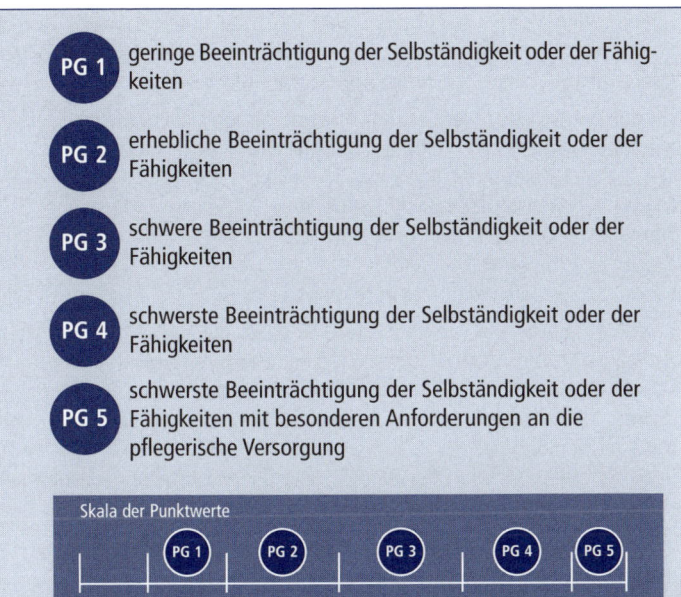

**PG 1** geringe Beeinträchtigung der Selbständigkeit oder der Fähigkeiten

**PG 2** erhebliche Beeinträchtigung der Selbständigkeit oder der Fähigkeiten

**PG 3** schwere Beeinträchtigung der Selbständigkeit oder der Fähigkeiten

**PG 4** schwerste Beeinträchtigung der Selbständigkeit oder der Fähigkeiten

**PG 5** schwerste Beeinträchtigung der Selbständigkeit oder der Fähigkeiten mit besonderen Anforderungen an die pflegerische Versorgung

Skala der Punktwerte

PG 1 — PG 2 — PG 3 — PG 4 — PG 5

0   12,5   27   47,5   70   90   100
Punkte

Quelle: https://www.mds-ev.de/uploads/pics/MDS-Grafik-5Grade-300dpi_01.jpg

**BEISPIEL:** Frau G. ist körperlich nur altersentsprechend eingeschränkt und weist lediglich mäßige kognitive Einschränkungen auf. Allerdings hat sie oft Ängste, „verschwindet" dann häufiger, auch nachts, und wandert ziellos umher, verläuft sich dabei und überfordert sich selbst, weil sie nicht aus eigener Kraft zurückfindet.

Nach dem früheren Begutachtungssystem, das darauf ausgerichtet war zu prüfen, ob ein Hilfebedarf bezogen auf bestimmte gesetzlich festgelegte Verrichtungen des täglichen Lebens vorliegt, wäre sie keiner Pflegestufe zugeordnet worden, da der Hilfebedarf nicht hoch genug ist. Sie hätte allerdings wegen ihrer eingeschränkten Alltagskompetenz einen Anspruch auf die (nach altem Recht allerdings geringen) zusätzlichen Betreuungsleistungen und Entlastungsangebote gehabt. Nach dem neuen Pflegebedürftigkeitsbegriff und dem seit dem 1.1.2017 anzuwendenden Begutachtungsassessment NBA würde Frau G mindestens in Pflegegrad 1 eingruppiert werden, weil sie im Modul 2 und 3 Punkte erhalten und somit bei dieser Regelungsweise Leistungen der Pflegeversicherung in Anspruch nehmen könnte:

Modul 2 → örtliche Orientierung nicht vorhanden = 3 Punkte

Modul 2 → Erkennen von Risiken und Gefahren nicht vorhanden
= 3 Punkte

Modul 3 → Selbstschädigendes Verhalten = 3 Punkte

Modul 3 → Nächtliche Unruhe = 3 Punkte

Modul 3 → Ängste = 3 Punkte

Modul 3 → sozial inadäquate Verhaltensweisen = 3.

Der höchste Wert aus Modul 2 oder 3 sind hier die 12 Punkte aus Modul 3 (Schritt 1). Dies entspricht nach der Gewichtungstabelle einem Wert von 15 Punkten (Schritt 2). Diese 15 Punkte entsprechen Pflegegrad 1 (Schritt 3). Natürlich ist dieses Beispiel stark vereinfacht und wird dem tatsächlichen Begutachtungsaufwand nicht gerecht. Der Gutachter muss in diesem Beispielsfall in der Realität 64 Fragen/Feststellungen abfragen und bewerten, was hier nicht im Einzelnen dargestellt werden kann.

## 4. Begutachtung von Kindern

Pflegebedürftigkeit kann in allen **Altersstufen** auftreten. Nicht nur die altersbedingte, sondern auch die aufgrund einer Behinderung in jüngeren Jahren bestehende Pflegebedürftigkeit, z. B. wegen Unfalls oder Krankheit, kann nach den Vorschriften des SGB XI Leistungen der Pflegekasse auslösen. Dass auch für **Kinder** Leistungen der sozialen Pflegeversicherung beansprucht werden können, ergibt sich bereits daraus, dass diese in die Familienversicherung einbezogen sind. Darüber hinaus bestimmt § 15 Abs. 6 und 7 SGB XI ausdrücklich, wie eine Begutachtung und Eingruppierung bei Kindern vorzunehmen ist.

Auch bei der Begutachtung von Kindern wird nach dem neuen Begutachtungsassessment (NBA) vorgegangen und es werden grundsätzlich die **gleichen Module** wie auch bei erwachsenen Personen angewandt. Ebenso folgt die Bewertungssystematik den allgemeinen Vorgaben, jedoch abgestellt auf die **Besonderheiten gerade kleiner Kinder unter 11 Jahren**, die naturgemäß einige Tätigkeiten und Verrichtungen noch gar nicht selbständig erledigen können. Merkmale, die erst ab einem bestimmten Alter geprüft werden können, sind daher in den vom Gutachter anzuwendenden Handlungsvorgaben entsprechend gekennzeichnet. Es erfolgt der Hinweis an entsprechender Stelle, dass eine Beurteilung *„bei Kindern im Alter unter … Monaten nicht erforderlich"* ist, oder die konkrete Angabe eines Alters, ab der das Kriterium erst Anwendung findet.

**BEISPIEL: Modul 4 Selbstversorgung**
4.1 Vorderen Oberkörper waschen (zu beurteilen ab 2 Jahre.)
…
4.4 Duschen oder Baden (zu beurteilen ab 4 Jahren)
4.5 Oberkörper an- und auskleiden

Der Gutachter stellt bei der Begutachtung den tatsächlich vorhandenen **Grad der Abhängigkeit** des Kindes fest. Im Rahmen der Begutachtung werden betroffene Kinder und Heranwachsende hinsichtlich der Beeinträchtigung ihrer Selbständigkeit und eventueller Fähigkeitsstörungen in den Modulen 1, 2, 4 und 6 mit altersentsprechend entwickelten Kindern **verglichen**. Dies geschieht jedoch objektiv, der Gutachter selbst muss nicht beurteilen, ob die festgestellte Abhängigkeit altersgemäß ist. Dieser Vergleichsmaßstab ist bereits in der Punkteberechnung hinterlegt. Bei den Modulen 3 (Verhaltensweisen und psychische Problemlagen) und 5 (Bewältigung von und selbständiger Umgang mit krankheits- oder therapiebedingten Anforderungen und Belastungen) spielt das Alter des Kindes dagegen keine Rolle

Allgemein kann davon ausgegangen werden, dass auch bei gesunden Kindern im Alter bis zu drei Jahren bei den Verrichtungen des Grundbedarfes noch regelmäßig Hilfeleistungen erforderlich sind (BSG, Urteile vom 26.11.1998, B 3 P 13/97 R und 20/97 R, NZS 1999, 453 und 343). Im 4./5. Lebensjahr beherrschen gesunde gleichaltrige Kinder alterstypische Fertigkeiten und Eigenschaften: u. a. die Grobmotorik vollständig, die Feinmotorik reift heran, selbständiges An- und Auskleiden und selbständiges Waschen wird erlernt und ebenso das Zusammenspiel mit Gleichaltrigen. Mit knapp 6 Jahren kann bei gesunden Kindern bei Vorliegen von Schulfähigkeit davon ausgegangen werden, dass sie für die Verrichtungen ihres Grundbedarfes im Allgemeinen keine Hilfe mehr benötigen. Ihre altersentsprechende geistige Entwicklung macht es lediglich erforderlich, sie generell zu beaufsichtigen, zu ermahnen und auch zu einzelnen Verrichtungen anzuhalten.

Die Orientierung erfolgt an der Alltagswelt eines Kindes des jeweiligen Alters. Für **Säuglinge** und **Kleinkinder unter 18 Monaten** gibt es eine besondere Bewertung, die die besondere Situation eines von der Norm abweichenden Pflegebedarfs eines Kleinkindes sicherstellen soll.

Stellt man bei der Überprüfung, ob Pflegebedürftigkeit vorliegt, mittels des NBA auf das Maß der Selbständigkeit ab, ist zu bedenken, dass Säuglinge von Natur aus in allen Bereichen des Alltagslebens unselbständig sind. Je jünger ein Kind ist, desto weniger ist es möglich darzustellen oder festzulegen, welchen Bedarf das Kind hat, der über die herkömmliche Pflege und Versorgung hinausgeht. Dies ist erst mit zunehmendem Alter des Kindes möglich. Erst dann kann festgestellt werden, welche Abweichungen von dem altersgemäßen Grad der Selbständigkeit vorliegen; und erst dann ist eine Messung der benötigten personellen Hilfe möglich. Würde man schon vorher das NBA ohne Sonderregelungen für diese Altersgruppe anwenden, bekämen Kinder unter 18 Monaten in der Regel keinen Zugang zu einem Pflegegrad oder nur zu einem zu niedrigen. Außerdem müsste aufgrund der fortlaufenden Entwicklungsphasen der Kinder ständig neue Begutachtungen vorgenommen werden. Der Gutachter muss daher nicht selbst entscheiden, was altersgemäß ist, sondern es wird der tatsächlich vorhandene Abhängigkeitsgrad dokumentiert.

Bei Kleinkindern unter 18 Monaten **entfällt** darüber hinaus eine **Begutachtung** im Bereich der Module 1 (Mobilität), 2 (Kognitive und kommunikative Fähigkeiten) sowie 6 (Gestaltung des Alltagslebens und soziale Kontakte).

Das Modul 4 (Selbstversorgung) wird durch die Frage *„Bestehen gravierende Probleme bei der Nahrungsaufnahme, die einen außergewöhnlichen pflegeintensiven Hilfebedarf im Bereich der Ernährung auslösen?"* **ersetzt**. Eine Bejahung wird bei bestimmten Krankheitsbildern bzw. Behinderungen erfolgen müssen, wie beispielsweise bei

Säuglingen mit schweren Fehlbildungen sowie angeborenen oder früh erworbenen schweren Erkrankungen eines oder mehrerer Organsysteme. Dadurch kann bei der häuslichen Pflege die Nahrungsaufnahme erheblich erschwert und um Stunden zeitaufwendiger sein. Auch kann die Nahrungsaufnahme z. B. bei einigen seltenen Syndromen oder schweren Cerebralparesen, die mit ausgeprägten Störungen der Mundmotorik einhergehen, erheblich erschwert sein.

Die Module 3 (Verhaltensweisen und psychische Problemlagen) sowie 5 (Bewältigung von und selbständiger Umgang mit ...) sind **altersunabhängig** zu bewerten.

Die Begutachtung erfolgt auf diese Weise im Sinne einer **pauschalierten Einstufung** und führt regelhaft zu etwas höheren Ergebnissen (→ Tabelle unten; es gibt keinen Pflegegrad 1). Die Kinder können somit bis zum Erreichen des 18. Lebensmonats in diesem Grad verbleiben, sofern nicht eine Wiederholungsbegutachtung aus fachlicher Sicht notwendig ist. Dies kann z. B. der Fall sein, wenn relevante Veränderungen durch eine erfolgreiche Operation zu erwarten sind.

Nach § 15 Abs. 7 SGB XI werden Kinder unter 18 Monaten abweichend zu dem oben erläuterten Einstufungssystem eingruppiert:
- ab 12,5 bis unter 27 Gesamtpunkten in den Pflegegrad 2 (Erwachsene dagegen in 1)
- ab 27 bis unter 47,5 Gesamtpunkten in den Pflegegrad 3 (Erwachsene = 2)
- ab 47,5 bis unter 70 Gesamtpunkten in den Pflegegrad 4 Erwachsene = 3)
- ab 70,5 Gesamtpunkten in den Pflegegrad 5.

Die Begutachtungs-Richtlinien, die den Gutachtern zur Verfügung stehen, listen konkret auf, welche der im Gesetz genannten Kriterien erfahrungsgemäß von altersentsprechend entwickelten, nicht-pflegebedürftigen Kindern eines bestimmten Alters ohne fremde Hilfe wahrgenommen werden können. Ab diesem jeweiligen **Alter** ist ein Abweichen der Selbständigkeit oder der Fähigkeiten dann für die Beurteilung der Pflegebedürftigkeit heranzuziehen.

## 5. Dauer des Hilfebedarfs

Der festgestellte Bedarf an Hilfe im Rahmen der zuvor genannten Kriterien muss **auf Dauer**, voraussichtlich für **mindestens sechs Monate**, vorliegen. Diese Zeitspanne stellt eine zeitliche Untergrenze dar. Ein nur vorübergehender Hilfebedarf, z. B. nach einem Unfall oder einer Krankheit, führt nicht zur Pflegebedürftigkeit, wenn er nicht für mindestens sechs Monate besteht. Dies bedeutet allerdings nicht, dass in den ersten sechs Monaten einer Pflegebedürftigkeit keine Leistungen verlangt werden können, weil sozusagen erst einmal dieser Zeitraum abgewartet werden muss, bevor überhaupt Pflegebedürftigkeit vorliegt. Die Frage der voraussichtlichen Dauer muss vielmehr zum Zeitpunkt der Beurteilung sozusagen vorausschauend festgestellt werden. Pflegebedürftigkeit liegt daher vor, wenn sich die eingeschränkten oder nicht vorhandenen Fähigkeiten zur Ausübung der einzelnen Verrichtungen voraussichtlich innerhalb von sechs Monaten nach Eintritt der Hilfebedürftigkeit, z. B. durch rehabilitative Maßnahmen, nicht wiederherstellen lassen. Wichtig ist auch, dass Pflegebedürftigkeit auf Dauer auch unterstellt wird, wenn der Hilfebedarf nur deshalb nicht über sechs Monate hinausgeht, weil die zu erwartende Lebensspanne voraussichtlich weniger als sechs Monate beträgt. So soll vermieden werden, dass bei schnell voranschreitenden Krankheiten (wie z. B. bei verschiedenen Krebserkrankungen, bei Aids o. Ä.) die notwendige Hilfe nicht erbracht werden kann.

## 6. Die Begutachtung durch den Medizinischen Dienst

Über die Feststellung der Pflegebedürftigkeit und die Einstufung in einen der fünf Pflegegrade entscheidet die zuständige Pflegekasse **auf Antrag** des Versicherten. Nach § 18 Abs. 1 SGB XI muss sie durch den **Medizinischen Dienst der Krankenversicherung (MDK)** oder sonstige **beauftragte unabhängige Gutachter** prüfen lassen, ob die Voraussetzungen der Pflegebedürftigkeit erfüllt sind und welcher Grad der Pflegebedürftigkeit vorliegt. Weiterhin wird festgestellt, welche Leistungen der Rehabilitation, Prävention sowie welche Hilfsmittel geeignet, notwendig und zumutbar sind. Sonstige beauftragte Gutachter können Personen sein, die aus dem medizinisch-pflegerischen Bereich kommen und eine Zusatzqualifikation zum Pflegegutachter absolviert haben. Sie können zusätzlich eingesetzt werden, um z. B. die Einhaltung von Fristen (s. u.) zu gewährleisten. Dem **Gutachten** des MDK bzw. anderer unabhängiger Gutachter kommt daher große Bedeutung für die Entscheidung der Pflegekasse zu. Umso wichtiger ist es, sich auf den Besuch des Gutachters vorzubereiten und das Verfahren zu kennen.

## Verfahren zur Feststellung der Pflegebedürftigkeit:

(1) Das Verfahren kommt nur dann in Gang, wenn der betroffene Versicherte einen Antrag auf Überprüfung von Pflegebedürftigkeit bei seiner Pflegekasse stellt.

(2) Die Pflegekasse beauftragt daraufhin den MDK zur Begutachtung.

(3) Der MDK schickt einen Gutachter zu dem Versicherten, der eine Empfehlung an die Pflegekasse hinsichtlich der Eingruppierung in einen Pflegegrad abgibt.

(4) Die Pflegekasse entscheidet und schickt dem Antragsteller einen Bescheid.

(5) Der Antragsteller akzeptiert diesen Bescheid oder legt Widerspruch dagegen ein (→ 1. Kap. X).

In Rechtsstreitigkeiten über die Feststellung von Pflegebedürftigkeit und die Zuordnung zu einem Pflegegrad, auch im gerichtlichen Verfahren, können die Gutachten des MDK als Entscheidungsgrundlage herangezogen werden. Daran wird sich auch nach der Einführung des neuen Begutachtungsinstruments nichts ändern. Die Sozialgerichte sind nicht gehindert, die im Verwaltungsverfahren eingeholten Gutachten als Entscheidungsgrundlage heranzuziehen. Ergeben sich weder aus anderen medizinischen Äußerungen noch aus dem Vorbringen der Beteiligten Zweifel an der Schlüssigkeit derartiger Gutachten, besteht für das Tatsachengericht keine Veranlassung, ein Sachverständigengutachten einzuholen. MDK-Gutachten sind keine Parteigutachten, auch wenn Betroffene dies häufig so sehen (zum Rechtsschutz → 1. Kap. X).

Der MDK ist traditionell vorwiegend mit **Ärzten** der unterschiedlichen Fachrichtungen besetzt. Bei den Feststellungen im Rahmen der sozialen Pflegeversicherung werden nach § 18 Abs. 7 SGB XI aber auch Pflegefachkräfte und andere geeignete Fachkräfte herangezogen. Alle Gutachter sind auf die Durchführung der Begutachtung und die Anwendung der Begutachtungs-Richtlinien besonders **geschult**. Dies ist erforderlich, um flächendeckend eine weitgehend einheitliche und vergleichbare Vorgehensweise bei Erstellung der Bewertungsergebnisse zu erreichen. Pflegebedürftige sollen keinen Vor- oder Nachteil dadurch erhalten, dass sie in einer bestimmten Region leben oder ein Gutachter mit einer bestimmten Profession das Gutachten führt. Bei der Begutachtung von Kindern ist aufgrund der Besonderheit dieser Personen die Prüfung in der Regel von besonders geschulten Gutachtern mit einer Qualifikation als Gesundheits- und Kinderkrankenpfleger oder **Kinderarzt** vorzunehmen.

Die Gutachter des MDK bzw. die sonstigen beauftragten Gutachter sind bei der Wahrnehmung ihrer medizinischen Aufgaben nach dem Gesetz in Anlehnung an ihren ärztlichen Eid nur ihrem **ärztlichen Gewissen** unterworfen. Sie sind an die einschlägigen Richtlinien gebunden, letztlich aber gehalten, ihre Entscheidung im Einzelfall zu treffen. Auf diese Weise soll erreicht werden, das zwar eine möglichst einheitliche Vorgehensweise eingehalten wird (s. o.), aber dennoch der einzelne Mensch in seiner individuellen Situation im Vordergrund steht. Gerade letzteres hindert die Gutachter nicht, in den zu fertigenden Gutachten auf der Grundlage des von ihnen zu beurteilenden individuellen Sachverhalts, einzelne Vorgaben der Richtlinien in Frage zu stellen. Immerhin haben sie allein einen medizinisch-pflegerischen Sachverhalt aufzuklären und zu ergründen. Die rechtlichen Schlussfolgerungen aus diesem sind von den Kranken- und Pflegekassen selbst zu ziehen.

Wenn ein **Antrag auf Pflegeleistungen** bei der Pflegekasse eingeht, muss diese zunächst die versicherungsrechtlichen Voraussetzungen prüfen (insbesondere eine bestehende Mitgliedschaft oder Familienversicherung und die Erfüllung der Vorversicherungszeiten) und dann den Antrag an den MDK weiterleiten. Zusammen mit dem Antrag sind dem MDK auch weitere für die Begutachtung erforderliche **Unterlagen** vorzulegen, wie z. B. über Vorerkrankungen, Klinikaufenthalte, über Hilfsmittelversorgung, zum behandelnden Arzt und zu einer etwa gewährten häuslichen Krankenpflege, soweit die Pflegekasse hierüber verfügt. Weitere Unterlagen können von behandelnden Ärzten oder Krankenhäusern nur herangezogen werden, wenn der Betroffene **einwilligt.** Zu dieser Einwilligung wird durch die Pflegekasse regelmäßig aufgefordert; die privaten Versicherungen gehen genauso vor. Da die zu begutachtenden Personen häufig aufgrund ihres Alters oder Hilfebedarfs nicht (mehr) ausreichend in der Lage sind, ihre Situation vollständig zu erfassen und darzustellen, sollen mit Einverständnis des Versicherten auch pflegende **Angehörige** oder sonstige Personen oder Dienste, die an der bisherigen Pflege beteiligt sind, befragt werden. Dies gilt insbesondere auch für Vorsorgebevollmächtigte oder Betreuer.

> **Hinweis:**
>
> Die Versicherten der Pflegeversicherung haben nach §§ 60 ff. SGB I eine Mitwirkungspflicht. Das bedeutet, dass sie, wenn sie Leistungen beantragen und erhalten
> - alle erheblichen Tatsachen angeben müssen,
> - der Erteilung erforderlicher Auskünfte durch Dritte zustimmen müssen,
> - Veränderungen der Verhältnisse unverzüglich mitteilen müssen,
> - zu persönlichen Untersuchungen erscheinen müssen und
> - sich einer Heilbehandlung unterziehen müssen, wenn dies zur Verringerung der Pflegebedürftigkeit beiträgt.

In der Regel muss der MDK oder der sonstige beauftragte Gutachter danach die Versicherten, die Pflegeleistungen beantragt haben, bei einem **Hausbesuch** untersuchen. Dieser Besuch dient u. a. dazu, dass sich der Gutachter ein umfassendes Bild von der Wohn- und Lebenssituation des Antragstellers machen kann. So kann z. B. bereits festgestellt werden, ob eine pflegerische Versorgung in der eigenen Wohnung möglich ist, welche Barrieren vorliegen, ob Umbaumaßnahmen empfohlen werden müssen sowie ob jemand mit dem

Antragsteller zusammen wohnt, der ihn versorgt. Der Gutachter wird aber auch bemerken können, ob z. B. bereits Anzeichen für eine Verwahrlosung gegeben sind oder eine sonstige Versorgungslücke vorliegt. Ebenso, ob es in der Nähe Möglichkeiten der Versorgung durch z. B. Ärzte und Betreuungsangebote gibt. Die Untersuchung im häuslichen Bereich kann nur mit Zustimmung des Betroffenen (§ 18 Abs. 2 SGB XI) durchgeführt werden. Allerdings kann die Pflegekasse die beantragten Leistungen verweigern, wenn das Einverständnis zur Untersuchung nicht erteilt wird. Steht aufgrund einer eindeutigen Aktenlage das Ergebnis der Untersuchung jedoch bereits fest, kann eine Untersuchung des Antragstellers im Wohnbereich ausnahmsweise **unterbleiben**.

Der Besuch des MDK oder eines anderen beauftragten Gutachters hat innerhalb von **25 Arbeitstagen** nach Antragstellung zu erfolgen und muss rechtzeitig angekündigt und mit dem Pflegebedürftigen oder seinen Angehörigen vereinbart werden. Die Feststellung der Pflegebedürftigkeit richtet sich auch bei Personen, die sich zum Zeitpunkt der Begutachtung in einem Krankenhaus, einer Rehabilitationseinrichtung oder bereits in einer stationären Pflegeeinrichtung aufhalten, nach den allgemeinen Grundsätzen, insbesondere den Pflegebedürftigkeits-Richtlinien. Allerdings ist die Begutachtung vor allem dann besonders **eilbedürftig**, wenn sich der Antragssteller wegen einer Erkrankung zur Behandlung in einem Krankenhaus befindet, aufgrund derer nunmehr Pflegebedürftigkeit bestehen kann (z. B. Schlaganfall), und entschieden werden muss, ob eine Rückkehr in den eigenen Wohnbereich mit ambulanter Hilfe möglich ist oder aber eine Verweisung in eine stationäre Einrichtung erforderlich wird. Das gleiche gilt beim Aufenthalt in einer Rehabilitationseinrichtung vor allem im Anschluss an eine Heilbehandlung (z. B. nach einer unfallbedingten Querschnittlähmung).

Befindet sich der Antragsteller im Krankenhaus oder einer stationären Rehabilitationseinrichtung, hat die Begutachtung unter bestimmten Umständen sogar unverzüglich, spätestens innerhalb **einer Woche**, vor Ort stattzufinden. Dies ist der Fall, wenn Hinweise vorliegen, dass

- zur Sicherstellung der ambulanten oder stationären Weiterversorgung und Betreuung eine Begutachtung in der Einrichtung erforderlich ist oder

- die pflegende Person bereits die Inanspruchnahme von Pflegezeit nach dem Pflegezeitgesetz gegenüber dem Arbeitgeber angekündigt hat oder

- mit dem Arbeitgeber der pflegenden Person eine Familienpflegezeit nach dem Familienpflegezeitgesetz vereinbart wurde.

Diese verkürzte Begutachtungsfrist gilt ebenfalls, wenn sich die pflegebedürftige Person in einem Hospiz befindet oder bereits palliativ versorgt wird.

Wird die pflegebedürftige Person unter den oben genannten Voraussetzungen zu Hause versorgt und wurde die Inanspruchnahme von Pflegezeit nach dem Pflegezeitgesetz (→1. Kap. IV.5.b und weiterführend die Erl. von Böhm im Anhang des Kommentars LPK-SGB XI von Krahmer/Plantholz) oder Familienpflegezeit nach dem Familienpflegezeitgesetz (→1. Kap. IV.5.c und weiterführend die Erl. von Klerks im Anhang des Kommentars von Krahmer/Plantholz) gegenüber dem Arbeitgeber der pflegenden Person angekündigt, ist die Begutachtung innerhalb von **zwei Wochen** nach Antrag durchzuführen. Im Anschluss hat eine unverzügliche Information des Antragstellers darüber zu erfolgen, ob Pflegebedürftigkeit vorliegt und welche Empfehlungen der MDK bzw. der Gutachter an die Pflegekasse weiterleiten. Die verkürzten Fristen sollen dabei jeweils dem Umstand Rechnung tragen, dass die Gesamtsituation nicht nur für den Pflegebedürftigen selbst, sondern auch für die Pflegeperson schnellstmöglich organisiert und bewältigt werden muss.

Soll seitens der Pflegekasse nicht der MDK, sondern ein „anderer unabhängiger Gutachter" gemäß § 18 Abs. 1 SGB XI beauftragt werden, oder ist innerhalb von vier Wochen ab Antragstellung noch keine Begutachtung erfolgt, ist die Pflegekasse verpflichtet, dem Antragsteller mindestens drei unabhängige Gutachter unter Hinweis auf deren Qualifikation und Unabhängigkeit zur Auswahl zu benennen. Von denen kann er sich dann einen Gutachter aussuchen und hat seine Entscheidung innerhalb einer Frist von einer Woche mitzuteilen.

Kommt es zu **Verzögerungen** der oben genannten Fristen, die die Pflegekasse zu vertreten hat, hat diese an den Antragsteller pro angefangene Woche einer **Fristüberschreitung** einen Betrag von 70 Euro zu zahlen. Auf diese Weise soll das Verschleppen von Anträgen in einer für die Betroffen entscheidenden Situation vermieden werden. Allerdings gilt dies nur, sofern der Antragsteller sich nicht bereits in vollstationärer Pflege befindet und bei ihm mindestens der Pflegegrad 2 festgestellt wird.

> **Wichtig:**
>
> Eine Begutachtung einer pflegebedürftigen Person erfolgt auf Antrag bei der Pflegekasse. Diese beauftragt daraufhin einen qualifizierten Gutachter vom MDK oder einen sonstigen unabhängigen Gutachter, unter Übersendung medizinisch relevanter Unterlagen (sofern vorhanden) einen Hausbesuch vorzunehmen, um das Vorliegen einer Pflegebedürftigkeit zu überprüfen. Dabei sind bestimmte festgelegte Fristen zu beachten.

Wird eine Begutachtung angekündigt, wird in der Regel zugleich gebeten, evtl. vorhandene Unterlagen (Berichte von betreuenden Diensten, Pflegetagebücher, ärztliche Unterlagen, Gutachten und Bescheide anderer Sozialleistungsträger) bereitzulegen. Obwohl die Gutachten und Befunde anderer Stellen für die Begutachtung durch den Medizinischen Dienst nicht von entscheidender Bedeutung sind, kann es gleichwohl hilfreich sein, vorhandene Unterlagen wie ärztliche **Atteste** und **Gutachten** oder den Bescheid des Versorgungsamtes über die Anerkennung als schwerbehinderter Mensch dem Medizinischen Dienst bzw. dem Gutachter für die Beurteilung der Pflegebedürftigkeit zur Verfügung zu stellen. Häufig werden sich die Feststellungen zu den medizinischen Diagnosen für die eine wie die andere Entscheidung überschneiden. Vor allem aber kann es zu einer möglichst vollständigen Begutachtung durch den Medizinischen Dienst führen, wenn aufgrund bereits vorhandener Unterlagen auch gezieltere Nachfragen durch die untersuchenden Personen möglich sind. Da eine Gesamtbetrachtung der pflegebedürftigen Person vorgenommen werden soll, können Fremdbefunde (insbesondere in Krankenhaus-, Rehabilitations- und Arztberichten, vor

allem auch des Hausarztes oder des behandelnden Facharztes) geprüft und mitbewertet werden, soweit sie Angaben über pflegever-
ursachende Funktionsstörungen sowie Art und Umfang des Pflegebedarfs enthalten. Auch Pflegedokumentationen und Berichte von
Einrichtungen für behinderte Menschen (z. B. Werkstätten für behinderte Menschen) oder Therapeuten (Logopäden, Krankengym-
nasten etc.) können herangezogen werden. Auch selbst oder von
Angehörigen, Freunden etc. geführte Aufzeichnungen über mehrere
Tage des Pflegealltags (Pflegetagebücher) können zu einem realistischen Bild der notwendigen Hilfen und Unterstützungen beitragen.

## Tipp:

Soweit Sie Unterlagen über Ihre Krankheit oder Behinderung in
Besitz haben, können Sie diese dem Gutachter zur Verfügung stellen. Es ist auch möglich, dass Sie den Medizinischen Dienst bitten,
bei Ärzten oder Behörden, die Sie bereits einmal untersucht haben, die vorhandenen Unterlagen anzufordern. Hierzu ist allerdings erforderlich, dass Sie diese Stellen von ihrer Schweigepflicht
entbinden. Überlegen Sie hierzu bereits vor dem Besuch des Gutachters, wer Sie wann und zu welcher Gelegenheit bereits einmal
untersucht hat und wer möglicherweise Angaben über ihre akute
Pflegebedürftigkeit machen kann.

Die Begutachtung durch den MDK oder beauftragte unabhängige
Gutachter stellt immer eine belastende Situation dar, egal, ob es sich
bei den pflegebedürftigen Personen um Erwachsene, Senioren oder
Kinder handelt. Gerade Eltern von **pflegebedürftigen Kindern** wissen häufig genau, welche Hilfebedarfe ihre Kinder haben und hoffen,
dass diese auch entsprechend von den Gutachtern erkannt und bewertet werden. Angehörigen älterer pflegebedürftiger Menschen geht
es ähnlich. Pflegebedürftige Personen selbst neigen dagegen dazu, ihre Situation zu „verharmlosen". Sie reduzieren ihre täglichen Bedürfnisse, weil sie nicht gern von fremder Hilfe abhängig sind. Wird jemand erst im Alter pflegebedürftig, kommt er zu dem Punkt, an
dem er bestimmte Dinge, die er sein Leben lang verrichten konnte,
nicht mehr selbständig verrichten kann. Viele geben auch aus Scham
oder sonstigen Gründen nicht gern an, wie unselbständig sie eigent-

lich sind. Eine selbständige Lebensführung ist aber tatsächlich nicht mehr oder eben nur noch eingeschränkt möglich. Diese Selbständigkeit zu verlieren, ist belastend und wird ungern vor Dritten zugegeben. Gerade **ältere Menschen** haben oft verständlicher Weise Probleme damit, ihre schwindenden körperlichen und geistigen Kräfte einzugestehen. Es ist jedoch wenig hilfreich, bei der Beurteilung der Pflegebedürftigkeit durch den Medizinischen Dienst und die Pflegekassen nach dem Motto vorzugehen „Es ist eigentlich (noch) gar nicht so schlimm, ich komme noch ganz gut selbst zurecht". Gerade die neue Betrachtungsweise einer Überprüfung der Selbständigkeit sowie der Häufigkeit des Auftretens bestimmter Verhaltensweisen soll doch einen besseren Zugang zu dem tatsächlichen Hilfebedarf schaffen (→ 1. Kap. II.) Die betroffene Person sollte, soweit möglich, verstehen, dass nicht mehr defizitär betrachtet wird, was nicht mehr möglich ist, sondern positiv, welche Ressourcen noch vorhanden sind. Die eigene Situation sollte deshalb seitens der Betroffenen nicht dramatisiert und übertrieben, aber auch nicht beschönigt werden. Schon im Vorfeld sollte, ggfls. zusammen mit Angehörigen, überlegt werden, welche Verrichtungen noch allein wahrgenommen werden können andererseits aber auch, welche Unterstützung in Anspruch genommen würde, wenn umfangreiche Hilfe zur Verfügung stünde. Die Angehörigen können hierbei gute Unterstützung leisten, indem sie die tatsächlichen Ressourcen ergänzend schildern.

Eine Begutachtung **geistig behinderter Menschen** wird in der Regel in Anwesenheit einer nahestehenden Person, insbesondere eines Angehörigen erfolgen. Dabei ist oft zu beobachten, dass der Hilfebedarf bei geistig behinderten Menschen von den Angehörigen häufig subjektiv geringer eingeschätzt wird, als er tatsächlich ist. Zum einen sind sie stolz auf eine erreichte Teilselbständigkeiten des Betroffenen, zum anderen verdecken die erreichten Fortschritte in ihrer Wahrnehmung häufig die noch bestehenden Defizite bzw. die Unselbständigkeit. Eine möglichst realistische Darstellung der vorhandenen Fähigkeiten sowie des täglichen Hilfebedarfs ist für die Beurteilung der Pflegebedürftigkeit aber wichtig. Vereinigungen, die die Interessen von geistig behinderten Menschen vertreten, haben daher ebenso Informationsmaterial zur Begutachtung Betroffener erstellt wie z. B. auch die Deutsche Alzheimer Gesellschaft für demenziell veränderte Menschen.

Wenn für ein **pflegebedürftiges Kind** Leistungen der Pflegekasse beantragt werden, sollte vor der Begutachtung durch den MDK überlegt werden, was das Kind tatsächlich schon selbst kann bzw. welche Hilfe und Pflege das Kind täglich benötigt. Es bietet sich an, ggf. für einige Wochen ein **Pflegetagebuch** zu führen, in dem Art und Umfang der Hilfe genau auflistet wird. Diese Aufzeichnungen können dann mit der Selbständigkeit gesunder gleichaltriger Kinder verglichen werden. Wenn weitere Kinder in der Familie leben, kann man auch auf eigene Erfahrungen zurückgreifen. Wenn nicht, helfen oft Vergleiche im Freundes- und Bekanntenkreis, in welchem Umfang andere Eltern ihren Kindern Hilfe leisten müssen bzw. was diese bereits selbständig, im Vergleich mit der Situation des eigenen Kindes, können. Es empfiehlt sich darüber mit dem Mitarbeiter des MDK zu sprechen, der die Begutachtung durchführt.

## Vorbereitung Begutachtung:

Ein Gutachter fragt bei seinem Besuch den oben dargestellten umfassenden Fragekatalog ab. Dazu hat er auf seinem Laptop ein Formular, das er abarbeitet. Dafür hat er maximal 2 Stunden Zeit. Selbst der empathischste Gutachter wird sein Gegenüber in dieser Zeit nicht so umfassend einschätzen können, wie z. B. Angehörige, die täglich vor Ort sind. Tritt die Pflegebedürftigkeit nicht unerwartet auf, anders als beispielsweise nach einem Unfall, ist es daher sinnvoll, sich auf den Besuch des Gutachters vorzubereiten. Dieser hat die Aufgabe, sich in kürzester Zeit einen umfassenden Überblick über den ihm unbekannten pflegebedürftigen Menschen mit seinen Ressourcen in der jeweiligen Lebenssituation zu verschaffen und elementare Entscheidungen hinsichtlich Grad der Pflegebedürftigkeit, Pflegeplanung, Rehabilitationsempfehlungen und Hilfsmittelversorgung zu treffen. Eine Unterstützung durch die Vorlage ergänzender Unterlagen sowie die Hinzuziehung Angehöriger ist dabei überaus hilfreich. Hilfreich kann dazu auch eine eigene Pflegedokumentation wie z. B. ein Pflegetagebuch sein, das genau auflistet, welche Tätigkeiten wiederkehrend in welchem Maße unterstützt werden müssen. Auf diese Weise vergisst man in der aufregenden Situation keine Einzelheiten. Auch wenn Hilfestellungen mittlerweile zum Alltag geworden sind und selbst nicht mehr wahrgenommen werden, hilft ein Pflegetagebuch lückenlos darzustellen, wann die betroffene Person welcher Hilfe bedarf. Sind bei der Begutachtung mehrere Personen anwesend, sollte man vorher besprechen, wer hauptsächlich mit dem Gutachter spricht, damit dieser nicht überfordert wird oder man sich gegenseitig widerspricht.

Erfolgt eine Begutachtung im Krankenhaus oder in einer stationären Rehabilitationseinrichtung, kann zunächst geprüft werden, ob **vorübergehende Leistungen** der Kurzzeitpflege oder auch Wohnumfeldverbesserungen zu Hause erforderlich sind. Soll der Pflegebedürftige ambulant gepflegt werden, kann sich der Gutachter zunächst auf die Feststellung von Pflegebedürftigkeit im Sinne des SGB XI beschränken und die Einstufung in einen Pflegegrad der abschließenden Begutachtung im häuslichen Umfeld (Wohnbereich/soziales Umfeld) überlassen. Soll dagegen eine **dauerhafte** stationäre Pflege erfolgen, muss die Begutachtung auch deren Erforderlichkeit konkret miteinbeziehen. Es sollte sogar zeitnah eine ergänzende Begutachtung des häuslichen Umfeldes stattfinden, um abzuklären, ob eine Pflege zu Hause nicht doch sichergestellt werden kann. Dies entspricht dem Vorrang der häuslichen Pflege und soll nur unterbleiben, wenn von vornherein die Unmöglichkeit häuslicher Pflege feststeht, z. B. weil eine Pflegeperson einfach nicht verfügbar ist oder der Betroffene den Zugang zur Wohnung strikt verweigert.

Das **Gutachten**, das der MDK bzw. der beauftragte Gutachter zu erstatten hat, ist standardisiert. Der Vordruck für dieses Gutachten ist verbindlich festgelegt. Er ist sehr umfangreich und beinhaltet u. a. Fragen zur Versorgungssituation einschließlich medikamentöser Versorgung und eines Hilfsmitteleinsatzes, zu den Hilfe leistenden Personen und zur Wohnsituation. Weiter folgen gutachterliche Befunde und Stellungnahmen unter Berücksichtigung von Fremdbefunden (z. B. Hausarzt) zu den vorhandenen körperlichen, kognitiven und psychischen Fähigkeiten und Ressourcen. Es wird also eine umfassende **Anamnese** erstellt. Schließlich folgen Feststellungen über die Fähigkeiten in Bezug auf die Aktivitäten des täglichen Lebens und zum Hilfebedarf in Bezug auf die im SGB XI genannten und zu überprüfenden Module. Der Grad der Selbständigkeit bzw. die Häufigkeit des Auftretens bestimmter Verhaltensweise ist wie oben dargestellt genau zu dokumentieren.

Tatsächlich ist das neue Begutachtungsassessment also nur *ein* Baustein in dem gesamten Begutachtungsverfahren.

Denn der Gutachter

- nimmt zunächst alle Angaben zur betroffenen Person auf und stellt die Begutachtungssituation fest,
- erstellt dann eine umfassende Anamnese,
- prüft die Wohn- und Lebenssituation,
- fragt die Versorgungssituation ab (also z. B. wer in welchem Umfang wie die Versorgung übernimmt),
- erhebt dann einen Befund zu Schädigungen und Beeinträchtigungen,
- **führt die eigentliche Begutachtung mittels des NBA durch**
- und fasst dann seine Ergebnisse und Empfehlungen zusammen.

Ziel ist es, dass neben der reinen Begutachtung eine umfassende **Beratung** und das Erstellen eines individuellen **Versorgungsplans** i. S. v. § 7a SGB XI sowie eine **Pflegeplanung** nebst sachgerechter Erbringung von Hilfen bei der Haushaltsführung (§ 18 Abs. 5a SGB XI) ermöglicht werden. Will man künftig Gutachten gerichtlich überprüfen lassen, werden auch die Sozialgerichte sich nach den neuen Grundsätzen ausrichten müssen; diese Entwicklung wird zu beobachten sein. Auch wenn die für die Sozialgerichtsbarkeit zuständigen Richter schon immer den zu beurteilende Einzelfall im Blick haben mussten, gaben doch auch ihnen die früher vorgegebenen Zeitkorridore gewisse Hilfestellung. Nach dem NBA soll die Begutachtung der Einzelperson bereits durch die Gutachter viel individueller werden und damit mehr Spielraum geben. Dies wird sich voraussichtlich auch in der zukünftigen Rechtsprechung wiederspiegeln, wenn die Gerichte noch mehr den individuellen Einzelfall berücksichtigen müssen (siehe auch die kritische Anmerkung der Verfasser oben 1. Kap. II.3.).

Als **Ergebnis** des MDK-Gutachtens wird festgehalten, ob Pflegebedürftigkeit i. S. d. SGB XI vorliegt und in welchen Pflegegrad der

Antragsteller eingestuft werden soll. Da die reine Begutachtung einer hilfebedürftigen Person ausschließlich anhand des NBA erfolgt, ist es irrelevant, ob eine pflegebedürftige Person z. B. tagsüber eine Werkstatt für behinderte Menschen, eine Sonderschule oder eine sonstige Einrichtung besucht, ob Familienangehörige die Hilfe übernehmen, ob Essen auf Rädern oder sonstige Dienste in Anspruch genommen werden. Für die Feststellung der Pflegebedürftigkeit kommt es nur auf den konkret bestehenden **Bedarf** an Hilfe an und zwar zu jedem Zeitpunkt des Tages und nicht nur zu den Zeiten, in denen sich die pflegebedürftige Person im häuslichen Bereich aufhält. Auch eine **Berufstätigkeit** schließt die Feststellung von Pflegebedürftigkeit entgegen weit verbreiteter Auffassung nicht aus. Wer z. B. tagsüber im Büro arbeiten kann, braucht möglicherweise dennoch beim Aufstehen- und Zubettgehen, beim Waschen etc. persönliche Hilfe, weil er in der Selbständigkeit beeinträchtigt ist und kann daher durchaus pflegebedürftig sein. Entsprechend dem ermittelten Punktwert erhält die antragstellende Person dann einen Pflegegrad.

Ergänzt wird das Gutachten durch weitere **Stellungnahmen** und **Empfehlungen**. Der MDK soll nämlich auch Feststellungen darüber treffen, ob und in welchem Umfang Maßnahmen zur Beseitigung, Minderung oder Verhütung einer Verschlimmerung der Pflegebedürftigkeit einschließlich der medizinischen **Rehabilitation** geeignet, notwendig und zumutbar sind (§ 18 Abs. 1 SGB XI). Diese Feststellungen muss er der Pflegekasse ebenfalls übermitteln, gemeinsam mit einem Vorschlag für einen individuellen Pflegeplan und einer Stellungnahme zu der Frage, ob im Falle eines beantragten Pflegegeldes die häusliche Pflege in geeigneter Weise sichergestellt ist (§ 18 Abs. 6 SGB XI). Die Feststellungen zur **Prävention** und zur medizinischen Rehabilitation sind von dem beauftragten Gutachter auf der Grundlage eines bundeseinheitlichen strukturierten Verfahrens zu treffen und in einer gesonderten Präventions- und Rehabilitationsempfehlung zu dokumentieren. Auf diese Weise soll wieder dem Grundsatz der Pflegeversicherung „Rehabilitation vor Pflege" Rechnung getragen werden. Diesem vereinfachten Verfahren muss der Betroffene zustimmen. Hierbei ist zu bedenken, dass die Versicherten der Pflegeversicherung immer auch eine Mitwirkungspflicht haben, was dazu führt, dass sie dazu verpflichtet sind, eine Verschlimmerung der eigenen Pflegebedürftigkeit zu mindern bzw. verhindern. Der Gutachter wird eine medizinische Rehabilitation empfehlen, wenn der Antragsteller rehabilitationsfähig ist und eine positive Prognose besteht (z. B. eine höhere Selbständigkeit in einigen Bereichen nach einer Reha-Maßnahme).

Das Gutachten soll darüber hinaus auch konkrete Empfehlungen zur **Hilfsmittel- und Pflegehilfsmittelversorgung** abgegeben (§ 18 Abs. 6a SGB XI). Diese Regelung wurde mit dem PSG II explizit in das Gesetz neu aufgenommen. Die Empfehlungen gelten nämlich, sofern der Versicherte zustimmt, jeweils direkt als **Antrag auf Leistungsgewährung** gegenüber der Kasse. Die Zustimmung erfolgt gegenüber dem Gutachter im Rahmen der Begutachtung und wird im Formular schriftlich dokumentiert. Diese Neuregelung soll dem Bürokratieabbau dienen und den Antragsteller entlasten. Der Gutachter legt dazu in seinem Gutachten fest, welche Hilfsmittel nach Art, Ausführung und Menge in Frage kommen. Die Entscheidung obliegt aber letztendlich der Pflegekasse selbst. Hilfsmittel dienen der Erleichterung der Pflege, sollen Beschwerden der Betroffenen lindern und/oder eine selbständigere Lebensführung ermöglichen.

**Tipp:**

Die Empfehlung eines Hilfsmittels im Gutachten soll den Zugang dazu und die Antragstellung für den Betroffenen vereinfachen. Der Markt für Hilfsmittel ist aber groß und die betroffene Person hat oft ganz genaue Vorstellungen, was sie benötigt. Die Vorstellungen der Pflegekasse und des Versicherten können durchaus auseinandergehen. Es kann daher durchaus sinnvoll sein einen gesonderten Antrag auf ein Hilfsmittel stellen, nachdem der Markt sondiert, mit dem Hilfsmittelanbieter gesprochen und evtl. das Hilfsmittel getestet wurde. Die Möglichkeit, dass der Antrag von der Pflegekasse abgelehnt wird, besteht aber nach wie vor.

Der MDK oder der beauftragte Gutachter haben der Pflegekasse das Ergebnis der Prüfung zur Feststellung der Pflegebedürftigkeit unverzüglich zu übermitteln. Wegen der Bedeutung des MDK-Gutachtens brauchen die Betroffenen von seinem Inhalt in jedem Falle **Kennt-**

nis. Das Gutachten wird dem Antragsteller nach § 18 Abs. 3 SGB XI durch die Pflegekasse übersandt. Dabei ist das Ergebnis transparent darzustellen und dem Antragsteller verständlich zu erläutern. Die Versicherten sollen auf diese Weise in den Stand gesetzt werden, die Angaben im Gutachten aus ihrer Sicht als zutreffend oder nicht zutreffend bewerten zu können. Gegebenenfalls kann dann auch moniert werden, dass irgendwelche Aspekte unberücksichtigt geblieben sind, die eine andere Bewertung durch die Pflegekasse bewirken könnten. Wie dies angesichts des festgelegten dreischrittigen Systems aus Punktevergabe, Umrechnung, Gewichtung und letztendlich Zuordnung eines Pflegrads (→ 1. Kap. II.2. und 3.) letztendlich gelingt, ist fraglich. Das System ist für den Laien schwer verständlich und intransparent: Umso mehr Anforderungen sind an die Qualität mit Blick auf die Verständlichkeit der Bescheide zur Eingraduierung durch die Pflegekassen zu stellen. Notfalls müssen die Gerichte dazu beitragen, dass die Pflegekassen in den Begründungen ihrer Bescheide dem Transparenzgebot (als Teil des Rechtsstaatsprinzips) genügen (Kritik → 1. Kap. II.3).

Gegen die Entscheidung der Pflegekasse kann dann Widerspruch eingelegt werden. Die für den Betroffenen transparente Darstellung ist insofern von **erheblicher Bedeutung**, dass es um seine Versorgung und individuelle **Pflegeplanung** geht. Schon mit Antragstellung auf Begutachtung sind die Betroffenen auf die Möglichkeiten einer umfassenden Pflegeberatung hinzuweisen. Umso wichtiger wird dies nach Übersendung des Gutachtens. Nach § 7a SGB XI kann im Rahmen einer Beratung eine Pflegeplanung vorgenommen und bei Bedarf ein individueller Versorgungsplan aufgestellt werden, der auch fortlaufend überprüft wird. Ein Versorgungsplan beinhaltet nicht nur die Maßnahmen zur pflegerischen Versorgung, sondern berücksichtigt auch im Einzelfall erforderliche Sozialleistungen sowie gesundheitsfördernde, präventive, kurative, rehabilitative sowie sonstige medizinische Maßnahmen. Außerdem gibt es die Möglichkeiten eines Versorgungsmanagements nach § 11 Abs. 4 SGB V. Vor Einführung der Änderungen des SGB XI haben Pflegekassen nicht automatisch die Gutachtenergebnisse übersandt, sondern häufig nur auf nachdrückliche Nachfrage und dann auch nur an den benannten Hausarzt, damit dieser das Ergebnis für den Betroffenen „übersetzt". Von dieser Versorgung „von oben herab" rückt das Gesetz nun ausdrücklich ab.

## Das Gutachten enthält

- Anamnese der Gesamtsituation,
- Zusammenfassung des gutachterlichen Befunds,
- Prüfergebnisse der Module 1–8,
- Einschätzung des Präventionsbedarfs,
- Darstellung der realistischen Möglichkeiten zur Verbesserung der Situation,
- Empfehlungen zur Rehabilitation sowie
- Empfehlungen zur Hilfsmittel- und Pflegehilfsmittelversorgung

und ist dem Betroffenen zwingend zur Kenntnis zu bringen.

Wurde ein Antragsteller begutachtet und festgestellt, dass Pflegebedürftigkeit vorliegt, und wurde die Einordnung in einen Pflegegrad vorgenommen, gilt es nun, die pflegerische Versorgung bedürfnisorientiert sicher zu stellen. Grundsätzlich hat jede pflegebedürftige Person dazu – je nach Wohnumfeld und vorhandenen Versorgungsstrukturen – die **Wahl**, ob die Pflege zu Hause, ggfls. mit teilstationärer Unterstützung oder in einer stationären Einrichtung (Heim) erfolgen soll. Zu beachten ist jedoch, dass die Mehrzahl der Leistungen erst ab Pflegegrad 2 in Anspruch genommen werden kann. Manche Versorgungsbedarfe erschweren diese Wahl aber auch, z.B. bei einer schweren Demenz mit Weglauftendenz oder sonstigen schweren Erkrankungen, so dass in einem solchen Fall eine stationäre Versorgung unumgänglich ist. Auch die familiären Strukturen können entscheidend sein. Eine pflegebedürftige alleinstehende Person beispielsweise könnte mit der Organisation der eigenen Versorgung überfordert sein.

Wurde die betroffene Person mittels des Gutachtens in einen Pflegegrad eingruppiert, stehen ihr verschiedene Versorgungsmöglichkeiten zur Verfügung. Jeder pflegebedürftige Mensch kann grundsätzlich frei wählen, **wie** er versorgt werden möchte. Es stehen verschiedene Betreuungsformen zur Verfügung. Die Angebotspallette geht von der Versorgung durch Angehörige, durch ambulante Pflegedienste, professionelle Einzelkräfte, neue Wohnformen wie Pflege-Wohngemein-schaften, Tages- und Nachpflege bis hin zur stationären Versorgung. Die optimale Versorgungsform ist jedoch vor allem abhängig von der Schwere der Pflegebedürftigkeit und den persönlichen Lebensum-ständen. Eine Pflegeberatung kann hier hilfreich sein.

## Tipp:

Werden Sie erstmalig in einen Pflegegrad eingestuft oder durch eine Überprüfung hochgestuft, machen Sie Ihren Anspruch auf eine Pflegeberatung nach § 7a SGB XI gegenüber der Pflegekasse gel-tend. Jeder Pflegebedürftige soll nach der gesetzlichen Regelung einen persönlichen Pflegeberater haben, an den er sich wenden kann. Ist dieser verhindert, hat die Pflegekasse für eine Vertretung zu sorgen. Wird eine Beratung gewünscht, muss innerhalb einer Frist von zwei Wochen ein Beratungstermin gewährt werden.

Außerdem bietet es sich an, selbst zu überlegen, wie man versorgt werden will:

- Soll die Pflege zu Hause erfolgen?
  - Lässt der Gesundheitszustand dies zu?
  - Gibt es Angehörige/Freunde, die dies übernehmen können?
  - Oder wird eher eine professionelle Pflegekraft benötigt?
  - Ist das Wohnumfeld für eine pflegerische Versorgung geeig-net?
- Ist eine Wohngemeinschaft eine Alternative zur eigenen Häus-lichkeit?
- Soll eine häusliche Versorgung durch eine Tages- oder Nacht-pflege ergänzt werden?
  - Gibt es Angebote in der Region?
- Benötigt man vorrübergehend eine vollstationäre Versorgung (Kurzzeitpflege)?
- Ist eine vollstationäre Versorgung unumgänglich?
- Welche zusätzlichen Bedarfe zur Betreuung bestehen?

# III. Leistungen für Pflegebedürftige bei häuslicher Pflege

Die Mehrzahl der pflegebedürftigen Menschen möchte in ihrem häuslichen Umfeld bleiben und dort versorgt werden. Diese Vorstellung entspricht auch dem Grundsatz der Pflegeversicherung „ambulant vor stationär". Aus diesem Grund hat der Gesetzgeber in den letzten Jahren zahlreiche Veränderungen und Verbesserungen eingeführt, um betroffenen Personen und deren Angehörigen die Pflege zu Hause zu erleichtern. Dabei ist „zu Hause" nicht zwingend gleichzusetzen mit einem eigenen Haushalt. Pflegeleistungen können auch in einem Haushalt erbracht werden, in den der Pflegebedürftige zwecks Versorgung aufgenommen wurde, z.B. bei Familienmitgliedern, in einer Pflege-Wohngemeinschaft oder Wohngruppe. Ob die Pflege und Betreuung durch professionelle Pflegekräfte erbracht wird oder durch Laien wie z.B. Angehörige, obliegt der Entscheidung des Pflegebedürftigen und ggfls. seiner Unterstützer. Man spricht hier von „ambulanter Pflege".

Grundsätzlich gibt es verschiedene Möglichkeiten zuhause versorgt zu werden. Dies kann durch

- professionelle Kräfte, z.B. einen Pflegedienst erfolgen; in diesem Fall besteht ein Anspruch auf Pflegesachleistungen,
- durch informelle Pflegepersonen, z.B. Verwandte oder Freunde; in diesem Fall besteht ein Anspruch auf Pflegegeld,
- oder in Kombination dieser beiden Modelle.
- Darüber hinaus haben alle Pflegebedürftigen einen Anspruch auf einen zusätzlichen Entlastungsbetrag in Höhe von 125 Euro.

Pflegebedürftige der Pflegegrade 2 bis 5 haben bei häuslicher Pflege Anspruch auf Sachleistungen (→ 1.), das sind Pflegeeinsätze durch zugelassene ambulante Pflegediensten, oder, wenn die Grundversorgung anderweitig sichergestellt ist, auf Pflegegeld (→ 2.). Häusliche Betreuung neben der reinen körperlichen Pflege umfasst Un-

terstützung und sonstige Hilfen im häuslichen Umfeld des Pflegebedürftigen, vor allem zum Zweck der Kommunikation, der Aufrechterhaltung sozialer Kontakte, der Gestaltung des häuslichen
Alltags, Hilfen zur Entwicklung und Aufrechterhaltung einer Tages-
struktur, Durchführung bedürfnisgerechter Beschäftigungen und
zur Erhaltung eines bedürfnisgerechten Tag-Nacht-Rhythmus.

## 1. Die Pflegesachleistung

### a) Hilfe durch professionelle Pflegekräfte

Pflegebedürftige der Pflegegrade 2 bis 5 können körperbezogene
Pflegemaßnahmen und pflegerische Betreuungsmaßnahmen sowie
Hilfen bei der Haushaltsführung als **Sachleistung** in Anspruch nehmen (§ 36 Abs. 1 SGB XI). Man nennt dies verständlicher auch
**häusliche Pflege**: Das bedeutet, dass z. B. ein ambulanter Pflegedienst ins Haus kommt und die pflegebedürftige Person unterstützt.
Zum Leistungsangebot gehören die klassischen Tätigkeiten zur Körperpflege, Ernährung, allgemeine Unterstützung wie

- körperbezogene Pflegemaßnahmen,

- pflegerische Betreuungsmaßnahmen,

- Hilfen bei der Haushaltsführung, aber auch

- Beratung der Pflegebedürftigen und ihrer Angehörigen zu allen
  pflegerischen Bereichen.

- Daneben – aber aus dem Finanztopf der Krankenkassen – kann
  es zusätzlich häusliche Krankenpflege nach § 37 SGB V geben.

Pflegerische Betreuungsmaßnahmen umfassen auch Unterstützungsleistungen zur Bewältigung und Gestaltung des täglichen Lebens im häuslichen Umfeld, insbesondere

- bei der Bewältigung psychosozialer Problemlagen oder von Gefährdungen,

- bei der Orientierung, der Tagesstrukturierung, der Kommunikation, der Aufrechterhaltung sozialer Kontakte und bei bedürfnisgerechten Beschäftigungen im Alltag sowie

- durch Maßnahmen zur kognitiven Aktivierung.

Es handelt sich dabei also genau um die notwendige Unterstützung, die in den Modulen 2 (kognitive und kommunikative Fähigkeiten) und 3 (Verhaltensweisen und psychische Problemlagen) sowie Modul 6 (Gestaltung des Alltagslebens und sozialer Kontakte) abgefragt wird. Zu denken wäre dabei z. B. an Spaziergänge, Begleitung zum Treffen von Bekannten, Hilfen bei der Strukturierung des Tages, Beaufsichtigung, Beschäftigung etc.

Die Angebotspallette erfasst also gleichwertig die Bedarfe somatisch und kognitiv eingeschränkter Menschen.

„**Sachleistung**" wird die Leistung in Anlehnung an den entsprechenden Begriff aus dem Krankenversicherungsrecht nach dem SGB V genannt, wo dieselbe theoretische Konstruktion zugrunde liegt: Es wird – entgegen der durchgehenden Alltagpraxis – unterstellt, dass die Kassen die Leistungen selbst durch eigene Mitarbeiter erbringen. Sachleistung bedeutet also, dass der Pflegebedürftige gegen die Pflegekasse unmittelbar einen Anspruch auf Erbringung der Dienstleistung hat und nicht etwa (nur) einen Anspruch auf Erstattung von Kosten, die ihm durch die Inanspruchnahme von Diensten Dritter entstehen. Tatsächlich schließt aber der Pflegebedürftige mit dem Pflegedienst, den er beauftragen will, einen Vertrag. Die Pflegekasse hat somit mit der Leistungserbringung selbst nichts mehr zu tun. Sollte es hinsichtlich der Leistungserbringung inhaltliche Probleme geben, muss der Pflegebedürftige sich zuallererst nicht an die Pflegekasse wenden, sondern nur an seinen Vertragspartner. Die **häusliche Pflegehilfe** wird durch geeignete Pflegekräfte erbracht, die bei ambulanten Pflegeeinrichtungen angestellt sind, mit denen die Pflegekassen sog. **Versorgungsverträge** abgeschlossen haben. Die Pflegesachleistung kann entweder durch solche zugelassenen ambulanten Pflegedienste erbracht werden (§§ 71, 72 SGB XI) oder auch durch Einzelpersonen, die durch gesonderte Verträge mit den Pflegekassen hierfür zugelassen sind (§ 77 SGB XI).

Obwohl es sich um eine Sachleistung und nicht um eine Geldleistung handelt, legt das Gesetz fest, bis zu welchem Gegenwert monatlich häusliche Pflegehilfe in Form von Pflegeeinsätzen durch die jeweiligen Pflegekräfte in Anspruch genommen werden kann. Je nach Pflegegrad beträgt dieser monatliche **Gesamt-Höchstwert** der Leistungen

- für Pflegebedürftige des Pflegegrades 2              689 Euro
- für Pflegebedürftige des Pflegegrades 3           1.298 Euro
- für Pflegebedürftige des Pflegegrades 4           1.612 Euro
- für Pflegebedürftige des Pflegegrades 5           1.995 Euro.

Diese Beträge werden dazu verwendet, Sachleistungen bei ambulanten Pflegediensten „einzukaufen". Aus diesen Beträgen kann aber noch nicht entnommen werden, wie viel an Dienstleistung die Pflegebedürftigen hierfür bei dem von ihnen gewählten Pflegedienst abrufen können. Die Pflegedienste müssen mit den Pflegekassen **Vergütungsvereinbarungen** abschließen (§ 89 SGB XI), aus denen sich erst im Einzelnen ergibt, welche Beträge der Dienst für seine Einsätze im Haushalt des Pflegebedürftigen der Pflegekasse berechnen kann. Für unterschiedliche Leistungen können zudem unterschiedliche Sätze vereinbart werden und auch die Vergütungsgrundsätze können unterschiedlich sein. In den Vergütungsvereinbarungen kann eine Abrechnung nach Zeiteinheiten oder auch nach sog. Komplexleistungen (also einer Summe unterschiedlicher Leistungen, die üblicherweise oder jedenfalls häufig gemeinsam erbracht werden) oder in Ausnahmefällen auch nach Einzelleistungen vorgesehen werden. Verschiedene Leistungen können zudem mit Pauschalen vergütet werden. Das bedeutet, dass die ambulanten Dienste mit der Pflegekasse Preisvereinbarungen für bestimmte Leistungen oder Leistungskomplexe (z. B. „Große Morgentoilette") treffen. Die Erbringung bestimmter Leistungen davon kann dann mit den Betroffenen selbst in einem **Pflegevertrag** geregelt werden. Die ambulanten Dienste rechnen die erbrachten Leistungen direkt mit den Pflegekassen ab.

> **Tipp:**
>
> Da die Pflegeversicherung nur die oben dargestellten Beträge je Pflegegrad zahlt, kann es bei Inanspruchnahme von darüberhinausgehenden Leistungen passieren, dass man als Pflegebedürftiger die überschießenden Kosten aus eigener Tasche zahlen muss.

> Man sollte sich daher vor Vertragsschluss nicht nur genau erkundigen, welche Kosten genau anfallen (Kostenvoranschlag), sondern auch, ob Investitionskosten berechnet werden. Pflegedienste dürfen nämlich eigene Aufwendungen wie z. B. Miet- und Leasingkosten für Büroräume und Firmenwagen u.Ä. auf ihre Kunden umlegen, sofern keine Förderung nach Landesrecht gegeben ist. In der Regel kann man dabei von einem Aufschlag zwischen 2,5 bis 6 % ausgehen. Werden Investitionskosten berechnet, muss dies aber bei Vertragsausschluss ausdrücklich vereinbart werden.

Zusätzlich bzw. in Ergänzung zu den in § 36 SGB XI genannten häuslichen Pflegehilfen (körperbezogene Pflegemaßnahmen, pflegerische Betreuung und hauswirtschaftliche Hilfen) können Pflegebedürftige in häuslicher Pflege mit mindestens Pflegegrad 2 auch eine Kostenerstattung für **Angebote zur Unterstützung im Alltag** erhalten (§ 45a SGB XI). Diese Aufwendungen (Kosten) werden dann auf die Pflegesachleistungen angerechnet, jedoch nur bis zu 40 % des für den Pflegegrad vorgesehenen Höchstbetrags. Pflegesachleistungen nach § 36 SGB XI werden vorrangig abgerechnet.

Angebote zur Unterstützung im Alltag sind:

■ Angebote, in denen ehrenamtliche Helfer unter pflegefachlicher Anleitung die Betreuung von Pflegebedürftigen mit allgemeinem oder besonderem Pflegebedarf in Gruppen oder im häuslichen Bereich übernehmen (Betreuungsangebote),

■ Angebote, die der Entlastung und beratenden Unterstützung von pflegenden Angehörigen dienen (Angebote zur Entlastung von Pflegenden) sowie

■ Angebote, die dazu dienen, Pflegebedürftige bei der Bewältigung von allgemeinen oder pflegebedingten Anforderungen des Alltags, insbesondere bei der Haushaltsführung oder eigenverantwortlichen Organisation benötigter Hilfeleistungen zu unterstützen (Angebote zur Entlastung im Alltag).

Typische Angebote zur Unterstützung im Alltag sind z. B. Betreuungsgruppen für Demenzkranke, Helferkreise für pflegende Angehörige oder Tagesbetreuung in Kleingruppen.

**BEISPIELE:**

- Herr K. hat Pflegegrad 3 und wird in seiner Wohnung von einem Pflegedienst versorgt. Dieser erledigt zwar die reine Versorgung, kann ihm aber keine adäquaten weiteren Unterstützungsangebote mehr machen. Er beschließt daher, einen Teil der Pflegesachleistungen dazu zu verwenden, täglich von einer Alltagsbegleiterin spazieren gefahren zu werden. Bei Pflegegrad 3 kann Herr K. bis zu 1.298 Euro von der Pflegekasse für Pflegesachleistungen einsetzen. Möchte er Angebote zur Unterstützung im Alltag in Anspruch nehmen, kann er davon bis zu 519,20 Euro (= 40 % von 1.298) einsetzen. Für die Pflegesachleistungen bleiben dann aber nur 778,80 Euro.
- Frau M. ist zunehmend dement. An manchen Tagen wird ihre Unruhe so stark, dass ihre Angehörigen nur damit beschäftigt sind, sie permanent zu beaufsichtigen. Sie gelangen daher regelmäßig an ihre eigenen körperlichen und psychischen Grenzen. Durch das örtliche Angebot einer Betreuungsgruppe, die Frau M. neuerdings besuchen und dafür einen Teil der Pflegesachleistungen verwenden kann, erfahren die pflegenden Angehörigen Entlastung und können sich auch einmal um sich selbst kümmern.

Bei den Angeboten zur Unterstützung im Alltag handelt es sich um **niedrigschwellige Angebote,** die an die Unterstützer nicht so hohe Anforderungen stellen wie an professionell pflegende Fachkräfte. Dennoch bieten viele ambulante Pflegedienste in Ergänzung ihrer sonstigen pflegerischen Leistungen entsprechende Dienste an. Will z. B. ein Pflegedienst diese Unterstützungen in sein Angebot aufnehmen, muss er dafür nach dem jeweiligen Landesrecht seines Sitzes zugelassen sein. Die Zulassung kann erfolgen, wenn der Anbieter ein qualitätssicherndes Konzept erarbeitet, das Ziele und Qualifikationen aufweist. Die Pflegekassen sind seit Anfang 2017 verpflichtet, **Leistungs- und Preisvergleichslisten** zu Angeboten zur Unterstützung im Alltag zu führen und regelmäßig zu aktualisieren. Betroffene sollten sich daher an ihre Pflegekasse oder örtliche Pflegestützpunkte wenden, um einen Überblick über die Angebote vor Ort zu erhalten.

Die Pflegesachleistungen nach § 36 SGB XI werden nur für die Hilfeleistungen erbracht, die bei Feststellung der Pflegebedürftigkeit als notwendig festgestellt wurden.

Der Anspruch auf häusliche Pflegehilfe umfasst danach pflegerische Maßnahmen und Hilfen bei der Haushaltsführung in den Bereichen, die auch als Module bei der Begutachtung geprüft worden sind, also in den Bereichen

- Mobilität,

- kognitive und kommunikative Fähigkeiten,

- Verhaltensweisen und psychische Problemlagen,

- Selbstversorgung,

- Bewältigung von und selbständiger Umgang mit krankheits- oder therapiebedingten Anforderungen und Belastungen sowie

- Gestaltung des Alltagslebens und sozialer Kontakte.

Soweit Hilfe bei anderen Verrichtungen benötigt wird, muss dies von den Pflegebedürftigen **selbst finanziert** oder weitergehende Leistungen der Sozialhilfe müssen ergänzend in Anspruch genommen werden. Da aber der neue Pflegebedürftigkeitsbegriff sehr umfassend ist und gerade auch die Alltagssituationen mit erfasst, die früher nicht berücksichtigt werden konnten, dürfte der Bedarf an sonstigen weitergehenden Leistungen, die nicht erfasst werden, mittlerweile relativ gering sein.

Obwohl die im Gesetz vorgesehenen **Höchstbeträge** für die Pflegesachleistung in den letzten Jahren fortlaufend erhöht wurden, muss davon ausgegangen werden, dass diese in aller Regel für eine umfassende Versorgung gerade der Personen, die einer ständigen Aufsicht und Betreuung bedürfen, dennoch **nicht ausreichen**. Professionelle Pflegekräfte können zwar möglicherweise gerade die körperbezogenen Pflegemaßnahmen oder die Hilfen bei der Haushaltsführung schneller erledigen, und soweit eine Abrechnung der Leistungen nach dem Leistungsinhalt oder nach Komplexleistungen erfolgt, ist die Vergütung ohnehin unabhängig von der benötigten Zeit. Gleichwohl dürfte ein Betrag von rund 22,96 Euro täglich im Pflegegrad 2 (689 Euro dividiert durch 30 Tage), von 43,27 Euro im Pflegegrad 3, von 53,73 Euro im Pflegegrad 4 und 66,50 Euro im Pflegegrad 5 zur vollständigen bedarfsgerechten Leistungserbringung nicht ausreichen, zumal hiervon nicht nur die Dienstleistung an sich, sondern auch Fahrtkosten, Lohnnebenkosten, Büro- und Verwaltungskosten der Pflegedienste finanziert werden müssen.

Außerdem soll die häusliche Pflegehilfe nach § 36 Abs. 2 SGB XI erbracht werden, um Beeinträchtigungen der Selbständigkeit oder der Fähigkeiten des Pflegebedürftigen so weit wie möglich durch pflegerische Maßnahmen zu beseitigen oder zu mindern und eine Verschlimmerung der Pflegebedürftigkeit zu verhindern. Der Ansatz nach dem neuen Pflegebedürftigkeitsbegriff ist also ein anderer: keine reine Versorgung im Minutentakt, sondern eine **aktivierende, zugewandte Pflege**, die auch entsprechender Zeit bedarf, gerade was die Betreuung angeht. Denn die pflegerischen Betreuungsmaßnahmen umfassen auch Unterstützungsleistungen zur Bewältigung und Gestaltung des alltäglichen Lebens im häuslichen Umfeld wie Bewältigung psychosozialer Problemlagen oder von Gefährdungen, Orientierung bei Tagesstrukturierung, Kommunikation, sozialen Kontakten und bedürfnisgerechter Beschäftigung sowie Maßnahmen zur kognitiven Aktivierung. Des Weiteren sollen Pflegebedürftige und Pflegepersonen pflegefachlich angeleitet werden. Hier wird besonders deutlich, dass die Leistungen der Pflegeversicherung die familiäre, nachbarschaftliche oder sonstige ehrenamtliche Pflege im häuslichen Bereich lediglich **ergänzen** (§ 4 Abs. 2 SGB XI), diese jedoch nicht ersetzen sollen. Wer auf die ehrenamtliche Hilfe Dritter nicht zurückgreifen kann – z. B. alleinstehende Pflegebedürftige ohne Familie – muss auch die weitergehende Hilfe selbst finanzieren oder auf die Sozialhilfe zurückgreifen.

Ein weiterer Baustein bei der Organisation der häuslichen Pflege kann der **Entlastungsbetrag** nach § 45b SGB XI sein. Pflegebedürftige in häuslicher Pflege haben danach Anspruch auf einen zusätzlichen Betrag in Höhe von 125 Euro monatlich, der zweckgebunden für qualitätsgesicherte Leistungen zur **Entlastung pflegender Angehöriger** in ihrer Eigenschaft als Pflegende sowie zur **Förderung der Selbständigkeit und Selbstbestimmtheit** der Pflegebedürftigen bei der Gestaltung des Alltags einzusetzen ist. Der Entlastungsbeitrag dient der Erstattung von Aufwendungen im Zusammenhang mit

■ Leistungen der Tages- und Nachtpflege,

■ Leistungen der Kurzzeitpflege (→1. Kap. VI.1.),

- Leistungen der ambulanten Pflegedienste i. S. d. § 36, jedoch nicht im Bereich der Selbstversorgung sowie
- Leistungen der Angebote zur Unterstützung im Alltag (s. o.).

Anders als bei den sonstigen Pflegesachleistungen haben auch Pflegebedürftige des **Pflegegrades 1** einen Anspruch auf diesen Entlastungsbetrag.

Ursprünglich einmal eingeführt wurden **niedrigschwellige Betreuungs- und Entlastungsleistungen**, um die Versorgung Demenzkranker zu verbessern. Bis Ende 2016 galt (wie im 1. Kap. I. dargestellt) ein anderer Pflegebedürftigkeitsbegriff als heute, der den besonderen Hilfebedarf gerade kognitiv beeinträchtigter Personen nicht ausreichend erfasst hatte. Menschen, die z. B. aufgrund einer beginnenden Demenz zwar körperlich altersentsprechend fit waren, aber wegen ihrer kognitiven Schwierigkeiten einer besonderen Betreuung und Beaufsichtigung benötigten, fielen regelrecht „durchs Raster" und erhielten keine adäquaten Unterstützungsleistungen durch die Pflegeversicherung, weil die Ausrichtung des Gesetzes und seiner körperbezogenen Verrichtungen zur Feststellung des Pflegebedarfs eben nicht die Erfassung ihres Bedarfs berücksichtigten. Aus diesem Grund wurde das SGB XI schon vor Jahren (zum 1.1.2002) durch Einführung besonderer Regelungen „nachgebessert" (→1. Kap. I.).

In ihrer **Alltagskompetenz** eingeschränkte Pflegebedürftige, deren **erhöhter Pflegebedarf** in Form von Beaufsichtigung und Betreuung in der Pflegeversicherung überwiegend überhaupt keine Berücksichtigung fand, konnten seit 1.1.2002 neben den Leistungen der ambulanten und teilstationären Pflege ergänzend zusätzliche **Betreuungsleistungen** in Anspruch nehmen. Dafür erhielten sie zur Finanzierung einen zusätzlichen **Betreuungsbetrag** in Höhe von bis zu 208 Euro je Monat. Der Betreuungsbetrag kam aber nur denen zugute, bei denen mittels einer gesonderten Prüfung eine eingeschränkte Alltagskompetenz anhand eines bestimmten, im Gesetz genannten Katalogs von Schädigungen und Funktionsstörungen festgestellt wurde. Erfasst werden konnten dabei auch Personen, deren Hilfebedarf im Bereich Grundpflege und hauswirtschaftliche Versorgung noch unterhalb der ersten Pflegestufe lag. Anspruchsberechtigt waren danach Pflegebedürftige der Pflegestufen I, II oder III oder sogar darunter (sog. Pflegestufe 0) mit demenzbedingten **Fähigkeitsstörungen**, mit geistigen Behinderungen oder psychischen Erkrankungen, bei denen der Medizinische Dienst der Krankenversicherung im Rahmen der Begutachtung nach § 18 SGB XI als Folge der Krankheit oder Behinderung Auswirkungen auf die **Aktivitäten des täglichen Lebens** festgestellt hat, die dauerhaft zu einer erheblichen Einschränkung der Alltagskompetenz führen.

Für die **Bewertung**, ob die Einschränkung der Alltagskompetenz auf Dauer erheblich ist, waren Schädigungen und Fähigkeitsstörungen maßgebend wie z. B. ein unkontrolliertes Verlassen des Wohnbereiches (Weglauftendenz), ein Verkennen oder Verursachen gefährdender Situationen, die Unfähigkeit zu einer erforderlichen Kooperation bei therapeutischen oder schützenden Maßnahmen als Folge einer therapieresistenten Depression oder Angststörung, oder eine Störung des Tag-/Nacht-Rhythmus oder die Unfähigkeit, eigenständig den Tagesablauf zu planen und zu strukturieren. Diese Kriterien entsprechen genau den Fragen der Module 2, 3 und 6 nach dem neuen Begutachtungsfragebogen. Der neue Pflegebedürftigkeitsbegriff umfasst, wie bereits dargestellt, eben nicht nur somatische, also körperliche Hilfebedarfe, sondern gerade auch kognitive Einschränkungen. In den Modulen 2, 3 und 6 werden genau diese Beeinträchtigungen der Selbständigkeit oder Fähigkeiten erfasst. Eine gesonderte Feststellung einer eingeschränkten Alltagskompetenz (wie bis Ende 2016) ist daher heute nicht mehr notwendig.

Nach § 45b SGB XI haben nun alle Pflegebedürftigen in häuslicher Pflege einen Anspruch auf einen **Entlastungsbetrag** in Höhe von bis zu 125 Euro monatlich. Dieser Betrag steht also nicht mehr wie bis Ende 2016 nur Personen zu, bei denen gesondert eine eingeschränkte Alltagskompetenz festgestellt wurde, sondern grundsätzlich allen Personen ab Pflegegrad 1. Die Pflegebedürftigen erhalten die zusätzlichen finanziellen Mittel **auf Antrag** von der zuständigen Pflegekasse oder dem zuständigen privaten Versicherungsunternehmen sowie im Fall der Beihilfeberechtigung anteilig von der Beihilfefestsetzungsstelle gegen Vorlage entsprechender Belege über entstandene Eigenbelastungen in Zusammenhang mit der Inanspruchnahme bestimmter Leistungen. Der Betrag ist **zweckgebunden** für Leistungen zur Entlastung der pflegenden Angehörige (oder sonstigen Dritten) sowie zur Förderung der Selbständigkeit und Selbstbestimmtheit der Pflegebedürftigen bei der Gestaltung des Alltags einzusetzen. Wird der Betrag von bis zu 125 Euro monatlich in einem Kalenderjahr nicht ausgeschöpft, kann der nicht verbrauchte Betrag in das folgende Kalenderhalbjahr übertragen werden.

Auch hier hat die zuständige Pflegekasse oder das zuständige private Versicherungsunternehmen den Pflegebedürftigen auf Verlangen eine **Liste** der in ihrem Einzugsbereich vorhandenen qualitätsgesicherten Betreuungsangebote, deren Leistungen mit dem Betreuungsbetrag finanziert werden können, zur Verfügung zu stellen.

Soll die Pflegesachleistung zur **Ergänzung** familiärer Hilfeleistung eingesetzt werden, sollten sich der Pflegebedürftige gemeinsam mit seinen Angehörigen überlegen, in welcher Weise die gedeckelten Leistungen der Pflegekasse am effektivsten eingesetzt werden können. Die Hilfe kann jeden Tag oder auch nur an einzelnen Tagen der Woche konzentriert in Anspruch genommen werden. So ist es möglich, z. B. an Werktagen auf den ambulanten Dienst zurückzugreifen, während an Wochenenden die Hilfe vollständig von Angehörigen übernommen wird. Oder der Dienst kann gerade an Wochenenden zur Entlastung der ansonsten mit der Pflege betrauten Personen in Anspruch genommen werden. Wegen der unterschiedlichen Vergütung für die einzelnen Leistungen der Pflegedienste kann auch überlegt werden, ob beim Pflegedienst eher die – in der Regel „teureren" – Hilfen bei der Grundpflege (Waschen, Toilettengang etc.) abgerufen werden oder eher „preiswertere" Hilfen wie die der hauswirtschaftlichen Versorgung (wie Putzen, Einkaufen, Kochen etc.). Es ist nämlich in keiner Weise vom Gesetz vorgeschrieben, wann und zu welcher Hilfe die Pflegeeinsätze des Pflegedienstes in Anspruch genommen werden. Hinzu kommt, dass die Pflegesachleistung mit dem Pflegegeld kombiniert werden kann (→1. Kap. III.4.). Auch hiermit kann auf die Besonderheiten des Einzelfalles besonders eingegangen werden.

> **Tipp:**
>
> Lassen Sie sich von Ihrer Pflegekasse und/oder dem ambulanten Pflegedienst Ihrer Wahl darüber informieren, welche Kosten Ihre Pflegekasse für die unterschiedlichen Leistungen des Dienstes bezahlen muss. Überlegen Sie zusammen mit dem Dienst und/oder Ihren Angehörigen, für welche Hilfen des ambulanten Dienstes Sie den von der Pflegekasse zu übernehmenden Höchstbetrag der Pflegesachleistung für Ihre Bedürfnisse am effektivsten einsetzen können.
>
> Sollen zusätzliche Entlastungsleistungen durch einen Pflegedienst erbracht werden, besteht die Möglichkeit eine Abtretungserklärung zu unterzeichnen, damit der Pflegedienst auch den zusätzlichen Betrag in Höhe von 125 Euro direkt mit der Kasse abrechnen kann und Sie nicht erst in Vorleistung treten müssen.

Ambulante Pflegehilfe wird erbracht im **Haushalt** des Pflegebedürftigen oder auch außerhalb des Haushalts. Es ist also nicht erforderlich, dass ein eigener Hausstand geführt wird. Auch bei Aufnahme in den Haushalt z. B. eines Angehörigen kann die ambulante Hilfe in Anspruch genommen werden, unabhängig davon, ob diese Aufnahme aufgrund eines Mietverhältnisses, eines anderen Wohnrechts oder unentgeltlich erfolgte. Auch Pflegebedürftige, die in einer Einrichtung leben, können ambulante Pflegehilfe beantragen, wenn und soweit diese Einrichtung nicht ein Pflegeheim ist, in dem vollstationäre Pflege nach § 43 SGB XI erbracht wird. Auch in einer Einrichtung nach § 71 Abs. 4 SGB XI kann häusliche Pflegehilfe nicht erbracht werden. Dies sind Einrichtungen, in denen die medizinische Vorsorge oder Rehabilitation, die berufliche oder soziale Eingliederung, die schulische Ausbildung oder die Erziehung Kranker oder behinderter Menschen im Vordergrund des Zwecks der Einrichtungen stehen. Hierunter fallen alle Rehabilitationseinrichtungen, Sonderschulen, Sonderkindergärten, Tagesstätten, Berufsbildungs- und Berufsförderungswerke, Werkstätten für behinderte Menschen usw. Während des stationären Aufenthalts in einer solchen Einrichtung ruhen die Leistungen der Pflegeversicherung ohnehin.

## Kombinationsmöglichkeiten Zusammenfassung I:

Wenn die Pflege **ausschließlich von beruflichen Pflegekräften** erbracht wird, können die von den Pflegeversicherungen je nach Pflegegrad zu zahlenden monatlichen Beträge für Pflegesachleistungen wie folgt verwendet werden:

- zu 100 % für einen Pflegedienst oder eine Einzelpflegekraft;
  - □ hinzu kommt die Möglichkeit 125 Euro zur Inanspruchnahme von Betreuungs- und Entlastungsangeboten einzusetzen (ambulante Versorgung **Variante 1**)

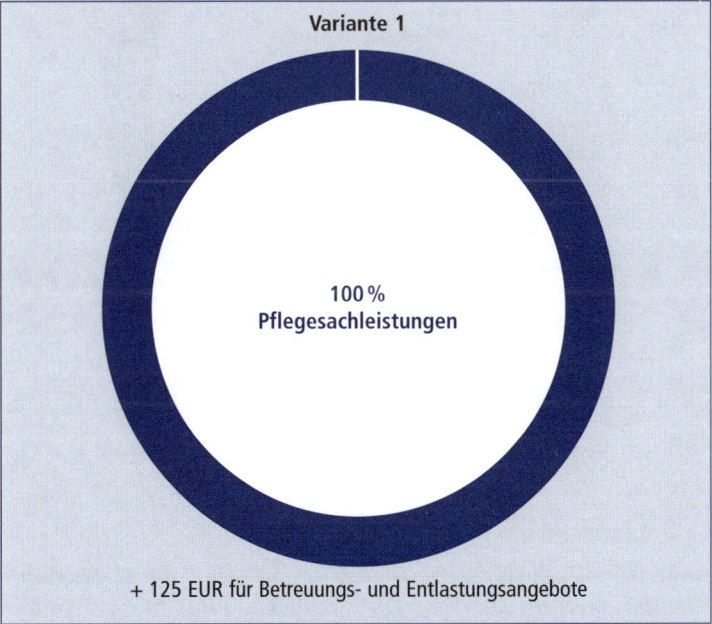

**Variante 1**

100 %
Pflegesachleistungen

+ 125 EUR für Betreuungs- und Entlastungsangebote

**oder**

- für einen Pflegedienst oder eine Einzelpflegekraft in Kombination mit
- einem umgewidmeten Betrag in Höhe von max. 40 % für Angebote zur Unterstützung im Alltag;

☐ hinzu kommt die Möglichkeit 125 Euro zur Inanspruchnahme von Betreuungs- und Entlastungsangeboten einzusetzen (ambulante Versorgung **Variante 2**).

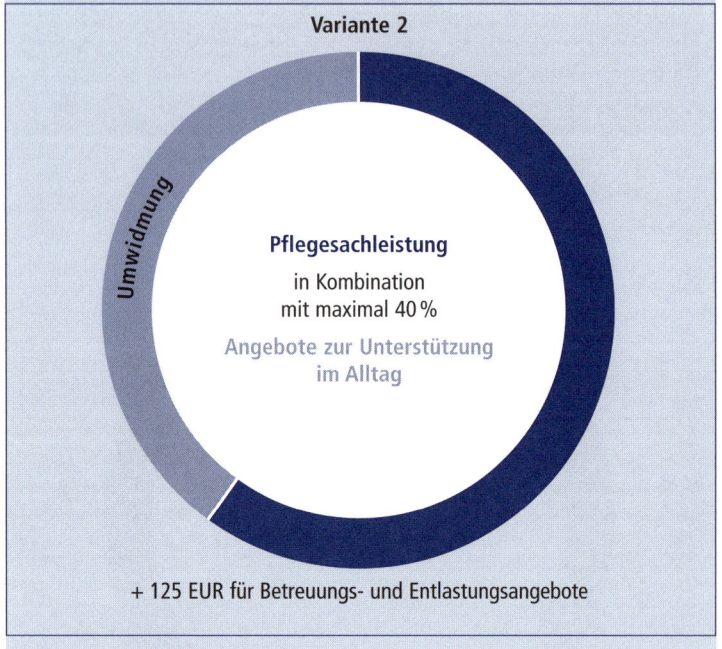

**Variante 2**

Umwidmung

**Pflegesachleistung**

in Kombination
mit maximal 40 %

Angebote zur Unterstützung
im Alltag

+ 125 EUR für Betreuungs- und Entlastungsangebote

Die **Varianten 3 und 4** finden Sie in diesem Kapitel unter III.4.

## b) Die Auswahl des Pflegedienstes

Ambulante Pflegedienste werden u. a. von den Trägern der **freien Wohlfahrtspflege** betrieben. Die **kirchlichen** Einrichtungen sind in den Spitzenverbänden der Caritas (katholisch), des Diakonischen Werkes (evangelisch) oder der Zentralwohlfahrtsstelle der Juden zusammengeschlossen. Einrichtungen der Arbeiterwohlfahrt oder des Roten Kreuzes sowie einer Reihe **anderer frei-gemeinnütziger** Träger, die dem Paritätischen Wohlfahrtsverband (DPWV) angehören, kommen hinzu. In immer größer werdendem, zwischenzeitlich überwiegendem Ausmaß werden Pflegedienste aber von **Privatper-**

**sonen** betrieben, die entweder als Einzelperson oder in der Form einer Gesellschaft (Gesellschaft bürgerlichen Rechts, GmbH, KG etc.) den Dienst leiten. Weiterhin gibt es teilweise auch Pflegedienste in **öffentlicher Trägerschaft**, wie z. B. die Sozialstationen in einigen Kommunen. Insgesamt ist das Netz der ambulanten Dienste örtlich sehr unterschiedlich ausgeprägt, was auch mit historischen Entwicklungen, konfessionellen Prägungen und politischen Verhältnissen zusammenhängt.

Unter den Pflegediensten, die mit den Pflegekassen Versorgungsverträge abgeschlossen haben, haben die Pflegebedürftigen die freie **Auswahl.**

Die Wahl unter diesen Diensten müssen die Pflegebedürftigen und ihre Angehörigen **selbst treffen.** Dabei können verschiedene Gesichtspunkte maßgeblich sein. Manche Dienste sind auf besondere Gruppen Pflegebedürftiger spezialisiert (z. B. ältere Menschen, Demenzkranke, geistig behinderte Menschen, Beatmungspatienten). Die Art der Hilfe, die **konfessionelle Bindung** und **örtliche Gegebenheiten** können ebenfalls eine Rolle spielen. Natürlich darf man darüber hinaus nicht außer Acht lassen, dass auch ambulante Pflegedienste Wirtschaftsunternehmen sind, die sich finanziell tragen müssen, d. h. einen unternehmerischen Gewinn erzielen wollen. Arbeitet in diesem Fall ein Unternehmen z. B. überwiegend mit Kräften in sog. geringfügigen Beschäftigungsverhältnissen, kann dies unter Umständen auch zu häufig wechselndem Personal führen, auf das sich die Pflegebedürftigen immer neu einstellen müssen, oder zum Einsatz einer großen Zahl verschiedener Personen, insbesondere bei zeitintensiver Hilfe. Allerdings kann die Wettbewerbssituation und das Gewinnstreben der Anbieter bei seriösen Diensten auch gerade dazu führen, dass sie sich besonders für die Pflegebedürftigen engagieren. Im Einzelfall sollte man sich daher umhören, welchen Ruf ein Unternehmen hat bzw. welche Erfahrungen andere Kunden gemacht haben.

Bei allen Diensten kann die **Qualifikation** des eingesetzten **Personals** sehr unterschiedlich sein. Weder vom Gesetz noch von den einschlägigen Ausführungsbestimmungen ist vorgeschrieben, dass die Pflegekräfte über eine bestimmte berufliche Qualifikation verfügen müssen, sie müssen nur „geeignet" sein, wie das Gesetz vorschreibt (§ 36 Abs. 1 Satz 3 SGB XI); allerdings müssen die Anstellungsträger, d. h. die Pflegedienste, bestimmte Qualifikationsanforderungen, z. B. hinsichtlich der Leitungskräfte, erfüllen (§ 72 SGB XI → c).

> **Tipp:**
>
> Überlegen Sie zunächst, welche Gesichtspunkte für Sie bei der Auswahl des Pflegedienstes besonders wichtig sind. Bringen Sie in Erfahrung, welche Dienste für Ihren Wohnort und die von Ihnen benötigte Art der Hilfe zugelassen sind. Informieren Sie sich dann in Gesprächen mit diesen Diensten über die Einzelheiten ihrer Dienstleistung und fragen Sie im Einzelnen nach den Ihnen wichtigen Entscheidungskriterien. Auch Nachfragen bei anderen Betroffenen – soweit möglich – können weiterhelfen, die Qualität der einzelnen Dienste in Erfahrung zu bringen.

Wichtig ist, dass der Pflegedienst den Abschluss eines **schriftlichen Vertrages** anbietet, in dem die gegenseitigen Rechte und Pflichten geregelt sind (§ 120 SGB XI – siehe dazu auch die Erläuterungen von Krahmer/Plantholz in Krahmer/Plantholz (Hrsg.), LPK-SGB XI, 5. Auflage 2018 – im Erscheinen). Viele Dienste greifen hierbei auf Musterverträge zurück, die von verschiedenen Spitzenorganisationen der freien Wohlfahrtspflege empfohlen werden. Liegt kein Vertrag vor, kann es später zu Unstimmigkeiten kommen, welche Leistungen gegenseitig geschuldet sind.

## c) Fachliche Anforderungen an Pflegedienste

Ambulante Pflegeeinrichtungen (Pflegedienste) im Sinne der sozialen Pflegeversicherung sind „selbständig wirtschaftende Einrichtungen, die unter ständiger **Verantwortung einer ausgebildeten Pflegefachkraft** Pflegebedürftige in ihrer Wohnung mit Leistungen der häuslichen Pflegehilfe im Sinne des § 36 SGB XI versorgen" (§ 71 Abs. 1 SGB XI). Die personelle Ausstattung ambulanter Pflegeeinrichtungen muss eine bedarfsgerechte, gleichmäßige und fachlich qualifizierte, dem allgemeinen Stand der medizinisch-pflegerischen Erkenntnisse entsprechende Pflege und hauswirtschaftliche Versorgung der Pflegebedürftigen gewährleisten. Verantwortliche Pflege-

fachkräfte im Sinne der gesetzlichen Vorgaben sind Gesundheits-
und Krankenpflegerinnen und -pfleger, Gesundheits- und Kinder-
krankenpflegerinnen und -pfleger sowie Altenpflegerinnen oder
Altenpfleger, wenn sie über praktische Berufserfahrung von mindestens zwei Jahren in den letzten acht Jahren vor Aufnahme der Pflegetätigkeit verfügen. Bei Pflegediensten, die überwiegend behinderte
Menschen pflegen und betreuen, gelten auch nach Landesrecht ausgebildete Heilerziehungspfleger/innen und Heilerzieher/innen mit
einer entsprechenden beruflichen Praxis von zwei Jahren innerhalb
der letzten acht Jahre als ausgebildete Pflegefachkraft.

Die Landesverbände der Pflegekassen schließen über die pflegerische Versorgung nach § 75 Abs. 1 SGB XI unter Beteiligung des
Medizinischen Dienstes der Krankenversicherung sowie des Verbandes der privaten Krankenversicherung e. V. im Land mit den
Vereinigungen der Träger der ambulanten oder stationären Pflegeeinrichtungen im Land gemeinsam und einheitlich **Rahmenverträge** mit dem Ziel, eine wirksame und wirtschaftliche pflegerische
Versorgung der Versicherten sicherzustellen. In diesen Rahmenverträgen werden beispielsweise die Inhalte der Pflegeleistungen genau
festgelegt (also was z. B. zu den Tätigkeiten der körperbezogenen
Pflegeleistungen gehören), außerdem Qualitätsmaßstäbe oder
Meldepflichten. Für Pflegeeinrichtungen, die einer Kirche oder Religionsgemeinschaft des öffentlichen Rechts oder einem sonstigen
freigemeinnützigen Träger zuzuordnen sind, können die Rahmenverträge auch von der Kirche oder Religionsgemeinschaft oder von
dem Wohlfahrtsverband abgeschlossen werden, dem die Pflegeeinrichtung angehört. Bei Rahmenverträgen über ambulante Pflege
sind die Arbeitsgemeinschaften der örtlichen Träger der Sozialhilfe,
bei Rahmenverträgen über stationäre Pflege die überörtlichen
Träger der Sozialhilfe und die Arbeitsgemeinschaften der örtlichen
Träger der Sozialhilfe als Vertragspartei am Vertragsschluss zu
beteiligen. Die Rahmenverträge sind für die Pflegekassen und die
zugelassenen Pflegeeinrichtungen im Inland sodann unmittelbar
verbindlich. Durch den Paradigmenwechsel in der Pflege infolge
des neuen Pflegebedürftigkeitsbegriffs und die dadurch entstandenen neuen Leistungsansprüche der Versicherten mussten die Rah-

menverträge in allen Bundesländern komplett neu überarbeitet werden.

Die Spitzenverbände der Pflegekassen und die Vereinigungen der Träger der Pflegeeinrichtungen auf Bundesebene sollen nach § 75 Abs. 6 SGB XI unter Beteiligung des Medizinischen Dienstes der Spitzenverbände der Krankenkassen, des Verbandes der privaten Krankenversicherung e. V. sowie unabhängiger Sachverständiger gemeinsam mit der Bundesvereinigung der kommunalen Spitzenverbände und der Bundesarbeitsgemeinschaft der überörtlichen Träger der Sozialhilfe Empfehlungen zum Inhalt der Verträge nach Abs. 1 abgeben. Sie arbeiten dabei mit den Verbänden der Pflegeberufe sowie den Verbänden behinderter Menschen und solchen der Pflegebedürftigen eng zusammen.

Die an der Vereinbarung der Empfehlungen beteiligten Stellen vereinbaren darüber hinaus **Grundsätze und Maßstäbe für die Qualität**, Qualitätssicherung und die Qualitätsdarstellung in der ambulanten und stationären Pflege sowie für die Entwicklung eines einrichtungsinternen Qualitätsmanagements, das auf eine stetige Sicherung und Weiterentwicklung der Pflegequalität ausgerichtet ist (§ 113 SGB XI). Nicht nur die Rahmenverträge, auch die Qualitätsmaßstäbe sind für die zugelassenen Pflegedienste unmittelbar verbindlich. Diese zum Schutz der Pflegebedürftigen und der Qualitätssicherung geschaffenen Regelungen sollen dafür sorgen, dass Pflegeleistungen auf dem allgemein anerkannten Stand medizinisch-pflegerischer Erkenntnisse erbracht und fortlaufend weiterentwickelt werden. Dadurch soll die Entwicklung einer guten Qualität in der Pflege gefördert werden.

Um neben der Fachlichkeit auch **Transparenz** zu schaffen, sind dabei regelmäßig **Qualitätsprüfungen** vom MDK vorzunehmen, bei denen es einerseits u. a. um das Erkennen der Ursachen von Qualitätsdefiziten geht. Im Hinblick auf die Wirksamkeit der Leistungen, die Zufriedenheit der Bewohner, die Erhaltung der Selbständigkeit, des Gesundheitszustands sowie die Vermeidung von Risiken sollen insoweit Struktur-, Prozess- und Ergebnisqualität analysiert werden. Andererseits kommt diesen Prüfungen aber auch eine beratende Funktion zu. Um zu diesen Erkenntnissen zu kommen, wird die Qualität der Pflege in allen ambulanten Pflegediensten und allen

Pflegeheimen einmal im Jahr im Rahmen einer **Regelprüfung** geprüft. Hinzu kommen **Anlassprüfungen** aus bestimmten Anlässen wie z. B. Beschwerden. 90 % der Prüfungen führen die Medizinischen Dienste der Krankenversicherung (MDK) durch, 10 % der Prüfdienst der privaten Krankenversicherung (PKV-Prüfdienst). In stationären Einrichtungen erfolgen die Prüfungen in der Regel unangekündigt, bei ambulanten Versorgungseinrichtungen einen Tag vorher angemeldet, da hier die Betroffenen ja nicht direkt vor Ort am Sitz des Unternehmens anzutreffen sind, sondern in ihrem häuslichen Umfeld besucht werden. Zu den zentralen Prüfinhalten gehören die stichprobenartige Inaugenscheinnahme der Pflegebedürftigen und die Auswertung der Pflegedokumentation. Neben der Qualität der Pflege werden in Zukunft auch die Abrechnungen von ambulanten Pflegediensten zum verpflichtenden Inhalt der Qualitätsprüfung. Die Ergebnisse dieser Überprüfungen fließen z. B. auch in die Verhandlungen zu den Grundsätzen und Maßstäben zur Qualität ein.

Seit dem Jahr 2009 gibt es die sog. **Pflegenoten**, die die Qualität von ambulanten und stationären Pflegeeinrichtungen in der Form ähnlich den Schulnoten bewerten. Die Grundlage für diese Bewertung bildet die jährliche MDK-Qualitätsprüfung. Aus den Ergebnissen wird ein Transparenzbericht mit einzelnen Prüfkriterien und Ergebnissen erstellt und veröffentlicht sowie (zumindest bis 2016) eine Gesamtnote errechnet. Die Grundlagen für diese Berichterstellung haben der GKV-Spitzenverband, die überörtlichen Sozialhilfeträger und die kommunalen Spitzenverbände mit den Verbänden der Leistungserbringer in Transparenzvereinbarungen gemeinsam vereinbart und festgelegt. Die Idee hinter diesen Prüfungen ist neben der Feststellung der Qualität, die Ergebnisse für Betroffene transparent aufzubereiten und auf diese Weise die Möglichkeit eines Vergleichs zwischen den Angeboten zu schaffen. Allerdings erfüllen die Transparenzberichte in ihrer bisherigen Ausgestaltung nicht die an sie gestellte Erwartung, eine klare Entscheidungshilfe für die Auswahl einer Pflegeeinrichtung zu sein. In den letzten Jahren ist der sog. „**Pflege-TÜV**" immer wieder in Verruf geraten. Das Bewertungssystem gibt hinsichtlich der Stichprobenauswahl und -größe ebenso zahlreich

Anlass zu Kritik wie auch die Bewertungssystematik insgesamt. Beanstandet wird vor allem, dass nahezu alle überprüften Einrichtungen auch bei Defiziten gute „Schulnoten" erreichen konnten, wenn auch nur die angesetzten Mindestkriterien erfüllt wurden. Die veröffentlichten Ergebnisse zeichnen häufig ein besseres Bild von der Qualität einer Pflegeeinrichtung, als es die Prüfer des MDK bei den Prüfungen vorfinden. So liegt die Gesamtnote der meisten Pflegeeinrichtungen zwischen „gut" und „sehr gut". Wegen der Einführung des neuen Pflegebedürftigkeitsbegriffs (→ 1. Kap. I.) mussten die Transparenzvereinbarungen aktualisiert werden. Eine deutliche Veränderung der Bewertungssystematik wurde dabei jedoch nicht vorgenommen. Allerdings werden derzeit aber die Qualitätsprüfungen und die Qualitätsberichterstattung wissenschaftsbasiert weiterentwickelt.

Der Medizinische Dienst des Spitzenverbandes Bund der Krankenkassen e. V. (MDS) ist nach § 114a SGB XI verpflichtet, alle drei Jahre die Erkenntnisse der MDK-Prüfungen sowie der Prüfungen der PKV-Prüfdienste in einem Bericht zusammenzufassen und zu veröffentlichen. Dieser **Bericht** beinhaltet wichtige Erkenntnisse hinsichtlich der Qualitätsentwicklung in der ambulanten und stationären Versorgung. Ausweislich des Vierten Berichts aus dem Jahr 2014 soll sich die Qualität sowohl in der stationären als auch ambulanten Pflege im Verhältnis zu den Vorberichten deutlich verbessert haben. In der stationären Pflege wurde bei 86,2 % der Bewohner ein sachgerechter Umgang mit Medikamenten festgestellt, bei 13,8 % wurden die Medikamente dagegen nicht ordnungsgemäß aufbewahrt oder falsch gerichtet (Vorbericht 18,2 %). Der Anteil der Bewohner mit Dekubitus lag bei 3,8 % (Vorbericht 4,4 %). Der MDS führt dies auf verbesserte Maßnahmen zu Vermeidung von Druckgeschwüren sowie eine erfolgreiche Durchführung der Maßnahmen zurück. Der Anteil von Bewohnern mit relevanten Gewichtsabnahmen lag 2013 bei 7,6 % (Vorbericht 9,1 %), wobei 89,3 % der Bewohner einen Hilfebedarf bei der Ernährung hatten (Vorbericht 79,5 %).

In der ambulanten Pflege zeigt sich in dem Bericht ein ähnlicher Trend. 2013 erfolgte bei 85,9 % der Betroffenen eine Medikamentengabe entsprechend der ärztlichen Verordnung (Vorbericht 77,5 %). Die Wundversorgung erfolgte bei 85,7 % dem aktuellen Wissensstand entsprechend (Vorbericht 78,7%) und eine fachliche Beratung bei Dekubitusrisiko bei 73,5% (Vorbericht 40,5%). Eine Kontinenzberatung erfolgte bei 72,5% der Betroffenen im Gegensatz zum Vorbericht bei 42,1%.

Man darf jedoch trotz der positiven Entwicklungen nicht verkennen, dass es sich bei den Prüfungen, auf denen der Bericht basiert, nur um **Stichprobenerhebungen** handelt. Es werden nicht alle Pflegebedürftigen erfasst. Hinzu kommt, dass es immer noch eine relevante Zahl von Personen gibt, bei denen der Pflegezustand unzureichend ist, weil beispielsweise die Medikamentenvergabe, die Wundversorgung oder die Versorgung mit Flüssigkeit und Nahrung nicht ausreichend bzw. sogar gesundheitsgefährdend erfolgt.

Der Qualitätsentwicklungsprozess mag danach seit Einführung der Pflegeversicherung zwar stetig fortgeschritten sein, er ist aber noch längst nicht abgeschlossen; Optimierungsbedarf ist nach wie vor vorhanden.

## Achtung:

Sollten Sie den Eindruck haben, der von Ihnen beauftragte Pflegedienst arbeitet nicht ordentlich oder haben Sie sonstige Fragen zu dessen Arbeit, Qualität oder Abrechnung, wenden Sie sich an Ihre Pflegekasse. Diese kann Ihnen nicht nur beratend zur Seite stehen, sondern kann auch z. B. auf eine Beschwerde hin anlassbezogen den Dienst überprüfen.
Reine Vertragsangelegenheiten werden Sie aber als Vertragspartner letztendlich selber regeln müssen. Dazu können Auskünfte der Kassen hilfreich sein.

Innerhalb ihres **Einzugsbereiches** sind die Pflegedienste im Rahmen ihrer personellen Möglichkeiten verpflichtet, die Pflegebedürftigen zu versorgen, die die Pflegeleistungen dieser Einrichtung in Anspruch nehmen wollen. Allerdings gibt es auch einige Städte, vor allem in Ballungsgebieten, wo es schwer werden kann, einen Pflegevertrag mit einem Pflegedienst zu schließen, weil diese schlichtweg ausgebucht sind und keine neuen Kunden mehr annehmen können. Im Rahmen des Versorgungsauftrages hat jeder Pflegedienst die individuelle Versorgung der Pflegebedürftigen mit Pflegeleistungen jeder Zeit, bei Tag und Nacht einschließlich an Sonn- und Feiertagen, zu gewährleisten. Hierzu ist auch eine Kooperation mit anderen Diensten möglich.

Die vom Gesetz vorgeschriebene **Pflegefachkraft** ist insbesondere verantwortlich für die fachliche Planung der Pflegeprozesse, die fachgerechte Führung der Pflegedokumentationen, die an dem individuellen Pflegebedarf orientierte Einsatzplanung der Pflegekräfte und die fachliche Leitung der Dienstbesprechungen innerhalb des Pflegedienstes. Die anderen vom Pflegedienst eingesetzten **Pflegekräfte** müssen nicht über die gleiche Qualifikation verfügen wie die verantwortliche ausgebildete Pflegefachkraft, der die Pflegedienstleitung obliegt. In Betracht kommen hier auch Altenpflegehelfer/innen, Betreuungskräfte, Alltagsbegleiter, Haus- und Familienpfleger/ innen, Hauswirtschafter/innen, Dorfhelfer/innen, Familienhelfer/innen, Heilerziehungspfleger/innen und Heilerzieher/innen sowie auch angelernte Kräfte und Hilfskräfte, soweit sie für die vorgesehene Dienstleistung geeignet sind. In jedem Falle muss der Pflegedienst auch für eine Vertretung der eingesetzten Kräfte sorgen. Schließlich können die Pflegebedürftigen bei Krankheit oder Urlaub „ihrer" Pflegekraft nicht auf die notwendige Hilfe verzichten.

### d) Die Dienstleistung der Pflegedienste

Die Rahmenverträge enthalten auch nähere Festlegungen über die Art und Weise der Leistungserbringung durch die Pflegedienste. So sind im Rahmen der Pflege die Angehörigen/die pflegende Bezugsperson zu beraten und anzuleiten. Die Hilfen dienen zugleich dem Ziel der **Vorbeugung** von Sekundärerkrankungen. Zudem wird das Ziel der einzelnen Bereiche der Pflege beschrieben.

Die **körperliche Pflege** hat sich insoweit z. B. an den persönlichen Gewohnheiten des Pflegebedürftigen zu orientieren. Die Intimsphäre ist zu schützen und der Zeitpunkt der Körperpflege ist mit dem Pflegebedürftigen und seinem sozialen Umfeld abzustimmen. Der selbstverständliche Umgang mit dem Thema ‚Ausscheiden/Ausscheidungen' soll durch die Pflegekraft unterstützt werden.

Für die **Ernährung** gilt als ein wichtiges Ziel, dass im Rahmen der Planung von Mahlzeiten und der Hilfe bei der Nahrungszubereitung eine ausgewogene Ernährung angestrebt wird. Spezielle Hilfsmittel sollen eingesetzt und zu ihrem Gebrauch angeleitet werden. Der Pflegebedürftige ist bei der Essens- und Getränkeauswahl, der Zubereitung und Darreichung sowie bei Problemen der Nahrungsaufnahme zu beraten. Bei Nahrungsverweigerung ist ein differenzierter Umgang mit den zugrunde liegenden Problemen erforderlich.

Ziel im Rahmen der **Mobilität** ist u. a. die Förderung der Beweglichkeit in der häuslichen Umgebung. Dazu gehört auch die Förderung einer sicheren Umgebung durch eine regelmäßige Überprüfung des Wohnumfeldes in Bezug auf erforderliche Veränderungen (z. B. Haltegriffe) und eine gezielte Beobachtung des Pflegebedürftigen in seiner Umgebung. Unter dem Sicherheitsaspekt ist ggf. eine Beratung über Vorkehrungen für Notfälle und ihren Einsatz (z. B. Notrufsystem, Schlüsseldepot) erforderlich. Die Anwendung angemessener Hilfsmittel erleichtert den Umgang mit Bewegungsdefiziten.

Beim Aufstehen und Zubettgehen sind Schlafgewohnheiten, Ruhebedürfnisse und evtl. Störungen angemessen zu berücksichtigen. Dies gilt vor allem für das gewohnte Bett, das entsprechend den Bedürfnissen des Pflegebedürftigen solange wie möglich zu erhalten ist. Die Angehörigen sind auf fachgerechte und schlafstörungsarme Lagerung hinzuweisen.

Ziel der **hauswirtschaftlichen Versorgung** ist sodann u. a. die Förderung der Fähigkeit zur Selbstversorgung in einer hygienegerechten Umgebung.

**Pflegerische Betreuungsleistungen** müssen sich an den Bedürfnissen der Pflegebedürftigen ausrichten. Bei der Begutachtung der betroffenen Person wurde festgestellt, welche Leistungen noch selbständig erbracht werden können, welche psychischen und kognitiven Problemlagen vorliegen bzw. wie häufig z. B. auffällige Verhaltensweisen auftreten. Die Betreuungsleistungen sollen hier unterstützend und fördern wirken bzw. Defizite kompensieren.

Der Pflegedienst soll bei alledem auch darauf hinwirken, dass geeignete **Pflegehilfsmittel** eingesetzt werden. Die Anleitung und Unterstützung der Pflegebedürftigen und ihrer Angehörigen bei der

Nutzung dieser Hilfsmittel gehört ebenfalls zu den Aufgaben des Pflegedienstes.

## Pflegesachleistungen:

- Personen mit **Pflegegrad 2 bis 5** haben
  - einen Anspruch auf Pflegesachleistungen für eine häusliche Versorgung durch professionelle Pflegekräfte (Höhe je nach Pflegegrad)
  - einen Anspruch auf Umwandlung von bis zu 40 % der Pflegesachleistungen für Angebote zur Unterstützung im Alltag
  - einen Anspruch auf einen zusätzlichen Entlastungsbetrag in Höhe von 125 Euro.
- Personen mit **Pflegegrad 1** haben nur einen Anspruch auf einen zweckgebundenen Entlastungsbetrag in Höhe von 125 Euro.

## 2. Das Pflegegeld

Pflegebedürftige sollen selbst darüber entscheiden können, wie und von wem sie gepflegt werden möchten. Anstelle der Pflegesachleistung (→1. Kap. III.1.) können Pflegebedürftige daher auch ein Pflegegeld beantragen, mit dem sie teilweise oder ganz ihre Unterstützung organisieren können (§ 37 Abs. 1 SGB XI). Voraussetzung für den Bezug von Pflegegeld ist, dass eine Versorgung grundsätzlich **sichergestellt** ist, z. B. durch pflegende Angehörige oder andere Pflegepersonen, die ehrenamtlich und nicht berufsmäßig tätig sind. Wird Pflegegeld bezogen, steht es dem Betroffenen grundsätzlich zur **freien Verfügung**, wird aber regelmäßig an die Pflegeperson weitergegeben. Nach der Pflegestatistik des Statistischen Bundesamtes waren im Jahr 2013 2,6 Mio. Menschen in Deutschland pflegebedürftig und damit berechtigt, Pflegeleistungen zu erhalten. 71 % (also 1,86 Mio.) der Leistungsempfänger wurden zu Hause versorgt, 1.246.000 von ihnen haben ausschließlich Pflegegeld erhalten. Das bedeutet, 47,9 % haben von dieser ambulanten Hilfeleistung Gebrauch gemacht; von allen Leistungsarten hat das Pflegegeld nach wie vor die größte Bedeutung.

Das Pflegegeld ist nach dem jeweiligen Pflegegrad **gestaffelt** und beträgt pro Kalendermonat:

- für Pflegebedürftige des Pflegegrades 2       316 Euro
- für Pflegebedürftige des Pflegegrades 3       545 Euro
- für Pflegebedürftige des Pflegegrades 4       728 Euro
- für Pflegebedürftige des Pflegegrades 5       901 Euro.

Pflegebedürftige des Grades 1 haben **keinen Anspruch** auf Pflegegeld, sondern allenfalls auf den Entlastungsbetrag nach § 45b SGB XI (→ III.1.a). Das Pflegegeld wird monatlich im Voraus gezahlt. Voraussetzung für die Inanspruchnahme des Pflegegeldes ist, dass der Pflegebedürftige hiermit die erforderlichen körperbezogenen Pflegemaßnahmen und pflegerische Betreuungsmaßnahmen sowie Hilfen bei der Haushaltsführung in geeigneter Weise **selbst sicherstellt**, z. B. durch Pflegepersonen. **Pflegeperson** ist nach der Definition des § 19 SGB XI eine Person, die nicht erwerbsmäßig einen Pflegebedürftigen in seiner häuslichen Umgebung pflegt. Gedacht ist vor allem an pflegende **Familienangehörige**, Nachbarn, Freunde oder sonstige ehrenamtlich tätige Personen. Diese erhalten für ihre Hilfe kein Arbeitsentgelt, sondern lediglich Zuwendungen des Pflegebedürftigen, u. a. oder ausschließlich aus dem Pflegegeld. Pflegt die Pflegeperson eine oder mehrere pflegebedürftige Personen wenigstens 10 Stunden wöchentlich verteilt auf mindestens zwei Tage, erhält sie zusätzlich Leistungen zur sozialen Absicherung nach § 44 SGB XI in Form von Beiträgen an den zuständigen Träger der gesetzlichen Rentenversicherung. Dies dient der Verbesserung der sozialen Sicherung der Pflegeperson im Alter. Die notwendige Hilfe ist sichergestellt, wenn die Pflegeperson oder ggf. auch mehrere Pflegepersonen diese auch tatsächlich erbringen. Beantragt ein Pflegebedürftiger Pflegegeld, hat sich bereits bei der Begutachtung der Pflegebedürftigkeit die Stellungnahme des Medizinischen Dienstes des Krankenversicherung darauf zu erstrecken, ob die häusliche Pflege in geeigneter Weise sichergestellt ist.

Aufgestockt werden kann das Pflegegeld durch die Inanspruchnahme des **Entlastungsbetrags** in Höhe von 125 Euro nach § 45b SGB XI (→ III.1.a).

In der **Verwendung** des Pflegegeldes sind die Pflegebedürftigen grundsätzlich frei. Es gibt keine ausdrückliche Verpflichtung, das

Pflegegeld auch den Pflegepersonen zuzuwenden, die die Hilfe tatsächlich übernehmen. Allerdings muss der Pflegebedürftige mit dem Pflegegeld die körperbezogenen Pflegemaßnahmen, die pflegerischen Betreuungsmaßnahmen sowie Hilfen bei der Haushaltsführung selbst in geeigneter Weise sicherstellen, möglicherweise allerdings in **Kombination** mit der sog. Sachleistung i. S. v. § 36 SGB XI (zu letzterer → III.1.). Dies ist in der Regel nur gegeben, wenn das Pflegegeld jedenfalls zum überwiegenden Teil wirtschaftlich der Pflegeperson zu Gute kommt, die die tägliche Pflege tatsächlich leistet. Ob allerdings das Geld direkt an die Pflegeperson gezahlt wird, ob es zu ihren Gunsten angelegt wird oder einverständlich ihr nahestehenden Dritten – z. B. Kindern – zugewandt wird, bleibt dem Pflegebedürftigen und der Pflegeperson überlassen. Wichtig ist nur, dass das Pflegegeld dazu eingesetzt wird, die **Pflegebereitschaft** der Pflegeperson aufrechtzuerhalten und so die Pflege sicherzustellen.

> **BEISPIEL:** Frau W. ist 75 Jahre alt und als pflegebedürftig nach Pflegegrad 3 eingestuft. Ihr Sohn und ihre Schwiegertochter, bei denen sie lebt, übernehmen die notwendige Pflege, die Pflegekasse zahlt das Pflegegeld von 545 Euro monatlich. Hiervon gibt Frau W. ihrem Sohn jeweils 245 Euro und unterstützt mit weiteren je 100 Euro die beiden Kinder ihres Sohnes, die sich noch in Ausbildung befinden. 100 Euro werden gespart, um hiervon je nach Bedarf größere Anschaffungen für die Familie oder einen Jahresurlaub finanzieren zu können.

Die Leistungen der Pflegeversicherung bleiben als **Einkommen** des Pflegebedürftigen bei Sozialleistungen, deren Gewährung von anderen Einkommen abhängig ist, unberücksichtigt (§ 13 Abs. 5 SGB XI).

Die Pflegebedürftigen sind sodann auch bei Bezug von Pflegegeld verpflichtet, regelmäßig eine **Beratung** einer zugelassenen Pflegeeinrichtung, einer von den Landesverbänden der Pflegekassen anerkannten Beratungsstelle oder einer von der Pflegekasse beauftragten Pflegefachkraft in Anspruch zu nehmen, und zwar in den Pflegegraden 2 und 3 einmal halbjährlich und in den Pflegegraden 4 und 5 einmal vierteljährlich. Pflegebedürftige des Pflegegrades 1 haben

einen Anspruch darauf, einmal im halben Jahr einen Beratungsbe-
such abzurufen. Die Pflegeberatung findet in der eigenen Häuslich-
keit statt. Die **Vergütung dieser Beratung** wird von der Pflegekasse
übernommen und beträgt in den Pflegegraden 2 und 3 bis zu 23 Euro und in den Pflegegraden 4 und 5 bis zu 33 Euro (§ 37 Abs. 3 SGB
XI). Die Beratungen sollen der Sicherung der Qualität der häuslichen
Pflege und der regelmäßigen Hilfestellung und praktischen pflegefachlichen Unterstützung der häuslich Pflegenden dienen. Die Pflegedienste haben mit Einverständnis der Pflegebedürftigen der zuständigen Pflegekasse die gewonnenen Erkenntnisse zur Qualität der
Pflegesituation und zur Notwendigkeit einer Verbesserung mitzuteilen. Hierzu stellen die Spitzenverbände der Pflegekassen ein ein-
heitliches Formular zur Verfügung. Von der Mitteilung an die Pflegekasse erhält der Pflegebedürftige eine Durchschrift.

Viele pflegebedürftige Menschen und auch Angehörige empfinden
die Pflegeeinsätze/Beratungen häufig als **Misstrauen** gegenüber der
von letzteren geleisteten Hilfe und weniger als Unterstützung. In
vielen Fällen ist die Verpflichtung zur Inanspruchnahme der Beratungen aber auch sinnvoll und kann zu einer besseren Qualität der
Pflege beitragen. Wird die Beratung nicht abgerufen oder das Einverständnis zur Übermittlung der gewonnenen Erkenntnisse an die
Pflegekasse nicht erteilt, hat die Pflegekasse das Pflegegeld angemessen zu kürzen und im Wiederholungsfall zu entziehen. Die
Pflegekassen sind zu dieser Sanktion also gesetzlich verpflichtet,
ohne unter Berücksichtigung des Einzelfalles hiervon abweichen zu
können.

Um sicherzustellen, dass die Pflegeberatung qualitativ ihrem Zweck
entspricht und nicht etwa z. B. von fachfremden Personen erbracht
wird, beschließt ein Qualitätsausschuss Empfehlungen zur Qualitätssicherung der Beratungsbesuche. So soll vermieden werden,
dass die Besuche z. B. von Pflegekräften erbracht werden, die auf
die speziellen **Bedürfnisse** des Pflegebedürftigen nicht eingestellt
sind.

> ## Tipp:
>
> Fragen Sie bei Ihrer Pflegekasse nach, welche Vertragsdienste für Ihre speziellen Bedürfnisse geeignet sind, die verpflichtenden Beratungseinsätze durchzuführen. Vergewissern Sie sich, dass Ihnen Kräfte geschickt werden, die mit Ihrer Krankheit/Behinderung bzw. der Ihres pflegebedürftigen Angehörigen vertraut sind. Nehmen Sie nur solche Beratungseinsätze in Anspruch.

## 3. Behandlung des Pflegegeldes

Da das Pflegegeld in der Regel an die Pflegeperson weitergegeben wird, sollte diese wissen, wie Pflegegeld **rechtlich** zu beurteilen ist. Mit dem Pflegegeld soll der Pflegebedürftige seine häusliche Pflege selbst sicherstellen. In der Regel geschieht dies dadurch, dass das Pflegegeld an Pflegepersonen – meist nahe Angehörige – weitergegeben wird, ohne dass zwischen der pflegebedürftigen Person und der pflegenden Person ein Arbeitsverhältnis oder eine sonstige Rechtsbeziehung begründet wird. Das Pflegegeld wird vielmehr ganz pragmatisch vollständig oder zum Teil weitergegeben, um die **Pflegebereitschaft** der Pflegeperson, die ihrerseits die Pflege aufgrund der persönlichen Bindung und nicht aufgrund einer rechtlichen Verpflichtung übernimmt, zu erhalten. In verschiedenen Bereichen kann bei dieser **Weitergabe des Pflegegeldes** dann die Frage auftauchen, ob das empfangene Pflegegeld bei der Pflegeperson als **Einkommen** gewertet wird. Die Regelung des § 13 Abs. 5 SGB XI, wonach Leistungen der Pflegeversicherung bei einkommensabhängigen Sozialleistungen nicht als Einkommen berücksichtigt werden, gilt unmittelbar nur für die pflegebedürftige Person selbst. Die **Behandlung des Pflegegeldes bei der Pflegeperson** muss in den unterschiedlichen Rechtsbereichen gesondert betrachtet werden:

### a) Steuerrecht

§ 3 Nr. 36 **Einkommensteuergesetz** (EStG) stellt sicher, dass die Pflegeperson ein **empfangenes Pflegegeld** nicht zu versteuern braucht. Danach sind Einnahmen für Leistungen zur körperlichen

Pflege und pflegerischen Betreuung oder hauswirtschaftlichen Versorgung bis zur Höhe des Pflegegeldes nach § 37 SGB XI **steuerfrei**, wenn diese Leistungen von **Angehörigen** des Pflegebedürftigen oder von anderen Personen, die damit eine sittliche Pflicht gegenüber dem Pflegebedürftigen erfüllen, erbracht werden. Entsprechendes gilt, wenn der Pflegebedürftige Pflegegeld aus privaten Versicherungsverträgen nach den Vorgaben des SGB XI oder eine Pauschalbeihilfe nach Beihilfevorschriften für häusliche Pflege erhält.

## b) Sozialhilfe

Bezieht die Pflegeperson selbst Sozialhilfe, stellt sich die Frage, ob das erhaltene Pflegegeld ein **Einkommen** darstellt. Beim Bezug von Sozialhilfe muss grundsätzlich eigenes Einkommen eingesetzt werden. Nur wenn dieses und evtl. vorhandenes Vermögen nicht ausreicht, einen bestehenden Bedarf zu decken, tritt die Sozialhilfe ein. Nach § 82 Abs. 1 SGB XII gelten als Einkommen grundsätzlich alle **Einkünfte in Geld oder Geldeswert** mit Ausnahme der Leistungen des SGB XII und verschiedener Renten. Ebenfalls nicht als Einkommen angesehen wird nach einer Reihe von Verwaltungsgerichtsentscheidungen das pflegeversicherungsrechtliche Pflegegeld (nach § 37 SGB XI), das der Pflegebedürftige an einen Angehörigen weitergibt. Dieses weitergegebene Pflegegeld darf bei diesem Pflegenden nicht als Einkommen berücksichtigt werden. Das **Bundesverwaltungsgericht** hat insoweit schon in der Vergangenheit zum Pflegegeld mehrfach entschieden, dass dieses seinen Sinn, Pflegepersonen zur Sicherstellung der häuslichen Pflege anzuhalten, verlieren würde, wenn es beim Empfänger als Einkommen und damit sozialhilfemindernd berücksichtigt werden könnte. Auch das Pflegegeld nach § 37 SGB XI diene der Erhaltung der Pflegebereitschaft der Pflegeperson und dürfe daher **nicht als Einkommen angerechnet** werden. Dies würde zudem auch zu einer Minderung des Familieneinkommens führen und somit die pflegebedürftige Person selbst treffen, wenn Pflegebedürftiger und Pflegeperson eine sog. Einsatzgemeinschaft bilden, d. h. in einer häuslichen Gemeinschaft leben, in der ihre Einkommen gemeinsam für die Errechnung der Sozialhilfeansprüche berücksichtigt werden.

Nur bei Befolgung dieser Rechtsprechung kann letztlich auch sichergestellt werden, dass sozialhilfebedürftige Pflegepersonen nicht wesentlich schlechter gestellt werden als andere pflegende Familienangehörige.

### c) Arbeitslosenhilfe/ALG II/Sozialgeld

Für das **einkommensabhängige Arbeitslosengeld** (ALG) II nach § 19 SGB II gilt hier zunächst nahezu dieselbe Rechtsauffassung wie für die Sozialhilfe nach dem SGB XII (→ b). Insoweit nimmt § 1 Abs. 1 Nr. 4 der Verordnung zur Berechnung von Einkommen sowie zur Nichtberücksichtigung von Einkommen und Vermögen beim Arbeitslosengeld II/Sozialgeld (Arbeitslosengeld-II/Sozialgeld-Verordnung – ALG II-V) vom 20.7.2006 auch nicht steuerpflichtige Einnahmen einer Pflegeperson für Leistungen der Grundpflege und der hauswirtschaftlichen Versorgung vom zu berücksichtigenden Einkommen ausdrücklich aus. Dies gilt dann auch nicht nur für das ALG II, sondern ebenfalls für das Sozialgeld nach § 19 SGB II, das unter bestimmten Voraussetzungen nicht erwerbsfähige Angehörige erhalten, die mit erwerbsfähigen Hilfebedürftigen in einer Bedarfsgemeinschaft leben.

### d) Unterhaltsrecht

Nach dem Bürgerlichen Gesetzbuch (BGB) sind Ehegatten und Verwandte in gerader Linie einander zum Unterhalt verpflichtet. Dabei legt das Gesetz – mit wenigen Ausnahmen – nicht im Einzelnen fest, in welchem Umfang Unterhaltsansprüche bestehen. Diese richten sich vielmehr nach dem **Bedarf des Unterhaltsberechtigten** einerseits und der sog. **Leistungsfähigkeit des Unterhaltsverpflichteten** andererseits. Auf beiden Seiten müssen daher die Einkommensverhältnisse betrachtet werden, um beurteilen zu können, ob Unterhaltsansprüche bestehen. In der Praxis werden hierzu häufig Tabellen verwendet, die nicht gesetzlich geregelt sind, sondern von der Rechtsprechung entwickelt wurden. Die bekannteste und in der Praxis am häufigsten angewandte ist dabei die „Düsseldorfer Tabelle", die vom Oberlandesgericht (OLG) Düsseldorf entwickelt wurde und ständig fortgeschrieben wird.

Darüber hinaus haben alle Oberlandesgerichte inzwischen Leitlinien für die Berechnung von Unterhaltsansprüchen entwickelt.

Nach § 13 Abs. 6 SGB XI darf ein Pflegegeld, das an eine Pflegeperson gezahlt wird, bei der Ermittlung von Unterhaltsansprüchen und Unterhaltsverpflichtungen grundsätzlich **nicht berücksichtigt** werden. Hiervon gibt es aber wiederum **Ausnahmen.** Diese betreffen zunächst einmal Fälle, in denen Unterhaltsansprüche aus Billigkeitsgründen gekürzt oder von Gesetzes wegen ganz verweigert werden, etwa bei einem Vergehen des Unterhaltsberechtigten gegen den Unterhaltsverpflichteten. Am wichtigsten ist aber die Ausnahme nach § 13 Abs. 6 Satz 2 Nr. 2 SGB XI: Das Pflegegeld kann als Einkommen angerechnet werden bei Unterhaltsansprüchen der Pflegeperson, wenn von dieser erwartet werden kann, ihren Unterhaltsbedarf ganz oder teilweise durch eigene Einkünfte zu decken und wenn der Pflegebedürftige mit dem Unterhaltspflichtigen nicht in gerader Linie verwandt ist.

**BEISPIEL:** Frau B. lebt von ihrem Ehemann getrennt bei ihren Eltern und erhält von ihm Unterhaltsleistungen in Höhe von 700 Euro entsprechend der Düsseldorfer Tabelle unter Berücksichtigung des Einkommens des Ehemannes. Sie hat keine Kinder und ist arbeitslos. Ihre Mutter wird pflegebedürftig und von der Pflegekasse in die Pflegegrad 3 eingestuft. Frau B. teilt sich mit ihrem Vater die Pflege ihrer Mutter und bekommt von dieser dafür die Hälfte des Pflegegeldes, also 273 Euro monatlich. Nachdem ihr Ehemann davon erfahren hat, kürzt er seine Unterhaltszahlungen auf 427 Euro (700 – 273) monatlich. Frau B. lässt sich von ihrer Rechtsanwältin beraten und erfährt von dieser, dass sie sich die 273 Euro Pflegegeld als Einkommen anrechnen lassen muss und ihr Ehemann daher die Unterhaltszahlung zu Recht gekürzt hat.

Die Mutter als Pflegebedürftige ist nicht mit dem Ehemann ihrer Tochter verwandt, von der Tochter kann wiederum erwartet werden, ihren Unterhaltsbedarf durch eigene Einkünfte zu decken. In diesem Fall wird das Pflegegeld als Einkommen angerechnet. Anders wäre es, wenn von Frau B. – z. B. wegen der Erziehung von kleinen Kindern – eine Erwerbstätigkeit nicht erwartet werden kann. Dann könnte sie das Pflegegeld von ihrer Mutter beziehen, ohne dass dies ihren Unterhaltsanspruch gegenüber dem Ehemann beeinflussen würde.

## 4. Die Kombinationsleistung

Jeder Pflegebedürftige kann entscheiden, ob er Pflegesachleistung, also die Versorgung durch einen Pflegedienst (→ 1. Kap. III.), oder Pflegegeld in Anspruch nehmen will. Die Entscheidung schließt aber nicht automatisch die andere Versorgungsmöglichkeit aus. § 38 SGB XI eröffnet zusätzlich die Möglichkeit, beide **Leistungsarten** auch miteinander zu **kombinieren**.

Nach § 38 Satz 1 SGB XI kann der Pflegebedürftige, wenn er die ihm nach § 36 Abs. 3 zustehende Sachleistung nur teilweise in Anspruch nimmt, daneben ein anteiliges Pflegegeld im Sinne des § 37 erhalten. Diese Formulierung ist etwas missglückt. Pflegeleistungen können naturgemäß nicht „teilweise" in Anspruch genommen werden: Hilfe beim Aufstehen etwa kann nicht zur Hälfte oder zu Dreivierteln gewährt werden. Gemeint ist vielmehr, dass Pflegeeinsätze durch einen ambulanten Pflegedienst oder anerkannte Einzelpflegekräfte nur in einem Umfang in Anspruch genommen werden, durch den der für den jeweiligen Pflegegrad vorgesehene Höchstbetrag pro Monat nicht vollständig ausgeschöpft wird. In diesem Falle kann daneben ein anteiliges Pflegegeld beansprucht werden und zwar der Prozentsatz vom Höchstpflegegeld, zu dem der Betrag der Pflegesachleistung nicht ausgeschöpft ist.

> **BEISPIEL:** Herr G. ist pflegebedürftig und in den Pflegegrad 3 eingestuft. Er hat damit einen Anspruch auf Leistungen der Pflegekasse für Pflegesachleistungen in Höhe von 1.298 Euro. Herr G. nimmt monatlich aber nur Pflegeeinsätze seiner Sozialstation im Gesamtwert von insgesamt 920 Euro in Anspruch (= Pflegesachleistungen). Dies sind 70,87 % des Höchstbetrages von 1.298 Euro für Pflegegrad 3. Er kann daher noch 29,13 % des Pflegegeldes von 545 Euro für Pflegegrad 3, also 158,75 Euro monatlich beanspruchen.

Die Kombination kann grundsätzlich zu jedem beliebigen Prozentsatz vorgenommen werden. An die Entscheidung, in welchem Verhältnis Pflegesachleistung und Pflegegeld in Anspruch genommen werden sollen, sind die Pflegebedürftigen jedoch für die Dauer von sechs Monaten **gebunden**. Nach Ablauf dieser Frist kann eine andere Kombination gewählt werden.

Bei der Entscheidung, ob eine **Kombination von Pflegesachleistung und Pflegegeld** in Anspruch genommen wird und zu welchem Prozentsatz, sind verschiedene Gesichtspunkte zu berücksichtigen. So kann es durchaus sinnvoll sein, nur für **einzelne Verrichtungen** – z. B. zweimal in der Woche Duschen oder Baden – die Hilfe eines Pflegedienstes in Anspruch zu nehmen, während die übrige Hilfe von Angehörigen geleistet wird, für die dann das anteilige Pflegegeld zur Verfügung steht. Dies richtet sich jeweils nach den Besonderheiten des Einzelfalles. Denkbar wäre auch, dass die Pflegesachleistung ausschließlich für hauswirtschaftliche Verrichtungen in Anspruch genommen wird, weil diese nach der Vergütungsvereinbarung des Pflegedienstes der Wahl preiswerter sind als Hilfen bei der Grundpflege und daher für den gleichen Anteil vom Betrag der Sachleistung verhältnismäßig mehr Hilfe zur Verfügung steht. Zudem wäre hierbei die Intimsphäre des Pflegebedürftigen nicht durch fremde Personen beeinträchtigt. Schließlich kommt auch in Betracht, dass nur zu bestimmten Zeiten – z. B. ein Wochenende pro Monat – auf einen Pflegedienst zurückgegriffen wird, um der Pflegeperson Entlastung und Zeiten der Erholung zu ermöglichen.

Das Verhältnis des Höchstbetrags der Pflegesachleistungen zu dem Höchstbetrag des Pflegegeldes ist in jedem Pflegegrad etwa gleich, so dass im Verhältnis etwa gleich viele Pflegeeinsätze in Anspruch genommen werden können. Dennoch gibt es kleine rechnerische Vorteile je nach Pflegegrad, die vor einer Wahl in die Überlegungen einbezogen werden sollten.

**BEISPIELE:**
- Herr N. ist pflegebedürftig nach Grad 2, Frau K. nach Grad 3. Beide beschließen, Sachleistung und Pflegegeld je zur Hälfte in Anspruch zu nehmen. Herr N. erhält daher 158 Euro Pflegegeld und daneben Pflegeeinsätze im Gegenwert von 345,50 Euro.
- Frau K. erhält neben dem Pflegegeld von 272,50 Euro Pflegeeinsätze im Gegenwert von 806 Euro.
- Dies führt rein rechnerisch dazu, dass Frau K durch die gleiche Kombination im Verhältnis zu Herrn N. mehr Mittel für professionelle Pfle-

geeinsätze zur Verfügung hat. Während das Pflegegeld von Frau K. 1,7-fach so hoch ist wie das von Herrn N., übersteigt der Wert der abrufbaren gleichwertigen Pflegeeinsätze diejenigen des Herrn N. um das 2,3-fache.

**Zusätzlich** zu der Kombination von Pflegesachleitungen und Pflegegeld besteht wieder die Möglichkeit den **Entlastungsbetrag** nach § 45b SGB XI in Höhe von 125 Euro in Anspruch zu nehmen (→ III.1.a).

Weiterhin kann auch bei einer Kombination von Pflegesachleistungen und Pflegegeld innerhalb des Anteils der Pflegesachleistungen wieder eine **Umwidmung** von bis zu 40 % der Mittel für Angebote zu Unterstützung im Alltag stattfinden (→ III.1.a). Man sollte sich also genau überlegen, welche Angebote man für eine möglichst maßgeschneiderte Versorgung in Anspruch nehmen möchte, und die verschiedenen Leistungskombinationen durchrechnen bzw. sich z. B. über eine Pflegeberatung entsprechend informieren lassen.

### Kombinationsmöglichkeiten Zusammenfassung II:

Wenn die Pflege **in Kombination** von beruflichen Pflegekräften (Pflegesachleistungen) und sonstigen Pflegepersonen (Pflegegeld) erbracht wird, können die von den Pflegeversicherungen je nach Pflegegrad zu zahlenden monatlichen Beträge für Pflegesachleistungen wie folgt verwendet werden:

- ein Prozentanteil für einen Pflegedienst oder eine Einzelpflegekraft plus
- einen Prozentanteil Pflegegeld;
  - ◻ hinzu kommt die Möglichkeit 125 Euro zur Inanspruchnahme von Betreuungs- und Entlastungsangeboten einzusetzen (ambulante Versorgung **Variante 3**)

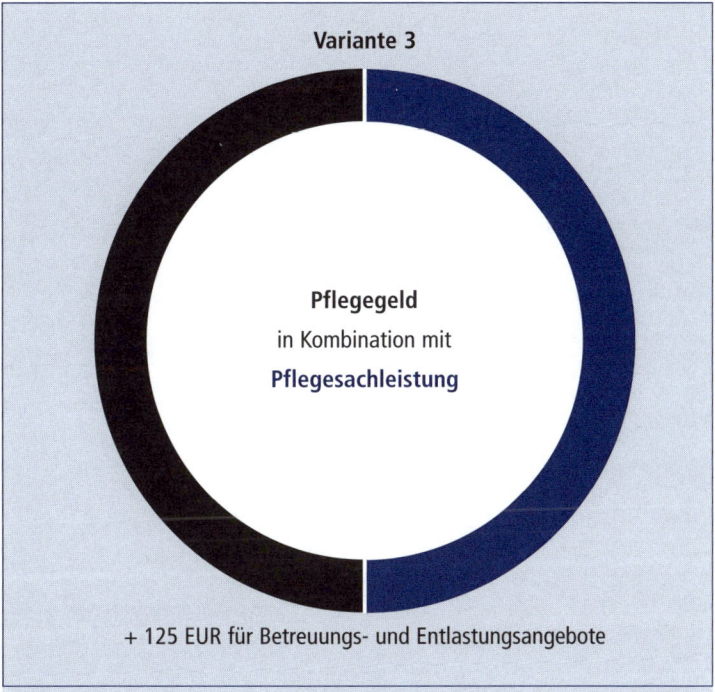

**Variante 3**

Pflegegeld

in Kombination mit

**Pflegesachleistung**

+ 125 EUR für Betreuungs- und Entlastungsangebote

**oder**
- ein Prozentanteil für einen Pflegedienst oder eine Einzelpflegekraft in Kombination mit
- einem umgewidmeten Betrag in Höhe von max. 40 % für Angebote zur Unterstützung im Alltag (Variante 1)
- plus einen Prozentanteil Pflegegeld;
  - hinzu kommt die Möglichkeit 125 Euro zur Inanspruchnahme von Betreuungs- und Entlastungsangeboten einzusetzen (ambulante Versorgung **Variante 4**).

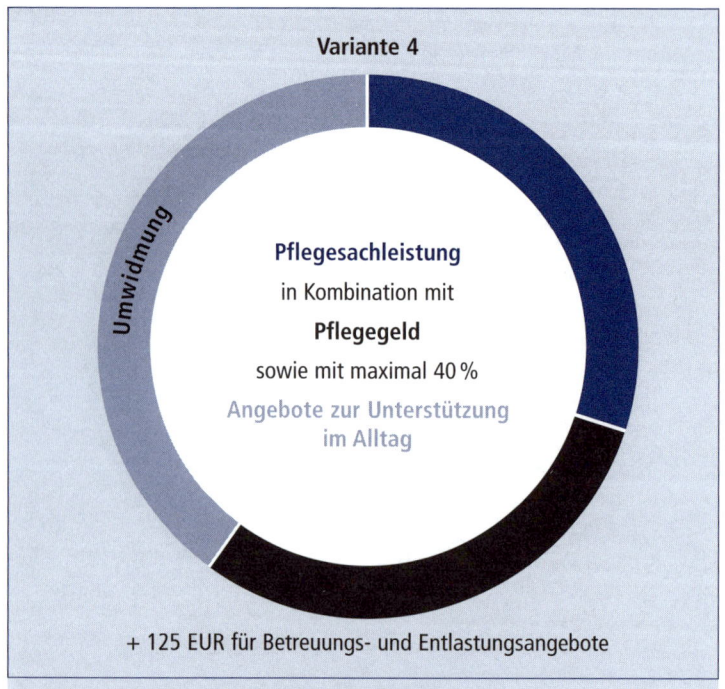

**Variante 4**

Umwidmung

**Pflegesachleistung**

in Kombination mit

**Pflegegeld**

sowie mit maximal 40 %

Angebote zur Unterstützung
im Alltag

+ 125 EUR für Betreuungs- und Entlastungsangebote

Die **Varianten 1 und 2** finden sie unter III.1.a.

Schließlich müssen Pflegebedürftige, deren Einkommen unterhalb
der Einkommensgrenzen für die **Hilfe zur Pflege** nach dem SGB
XII liegen, auch das relativ komplizierte Verhältnis von Pflegeversi-
cherungs- und Sozialhilfeleistungen berücksichtigen. Während im
Recht der Pflegeversicherung Sachleistung oder Geldleistung alter-
nativ oder eben in anteiliger Kombination gewährt werden, können
nach dem Recht der Sozialhilfe beide Leistungen nebeneinander in
Anspruch genommen werden. In diesem Fall kann allerdings das
Pflegegeld angemessen gekürzt werden. Hier können sich je nach
Lage des Einzelfalles bei unterschiedlichen Kombinationen auch
verschiedene Auswirkungen auf den Anspruch gegenüber dem zuständigen Träger der Sozialhilfe ergeben.

## Pflegegeld

- Personen mit **Pflegegrad 2 bis 5** haben
  - einen Anspruch auf Pflegegeld für eine häusliche Versorgung durch eine Pflegeperson (Höhe je nach Pflegegrad)
  - einen Anspruch auf Umwandlung von bis zu 40 % des Pflegegeldes für Angebote zur Unterstützung im Alltag
  - einen Anspruch auf Kombinationsleistungen aus Pflegegeld und Pflegesachleistungen,
  - einen Anspruch auf einen zusätzlichen Entlastungsbetrag in Höhe von 125 Euro.
- Personen mit **Pflegegrad 1** haben nur einen Anspruch auf einen zweckgebundenen Entlastungsbetrag in Höhe von 125 Euro.

## 5. Pflege bei Verhinderung der Pflegeperson

Trotz allem ehrenamtlichen Engagement können Pflegepersonen auch einmal **ausfallen**, weil sie z. B. selbst erkranken oder einen Erholungsurlaub brauchen. In diesen Fällen kurzzeitiger Verhinderung muss die pflegerische Versorgung weiter gewährleistet werden. Ist eine Pflegeperson an der Pflege gehindert, übernimmt die Pflegekasse gemäß § 39 Abs. 1 SGB XI die nachgewiesenen Kosten einer notwendigen Ersatzpflege (im Gesetzesjargon: **Verhinderungspflege**) für längstens **sechs Wochen** je Kalenderjahr. Dadurch wird es Pflegepersonen ermöglicht, eine andere Person mit der Pflege zu betrauen, ohne dass der pflegebedürftigen Person weitere Kosten entstehen. Personeller Ersatz muss dann mit dem üblicherweise genutzten Pflegegeld beschafft werden, ggf. in Kombination mit einem Anteil Pflegesachleistung. Nicht erforderlich ist, dass die Zeit der Verhinderung sechs Wochen hintereinander beträgt. Auch mehrere Verhinderungen von kürzerer Dauer, die in der Summe sechs Wochen pro Kalenderjahr betragen, kommen in Betracht. Während dieser Zeit wird darüber hinaus das hälftige Pflegegeld nach § 37 SGB XI weiter gewährt.

Voraussetzung für die Leistungen der Verhinderungspflege ist, dass die Pflegeperson den Pflegebedürftigen vor der erstmaligen Verhinderung mindestens **sechs Monate** in seiner häuslichen Umgebung gepflegt hat und der Pflegebedürftige zum Zeitpunkt der Verhinderung **mindestens in Pflegegrad 2** eingestuft ist (§ 39 Abs. 1 Satz 2 SGB XI).

Die **Form und das Ausmaß der Ersatzpflege** kann frei gewählt werden. Sie kann z. B. auch nur stundenweise in Anspruch genommen werden. Es muss darüber hinaus weder eine Pflegefachkraft eingesetzt werden noch ist es Voraussetzung, dass die Ersatzkraft bei einem anerkannten Pflegedienst oder der Pflegekasse beschäftigt ist. Auch eine selbstbeschaffte Pflegekraft, die die Pflege angemessen sicherstellen kann, kommt in Betracht, z. B. ein anderer Angehöriger, der nur für die Zeit der Verhinderung die Pflege übernimmt. Möglich ist auch, dass der Pflegebedürftige für die Zeit der Verhinderung der Pflegeperson in den Haushalt der Ersatzpflegekraft aufgenommen wird. Auch die Aufnahme in einem Pflegeheim für die Zeit der Verhinderung kann gewählt werden. Es muss nicht befürchtet werden, dass eine Verhinderungspflege im Heim zu einem Ruhen der Leistungen der Pflegeversicherung führt. Dies hat der Gesetzgeber mit § 34 Abs. 2 SGB XI ausdrücklich geregelt.

Leistungen der Verhinderungspflege müssen bei der Pflegekasse **beantragt** werden. Wird Verhinderungspflege gewährt, müssen die Pflegebedürftigen die dafür tatsächlich angefallenen Kosten nachweisen. In welcher Höhe eine Erstattung erfolgt, hängt davon ab, wer die Ersatzpflege leistet.

Die Leistungen der Pflegekasse richten sich während der Verhinderungspflege also danach, von wem konkret die Ersatzpflege geleistet wird. Handelt es sich dabei um Personen, die mit dem Pflegebedürftigen bis zum zweiten Grad verwandt oder verschwägert sind oder mit ihm in häuslicher Gemeinschaft leben und nicht erwerbsmäßig pflegen, dürfen die Aufwendungen der Pflegekasse den Betrag des **Pflegegeldes** nach § 37 Abs. 1 Satz 3 SGB XI für bis zu sechs Wochen nicht überschreiten. In diesem Fall richten sich die Leistungen also nach der Höhe des Pflegegeldes entsprechend dem Pflegegrad. Notwendige **Aufwendungen** der Pflegeperson im Zusammenhang mit der Ersatzpflege werden auf Nachweis zusätzlich übernommen, dürfen jedoch zusammen mit dem Pflegegeld den Betrag von **1.612 Euro** nicht überschreiten. Hierzu zählt auch z. B. ein Verdienstausfall bei der Inanspruchnahme unbezahlten Urlaubs, um die Ersatzpflege leisten zu können.

> **BEISPIEL:** Frau A. wurde in Pflegegrad 3 eingestuft und wird von ihrer Tochter seit zwei Jahren zu Hause pflegerisch versorgt. Da die Tochter sich selbst einer Operation mit anschließendem Krankenhausaufenthalt unterziehen muss, soll deren Schwester in der Zwischenzeit bis zur Rückkehr die Pflege der Mutter übernehmen. Das Pflegegeld beläuft sich nach § 37 SGB bei Pflegegrad 3 auf 545 Euro je Kalendermonat und wird entsprechend bis zu sechs Wochen auch bei einer Pflege durch die andere Tochter gezahlt. Ebenso kann die zweite Tochter, die die Pflege übernimmt, bei der Pflegekasse die Kostenübernahme für die Bahnfahrkarte als notwendige Aufwendung beantragen, weil sie aus 600 km Entfernung anreisen musste, um die Pflege zu übernehmen.

Wird die Ersatzpflege dagegen von einer **erwerbsmäßig arbeitenden verwandten** Person ausgeübt, können sich die Aufwendungen der Pflegekasse auf den Leistungsbetrag von bis zu **1.612 Euro** belaufen. Der Betrag ist derselbe wie der Höchstbetrag aus Pflegegeld zzgl. Aufwendungsersatz bei nicht professionellen verwandten Pflegepersonen.

> **BEISPIEL:** In dem oben dargestellten Beispiel setzt die Tochter nicht ihre Schwester ein, sondern ihre Nichte. Diese ist ausgebildete Pflegefachkraft und selbständig tätig. Sie könnte daher bis zu 1.612 Euro abrechnen.

Wird die Ersatzpflege dagegen durch andere Pflegepersonen sichergestellt als solche, die mit dem Pflegebedürftigen bis zum zweiten Grade verwandt oder verschwägert sind oder mit ihm in häuslicher Gemeinschaft leben, z. B. durch einen ambulanten Pflegedienst, belaufen sich die **Aufwendungen** der Pflegekasse im Kalenderjahr auf bis zu **1.612 Euro**. Dieser Betrag ist unabhängig vom Pflegegrad des Pflegebedürftigen.

**Beispiel:** Im vorgenannten Beispiel ist die pflegende Tochter Einzelkind. Weitere Verwandte oder Personen, die mit im häuslichen Umfeld leben, gibt es nicht. Die Tochter muss daher während ihrer Verhinderung einen Pflegedienst mit der Versorgung der Mutter beauftragen. Hierfür stehen bis zu 1.612 Euro zur Verfügung, wenn nicht in diesem Kalenderjahr bereits Leistungen der Pflegekasse für Verhinderungspflege in Anspruch genommen wurden. Ebenso verhält es sich, wenn z. B. ein Nachbar die Pflege übernehmen würde.

Die Kosten eines Pflegeheimes oder einer professionellen Pflegekraft dürften in aller Regel aber so hoch sein, dass mit dem vorgesehenen Betrag kaum ein Ersatz für die vorgesehenen sechs Wochen beschafft werden kann, schon gar nicht für Betroffene der Pflegegrade 4 und 5. In den meisten Fällen ist daher die Möglichkeit der Pflegeperson, tatsächlich bis zu sechs Wochen z. B. in Urlaub oder Kur zu fahren, faktisch kaum gegeben. Außerdem kann die Pflegeperson auch länger ausfallen, so dass ein über den Verhinderungspflegezeitraum von sechs Wochen hinausgehender Zeitraum überbrückt werden muss. Aus diesem Grund gibt § 39 Abs. 2 die Möglichkeit, den Betrag für die Verhinderungspflege mit nicht verbrauchten Mitteln der **Kurzzeitpflege** (→ 1. Kap. VI.1.) bis zu 50 % des Kurzzeitpflegebetrags zu **kombinieren** und dadurch zu erhöhen. Ein Anspruch auf Kurzzeitpflege bis zu acht Wochen pro Kalenderjahr in einer vollstationären Einrichtung besteht nach § 42 SGB XI dann, wenn die häusliche Pflege zeitweise nicht, noch nicht oder nicht im erforderlichen Umfang erbracht werden kann. Dieser Anspruch greift z. B. im Anschluss an eine stationäre Behandlung der pflegebedürftigen Person oder wenn in einer sonstigen Krisensituation vorübergehend häusliche oder teilstationäre Pflege nicht möglich oder nicht ausreichend ist. Das dafür zur Verfügung stehende Budget von 1.612 Euro je Kalenderjahr kann, sofern es noch nicht verbraucht wurde, zusätzlich zur Verhinderungspflege in Anspruch genommen und angerechnet werden: Wurde dieser Anspruch nicht bzw. nicht vollständig ausgeschöpft, können die dadurch nicht verbrauchten Mittel die Verhinderungspflege mit einem Betrag von bis zu 806 Euro (= 50 %) ergänzen. Dies führt zu einem Leistungsbetrag von bis zu **2.418 Euro** im Kalenderjahr für die Verhinderungspflege. Im

Hinblick auf die evtl. Notwendigkeit der Kurzzeitpflege ist dieser Betrag dann aber verbraucht. Diese Regelung kommt vor allem den Pflegebedürftigen zugute, die eine längere Ersatzpflege benötigen und für die es keine geeignete Betreuung in einer vollstationären Kurzzeitpflegeeinrichtung gibt.

Während der Verhinderungspflege wird bis zu sechs Wochen im Kalenderjahr die Hälfte des bisher bezogenen Pflegegelds weitergezahlt. Ist die Pflegeperson im Erholungsurlaub, werden die Rentenversicherungsbeiträge (wie bei Arbeitnehmern) von der Pflegekasse weitergezahlt.

## Verhinderungspflege:

Leistungen der Verhinderungspflege hängen davon ab, **wer** die Ersatzpflege erbringt:

- Erfolgt die Verhinderungspflege durch einen Pflegedienst oder eine Privatperson, die nicht mit dem Pflegebedürftigen verwandt ist, werden für maximal sechs Wochen im Jahr maximal 1.612 Euro bezahlt.
  - ☐ Durch Kombination mit nicht verbrauchten Mitteln der Kurzzeitpflege (§ 42 SGB XI) kann der Betrag der Pflegekasse auf bis zu maximal 2.418 Euro im Jahr aufgestockt werden.
- Erfolgt die Verhinderungspflege durch nahe Angehörige, wird für maximal sechs Wochen im Jahr der maximale Satz des Pflegegeldes bezahlt, zzgl. tatsächlichen Aufwendungen.
  - ☐ Rentenversicherungsbeiträge für die Pflegeperson laufen weiter (→1. Kap. IV.2.).
- Während der Verhinderungspflege nach § 39 wird bis zu sechs Wochen je Kalenderjahr die Hälfte des bisher gewährten Pflegegeldes weiter gewährt.

## 6. Pflegehilfsmittel und technische Hilfen

### a) Pflegehilfsmittel

Nach § 40 Abs. 1 SGB XI haben Pflegebedürftige Anspruch auf Versorgung mit Pflegehilfsmitteln, die zur **Erleichterung der Pflege** oder zur **Linderung der Beschwerden** des Pflegebedürftigen beitragen oder ihnen eine **selbständigere Lebensführung** ermöglichen, soweit die Hilfsmittel nicht wegen Krankheit oder Behinderung von der Krankenversicherung oder anderen zuständigen Leistungsträgern zu leisten sind.

Vorrangig sind also zunächst Hilfsmittel in Anspruch zu nehmen, die von den Krankenkassen übernommen werden. Von den Krankenkassen werden nur Hilfsmittel gewährt, die im Hilfsmittelverzeichnis nach § 139 SGB V aufgelistet sind. Das Hilfsmittelverzeichnis ist für den Leistungsanspruch des Versicherten jedoch selbst nicht verbindlich; insoweit kommt – soweit die Voraussetzungen im Übrigen vorliegen – auch eine Versorgung mit Hilfsmitteln in Betracht, die nicht oder noch nicht in das Hilfsmittelverzeichnis aufgenommen sind.

Die Spitzenverbände der Pflegekassen haben als Anlage zum vorgenannten Hilfsmittelverzeichnis ein spezielles, aber ebenfalls nicht abschließendes Pflegehilfsmittelverzeichnis erstellt (§ 78 Abs. 2 Satz 2 SGB XI). Die hierin aufgelisteten Hilfsmittel können Pflegebedürftige von ihrer Pflegekasse erhalten, wenn sie benötigt werden.

Im Einzelnen sind hierin u. a. folgende **Hilfsmittel** aufgelistet:

- Pflegehilfsmittel zur Erleichterung der Pflege: Pflegelifter, Pflegebetten, Pflegebettenzubehör, Bettzurichtungen zur Pflegeerleichterung, Pflegebetttische, Pflegeliegestühle, Lagerungskeile, Umsetz- und Hebehilfen, Schieberollstühle,

- Pflegehilfsmittel zur Körperpflege/Hygiene: Badehilfen, Toilettenhilfen, Sicherheitsgriffe, Produkte zur Hygiene im Bett, Waschsysteme, Toilettenrollstühle, Duschrollstühle zum Schieben,

- Pflegehilfsmittel zur selbständigen Lebensführung: Hilfen zum Verlassen und Aufsuchen der Wohnung wie mobile Rampen oder Hebebühnen für Rollstühle, Notrufsysteme,

- Pflegehilfsmittel zur Linderung von Beschwerden: Lagerungsrollen

- zum Verbrauch bestimmte Pflegehilfsmittel: saugende Bettschutzeinlagen, Schutzbekleidung, Desinfektionsmittel

Die Notwendigkeit der Versorgung mit Pflegehilfsmitteln wird von der Pflegekasse unter Beteiligung einer **Pflegefachkraft** oder des

**Medizinischen Dienstes** überprüft. Pflegehilfsmittel sind dabei nicht vom Pflegegrad abhängig. Im Rahmen der Begutachtung zur Feststellung der Pflegebedürftigkeit hat der Medizinische Dienst ohnehin auch Stellung zu nehmen zu der Frage, ob die Bereitstellung von Pflegehilfsmitteln angezeigt ist. Diese Feststellung gilt unmittelbar als Antrag an die Pflegekasse, wenn die pflegebedürftige Person zustimmt. In jedem Falle umfasst der Anspruch auch die notwendige Änderung, Instandsetzung und Ersatzbeschaffung von Hilfsmitteln sowie die Ausbildung in ihrem Gebrauch. Die Pflegekasse kann zudem die Gewährung davon abhängig machen, dass die Pflegebedürftigen sich das Pflegehilfsmittel anpassen oder sich oder die Pflegeperson in seinem Gebrauch ausbilden lassen (§ 40 Abs. 3 Satz 2 SGB XI).

Die Aufwendungen für **zum Verbrauch** bestimmte Hilfsmittel wie z. B. Einmalhandschuhe, Einlagen, Desinfektionsmittel dürfen monatlich den Betrag von 40 Euro nicht übersteigen (§ 40 Abs. 2 SGB XI). Bis zu diesem Betrag brauchen die Pflegebedürftigen keine Zuzahlung zu leisten, darüber hinausgehende Kosten müssen sie jedoch voll übernehmen oder aber ergänzende Hilfe zur Pflege nach § 64d SGB XII beantragen. Für nicht zum Verbrauch bestimmte **technische** Hilfsmittel wie z. B. Pflegebetten oder Rollstühle müssen Versicherte, die das 18. Lebensjahr vollendet haben, eine **Zuzahlung** in Höhe von 10 % der Kosten des Hilfsmittels, höchstens jedoch 25 Euro je Hilfsmittel leisten. Hiervon kann jedoch – ganz oder teilweise – Befreiung erteilt werden für diejenigen Pflegebedürftigen, die nach dem Recht der Krankenversicherung auch von der Zuzahlung bei Arznei- und Hilfsmitteln befreit sind.

**Tipp:**

Nicht alle Pflegebedürftigen erhalten den vollen Betrag in Höhe von 40 Euro. Dies hängt mitunter auch von der ärztlichen Verordnung ab. Es ist daher ratsam, einen Antrag auf Hilfsmittel immer in voller Höhe zu stellen. Das kann auch durch die Apotheke oder den Lieferanten geschehen, über den die Pflegehilfsmittel später bezogen werden sollen. Die Anbieter beraten dazu sicher gerne.

Technische Hilfsmittel sollen von den Pflegekassen vorrangig **leihweise** überlassen werden. Lehnt ein Pflegebedürftiger die leihweise Überlassung ohne zwingenden Grund ab, müssen die Kosten des Hilfsmittels in vollem Umfang selbst übernommen werden.

Die Versorgung mit Pflegehilfsmitteln dient dem Grundanliegen des SGB XI, die **Pflege zu erleichtern,** es dem Pflegebedürftigen zu ermöglichen, in seinem häuslichen Umfeld zu verbleiben, solange er dies wünscht und eine sachgerechte Pflege dort durchführbar ist (§§ 2 Abs. 1, 3 SGB XI).

Der Hilfsmitteleinsatz kann für ein Verbleiben im häuslichen Bereich vor allem bei solchen Pflegebedürftigen von ausschlaggebender Bedeutung sein, die nicht über eine ständig anwesende Pflegeperson verfügen, sondern ihre Pflege durch externe Pflegepersonen bzw. Pflegesachleistungen sicherstellen.

Soweit die Pflegekassen darüber hinaus als technische Pflegehilfsmittel nur solche ansehen, die unabhängig von der **konkreten Wohnsituation** des Pflegebedürftigen einsetzbar sind, knüpfen sie an ein Kriterium an, das im Rahmen des § 33 Abs. 1 SGB V bei der Hilfsmittelversorgung der Krankenversicherung maßgebend ist. Die dort zu den Zielen und Voraussetzungen der Hilfsmittelversorgung entwickelten Grundsätze können allerdings auf die Versorgung mit Pflegehilfsmitteln nach § 40 Abs. 1 SGB XI nicht ohne weiteres übertragen werden. Die konkrete Wohnsituation, die ja auch bereits für das Vorliegen von Pflegebedürftigkeit von entscheidender Bedeutung sein kann, hat im Rahmen des § 40 SGB XI einen ganz anderen Stellenwert als bei § 33 SGB V. Der Pflegebedürftige soll – zur **Vermeidung von Heimpflege** – nach dem Grundanliegen des Gesetzgebers grundsätzlich in seiner Wohnung verbleiben können und nicht in irgendeiner Wohnung, die seinen Pflegebedürfnissen entspricht.

Bei der Beantragung von Hilfsmitteln ist grundsätzlich das Gebot der Wirtschaftlichkeit zu beachten. Das bedeutet, es müssen nur Leistungen bewilligt werden, die ausreichend, zweckmäßig und wirtschaftlich sind sowie das Maß des Notwendigen nicht überschreiten. Aus diesem Grund kann es z. B. auch zu Ablehnungen seitens der Versicherung kommen, weil es preiswertere Alternativen gibt.

**Allgemeine Gebrauchsgegenstände** des täglichen Lebens – wie z. B. ein elektrisch verstellbarer Sessel – sind dagegen keine Pflegehilfsmittel (BSG, Urteil vom 22.8.2001, B 3 P 13/00 R, NZS 2002, 374), selbst wenn sie zur Erleichterung der Pflege und zur Ermöglichung einer selbständigeren Lebensführung dienen würden, etwa weil sie die Hilfe beim Umlagern erleichtern oder sogar entbehrlich machen würden. Dieser Leistungsausschluss ergibt sich mit dem BSG zwar nicht wie im Bereich der Krankenversicherung ausdrücklich aus dem Gesetz; nach den gesetzgeberischen Materialien dürften aber Mittel, die zum täglichen Lebensbedarf gehören, nicht berücksichtigt werden, auch wenn sie die Pflege erleichtern. Aus der fehlenden Gesetzesregelung könne – so das BSG – nicht der Schluss gezogen werden, dass hier das Gegenteil dessen gelten solle, was im SGB V geregelt sei; eine Abweichung von der gesetzlichen Krankenversicherung sei auch nicht geboten. In beiden Bereichen greife der Grundgedanke, dass es grundsätzlich nicht zu den Aufgaben einer Sozialversicherung gehört, die Besorgung oder Anschaffung von Gegenständen zu finanzieren, die zum Lebensbedarf oder zu den Kosten der normalen Lebenshaltung gehören.

## Tipp:

Gerade technische Hilfsmittel können das Leben bei Pflegebedarf ungemein erleichtern. Daher ist es wichtig, dass das Hilfsmittel richtig angepasst wird und man einen Ansprechpartner hat, wenn Änderungs- oder Reparaturbedarf besteht. Die Auswahl des Lieferanten bzw. Herstellers sollte sorgfältig getroffen werden, Angebote gibt es gerade in großen Städten viele. Scheuen Sie sich also nicht sorgfältig zu recherchieren (z. B. durch Befragung anderer Betroffener), ihren Arzt zu fragen, mehrere Sanitätshäuser auszusuchen und genau auszuloten, ob sie einen kompetenten und zugewandten Ansprechpartner finden, der Sie auch offen und ehrlich über zusätzlich selbst zu tragende Kosten berät.

## b) Verbesserung des Wohnumfelds

Personen, die zu Hause gepflegt werden, können **Zuschüsse von der Pflegekasse** erhalten, um ihr Wohnumfeld an ihre Bedürfnisse anzupassen (§ 40 Abs. 4 SGB XI). Ziel ist es, die Beschwerden der

Betroffenen zu lindern und eine möglichst selbständige Lebensführung zu erhalten. Aber auch den Pflegepersonen soll dadurch die Versorgung erleichtert werden. Durch Vermeidung von Gefahrenquellen wie Barrieren können Unfälle verhindert werden. Zu denken wäre z. B. an ein barrierefreies Bad, Handläufe, rollstuhlgerechte Bodenbeläge oder Anpassung des Küchenmobiliars. Es sind vor allem **technische Hilfen**, durch die eine häusliche Pflege ermöglicht oder erheblich erleichtert wird. Die Zuschüsse dürfen einen Betrag in Höhe von 4.000 Euro je Maßnahme nicht übersteigen. Leben mehrere Pflegebedürftige in einer gemeinsamen Wohnung, z. B. einer ambulant betreuten Wohngruppe, dürfen die Zuschüsse zur Verbesserung des gemeinsamen Wohnumfelds einen Betrag von 4.000 Euro je Pflegebedürftigem nicht übersteigen (sowie einen Gesamtbetrag von 16.000 Euro je Maßnahme). Die Übernahme eines Eigenanteils ist seit 2015 nicht mehr vorgesehen. Die sozialhilferechtliche Hilfe zur Pflege kann bei nicht ausreichenden Mitteln der Pflegekasse für den Wohnungsumbau zusätzliche Mittel beisteuern (§ 64d SGB XII).

Umbaumaßnahmen können sowohl in einer **vorhandenen Wohnung** in Betracht kommen, als auch bei der **Neuerrichtung** von Wohnungen. Dabei ist es unerheblich, ob es sich um die Wohnung des Pflegebedürftigen handelt, eine Wohngemeinschaft oder um die Wohnung der Person, in deren Haushalt er aufgenommen ist. Voraussetzung ist danach aber jedenfalls, dass der Pflegebedürftige sich hier nicht nur vorübergehend aufhält. Soweit es sich um eine Mietwohnung handelt, muss der Pflegebedürftige sich selbst um eine entsprechende Vereinbarung mit dem Vermieter kümmern.

Nach den vorgenannten Empfehlungen können schließlich Zuschüsse zu verschiedenen **Maßnahmen**, gewährt werden, hierfür im Folgenden einige Beispiele:

- Maßnahmen **außerhalb** der Wohnung bzw. im Eingangsbereich: Schaffung eines ebenerdigen Zugangs für Rollstuhlfahrer, Vergrößerung von Eingangstüren, Herabsetzung der Schalterleiste in Aufzügen auf Griffhöhe, Absenkung eines Briefkastens in Greifhöhe, Schaffung von Orientierungshilfen für Sehbehinderte/ Blinde (Hinweise auf die jeweilige Etage in Punktschrift), Installation von gut zu umfassenden und ausreichend langen Handläufen, Beseitigung von Stufen oder deren optisch besser wahrnehmbare Markierung für Sehbehinderte, Einbau von Treppenliften oder Rampen, Abbau von Türschwellen, Einbau von automatischen Türen.

- Maßnahmen **innerhalb** der Wohnung: Umbaumaßnahmen zur Vergrößerung von Bewegungsflächen (etwa durch Verlegung von Anschlüssen in Bad und Küche), Beseitigung von Stolperquellen, Rutsch- und Sturzgefahr durch Austausch des Bodenbelags, Installation von Lichtschaltern, Steckdosen, Heizungsventilen etc. in Griffhöhe, ertastbare Installationen für Sehbehinderte/Blinde, Anpassung der Wohnungsaufteilung durch Austausch von Räumen, Änderung der Türanschläge, Absenkung von Fenstergriffen.

- Maßnahmen in **Küche und Bad**: Installation von Armaturen mit verlängertem Hebel oder Schlaufe, Schlauchbrause etc., Änderung der Höhe von Herd, Kühlschrank, Waschtisch, Schaffung unterfahrbarer Einrichtungen für Rollstuhlfahrer, Absenkung von Küchenoberschränken, Herstellung eines bodengleichen Zugangs zur Dusche statt Badewanne oder Duschwanne, Anbringen von Einstiegshilfen in Badewanne/Duschwanne, Installation eines Duschsitzes, Anpassung der Toilettenhöhe.

Bezuschusst werden können die Gesamtkosten, einschließlich Vorbereitungskosten, Materialkosten, Arbeitslohn und notwendiger Gebühren (z. B. für Genehmigungen der Bauaufsichtsbehörden etc.).

Die bezuschussungsfähigen Maßnahmen müssen schließlich insgesamt **objektiv erforderlich** sein, um die Pflege im häuslichen Umfeld überhaupt erst durchführen zu können, oder zu einer erheblichen Erleichterung bei der Pflege führen, wobei die Entscheidung, welche Maßnahmen zur Verbesserung des individuellen Wohnumfeldes allgemein in Betracht kommen, nicht dem Ermessen der Pflegekassen unterliegt.

Nach § 40 Abs. 4 SGB XI steht die Gewährung von Zuschüssen zwar im Ermessen der Pflegekassen, wie sich hier aus dem Wortlaut „können gewähren" sowie daraus ergibt, dass die Höhe nicht vorgeschrieben, sondern nur nach oben begrenzt wird. Das Ermessen bezieht sich nach einer Entscheidung des BSG (Urteil vom

3.11.1999, B 3 P 3/99 R, NZS 2000, 404) allerdings nicht schon darauf, was als „Maßnahme zur Verbesserung des Wohnumfeldes" anzusehen ist. Hierbei handelt es sich vielmehr um einen **unbestimmten Rechtsbegriff**, der der Überprüfung durch die Gerichte unterliegt. Wenn eine Maßnahme den beschriebenen Zielen des Gesetzes entspricht, hat die Pflegekasse kein Ermessen, eine Bezuschussung schon dem Grunde nach abzulehnen. Der in den „Gemeinsamen Empfehlungen der Spitzenverbände der Pflegekassen zu den Maßnahmen zur Verbesserung des Wohnumfeldes der Pflegebedürftigen nach § 40 Abs. 4 SGB XI" aufgestellte Katalog von zuschussfähigen Maßnahmen kann daher nicht als abschließend verstanden werden.

Im Hinblick auf das von der Regelung verfolgte Ziel, die **eigenständige Lebensführung** des Pflegebedürftigen in seiner Wohnung zu fördern, dürfen z. B. **Wohnungssicherungsmaßnahmen** nicht von vornherein als nicht zuschussfähig ausgeschlossen werden. Jeder Mensch hat das Recht, sich vor unbefugtem Eindringen Fremder zu schützen (Grundrecht der Unverletzlichkeit der Wohnung, Art. 13 GG). Dies muss auch oder gerade im Falle einer pflegebedürftigen Person gelten, die alleine wohnen will. Bei der Entscheidung hinsichtlich eines Zuschusses ist dies auch zu beachten. Zuschüsse für **bauliche Veränderungen** des Wohnumfeldes zur Aufrechterhaltung der selbständigen Lebensführung eines Pflegebedürftigen kommen als Ermessensleistung dann aber wieder auch nur in Betracht, soweit die Maßnahmen durchschnittliche Anforderungen an eine **Wohnungsausstattung** nicht übersteigen.

Dementsprechend hat das BSG (Urteil vom 26.4.2001, B 3 P 15/00 R) die Zuschussgewährung für die Herstellung eines Freisitzes im Garten als Maßnahme zur Verbesserung des individuellen Wohnumfeldes verneint. Ebenso für die Umrüstung vorhandener Rollläden auf Elektroantrieb, da die Ausstattung aller ebenerdigen Zimmer eines Hauses mit Rollläden, Jalousien oder Fensterläden nicht unverzichtbar sei, um einen ausreichenden Einbruchschutz zu gewährleisten. Solche Vorrichtungen zählten nicht zur **Standardausstattung** von Häusern bzw. Wohnungen, sondern würden – als Einbruchschutz – je nach den unterschiedlich ausgeprägten Sicherungsbedürfnissen der Bewohner angebracht (BSG, Urteil vom 3.11.1999, B 3 P 3/99 R, NZS 2000, 404).

**Technische Vorkehrungen**, die das unkontrollierte Verlassen der Wohnung bei Demenzkranken verhindern, können dagegen bezuschussungsfähig sein (BSG, Urteil vom 30.10.2001, B 3 P 3/01 R, NZS 2002, 431). Gleiches gilt für eine Gegensprechanlage (BSG, Urteil vom 28.6.2001, B 3 P 3/00 R, NZS 2002, 153), den Einbau eines Treppenliftes (BSG, Urteil vom 14.12.2000, B 3 P 1/00 R) und den Einbau von Fenstern mit Griffen in rollstuhlgerechter Höhe (BSG, Urteil vom 26.4.2001, B 3 P 24/00 R). Mit der letztgenannten Entscheidung hat das BSG darüber hinaus klargestellt, dass ebenso wie der behindertengerechte Umbau einer Wohnung auch der Neubau eines behindertengerecht gestalteten Eigenheimes als Maßnahme zur Verbesserung des individuellen Wohnumfeldes von der Pflegekasse bezuschusst werden kann. Schließlich kann auch der Einbau eines Personenaufzugs im eigenen Haus für eine schwer gehbehinderte, pflegebedürftige Person eine Maßnahme zur Verbesserung des individuellen Wohnumfeldes bezuschussungsfähig sein (BSG, Urteil vom 13.5.2004, B 3 P 5/03 R).

Alle Umbauarbeiten, die zum Zeitpunkt der Zuschussgewährung aufgrund des objektiven Pflegebedarfs zur Verbesserung des individuellen Wohnumfeldes des Pflegebedürftigen erforderlich und notwendig sind, werden schließlich – auch wenn es sich vom Grundsatz her um bezuschussungsfähigen Einzelschritte (Einzelmaßnahmen) handelt – in ihrer Gesamtheit rechtlich als eine **gemeinsame Maßnahme** gewertet, für die zusammen nur bis zu 4.000 Euro gezahlt werden können. Dies gilt auch dann, wenn die zu diesem Zeitpunkt notwendigen **Einzelmaßnahmen** nicht in einem Auftrag zusammengefasst oder zeitlich nacheinander durchgeführt werden (BSG, Urteil vom 3.11.1999, B 3 P 6/99 R).

Die Gewährung eines zweiten Zuschusses kommt danach also erst in Betracht, wenn sich die Pflegesituation objektiv ändert (z. B. Hinzutreten einer weiteren Behinderung oder altersbedingte Ausweitung des Pflegebedarfs eines behinderten Menschen) und dadurch im Laufe der Zeit Schritte zur Verbesserung des individuellen Wohnumfeldes erforderlich werden, die bei der Durchführung der ersten Umbaumaßnahme (bzw. der Beantragung des ersten Zuschusses) noch nicht notwendig waren. Der für eine solche Maßnahme vorgesehene Zuschuss nach § 40 Abs. 4 SGB XI betrifft aber nicht nur die Kosten der Anschaffung und erstmaligen Installierung der technischen Hilfe, sondern auch alle notwendigen Folgekosten, die im Zusammenhang mit der Sicherung und der Wiederherstellung der Funktionsfähigkeit entstehen können. Wartungs- und Reparaturkosten sind also grundsätzlich auch zuschussfähig, können aber nur dann zu einer weiteren Zahlung der Pflegekasse führen, wenn der Höchstbetrag des Zuschusses, der bis Ende 2014 nur 2.557 Euro betrug und sich seitdem auf 4.000 Euro beläuft, bei den Anschaffungskosten noch nicht voll ausgeschöpft worden ist. Ist beispielsweise für die Anschaffung einer technischen Hilfe nur ein Zuschuss von 3.500 Euro gewährt worden, weil der Versicherte dafür keine höheren Kosten zu tragen hatte, steht ein Restbetrag von 500 Euro zur Verfügung, mit dem nun Wartungs- und Reparaturkosten bezuschusst werden können. Im Rahmen ihres Ermessens hat die Pflegekasse über einen entsprechenden ergänzenden Zuschussantrag zu entscheiden (BSG, 3. Senat, Terminbericht v. 25.1. 2017).

Notwendig ist abschließend in jedem Falle immer ein **Antrag** bei der Pflegekasse, dem möglichst schon ein Kostenvoranschlag für die vorgesehene Maßnahme beigelegt werden sollte. Der Medizinische Dienst soll bereits in seinem Gutachten zur Feststellung der Pflegebedürftigkeit Vorschläge für Umbaumaßnahmen unterbreiten, wenn er solche für erforderlich hält. Diese Feststellung wird zugleich als Antrag gewertet.

Eine Antragstellung nach bereits erfolgter Umbaumaßnahme ist zwar entgegen der anfänglichen Auffassung der Pflegekassen hierzu nicht schon für sich anspruchsvernichtend, die Beweislast für die Notwendigkeit des Umbaus trägt jedoch allein der Pflegebedürftige. Diesen Beweis im Anschluss an eine Umbaumaßnahme zu führen, also nachdem bereits vollendete Tatsachen geschaffen worden sind, erweist sich insoweit zumindest als schwierig. Wurden wohnumfeldverbessernde Maßnahmen in einer Mietwohnung durchgeführt, müssen diese nach Beendigung des Mietverhältnisses eventuell auf Kosten des Betroffenen zurückgebaut werden.

Grundsätzlich ist es anzuraten, frühzeitig eine Wohnberatungsstelle aufzusuchen und eine entsprechende Beratung in Anspruch zu nehmen, vor allem wenn umfassendere Umbaumaßnahmen erforderlich sind. Manchmal kann auch ein Umzug z. B. in eine Pflege-Wohngemeinschaft sinnvoller sein.

## Pflegehilfsmittel und wohnumfeldverbessernde Maßnahmen:

Alle Personen mit **Pflegegrad 1 bis 5** haben
- mit Nachweis einen Anspruch auf bis zu 40 Euro im Monat für zum Verbrauch bestimmte Pflegehilfsmittel,
- einen Anspruch auf technische Pflegehilfsmittel soweit erforderlich (Achtung! Eventuell Zuzahlung),
- einen Anspruch auf bis zu 4.000 Euro pro Maßnahme für eine notwendige Wohnumfeldverbesserung.

### c) Alternative Wohnformen

Viele Betroffene möchten auch bzw. trotz Pflegebedürftigkeit selbstbestimmt leben, eigenständig sein und ihr privates Umfeld/Privatsphäre genießen. Ein Leben in einem Heim soll vermieden werden, eine Versorgung in der eigenen Wohnung ist aber vielleicht nicht möglich. In diesem Fall bietet sich eine Wohnform an, die in den letzten Jahren einen großen Zuwachs genossen hat: die **Pflege-Wohngemeinschaft**. Die Bewohnerinnen und Bewohner leben in eigenen Zimmern, gleichzeitig besteht aber auch die Möglichkeit, Gemeinschaftsräume zu nutzen oder gemeinsamen Aktivitäten nachzugehen.

Pflege-WGs gibt es mittlerweile als sog. **anbietergeführte Wohngemeinschaften** oder selbstverantwortete. Anbietergeführte Wohngemeinschaften werden häufig von Pflegediensten angeboten (z. B. nach § 24 Abs. 3 WTG NRW). Ein Dritter vermietet die Zimmer, für die jeweils mit den Pflegebedürftigen ein Mietvertrag geschlossen wird. Mit einem Pflegedienst wird dann ein separater Pflege- und regelmäßig auch Betreuungsvertrag geschlossen. Gerade für demente Bewohner kann eine solche kleinteilige Wohnform vorteilhaft sein. Eine ständig anwesende Betreuungskraft hat die Bewohner oftmals besser im Blick als in einem großen Pflegeheim und die kognitiv eingeschränkten Menschen sind weniger störenden Reizen ausgesetzt.

Pflegebedürftige und ihre Angehörigen können aber auch selbst eine Pflege-WG gründen, die dann als **selbstverantwortete Wohngemeinschaft** zu bewerten ist, wenn die Bewohner z. B. über ihre Versorgung, den Zuzug neuer Bewohner und die in der WG geltenden Regelungen selbst entscheiden (z. B. nach § 24 Abs. 2 WTG NRW). Zu beachten ist, dass die Wohnung ausreichend groß sein muss und klare vertragliche Regelungen geschaffen werden.

Leben Pflegebedürftige in einer ambulant betreuten Wohngruppe, können sie von der Pflegekasse gemäß **§ 38a SGB XI** finanziell unterstützt werden. Voraussetzung ist, dass

- mindestens zwei, aber höchstens zwölf Personen in einer Wohngruppe wohnen, von denen mindestens drei einen Pflegegrad haben müssen,

- die Bewohner zum Zweck der gemeinschaftlich organisierten pflegerischen Versorgung zusammenleben und ambulant versorgt werden und

- die Versorgung in der WG nicht so ausgerichtet ist, dass sie vom Umfang her weitestgehend den umfassenden Leistungen in einem Pflegeheim entsprechen (das wäre ein Fall von z. B. § 18 WTG NRW).

Die pflegebedürftigen WG-Mitbewohner können Pflegegeld, Pflegesachleistungen Kombinationsleistungen und/oder Betreuungs- und Entlastungsleistungen sowie Leistungen zur Unterstützung im Alltag beziehen. Ein weiterer Vorteil des Zusammenlebens ist, dass die Mitbewohner ihre pflegerische Versorgung und häusliche Betreuung **gemeinsam** in Anspruch nehmen können. Diese Form der Leistungszusammenlegung nennt sich „**Poolen**" und führt in der Regel zu Zeit- und Kosteneinsparungen im Interesse der Pflegebedürftigen. Zusätzlich haben sie einen Anspruch auf einen **Wohngruppenzuschlag** in Höhe von jeweils 214 Euro monatlich. Mit diesem Betrag soll gemeinschaftlich eine Person beauftragt werden, die unabhängig von der pflegerischen Versorgung allgemein organisatorische, verwaltende, betreuende oder das Gemeinschaftsleben fördernde Tätigkeiten verrichtet oder hauswirtschaftliche Unterstützung leistet.

Gründet sich eine ambulant betreute Wohngruppe neu, kann seitens der Pflegekasse nach § 45e SGB XI eine zweckgebundene **Anschubfinanzierung** in Höhe von einmalig 2.500 Euro pro Mitbewohner gewährt werden, maximal jedoch 10.000 Euro pro Wohngruppe. Damit kann der Wohnraum altersgerecht oder barrierearm umgestaltet werden. Stellen mehr als vier Mitbegründer einen entsprechenden Antrag, wird der Gesamtbetrag anteilig aufgeteilt. Der Antrag auf Mittelbewilligung muss innerhalb eines Jahres nach Vorliegen der Anspruchsvoraussetzungen gestellt werden. Hinzukommen können dann noch die Zuschüsse zur Verbesserung des Wohnumfelds gemäß § 40 SGB XI (→ III.6.b).

---

**Wohngemeinschaft:**

Alle Personen mit **Pflegegrad 1 bis 5** haben
- einen Anspruch auf Anschubfinanzierung in Höhe von einmalig 2.500 Euro bei Gründung einer ambulant betreuten WG,
- einen Anspruch auf eine monatliche Pauschale in Höhe von 214 Euro zur Unterstützung.

---

# IV. Leistungen für pflegende Familienangehörige

Ohne pflegende Angehörige könnte die ambulante Versorgung in Deutschland kaum aufrechterhalten werden. Man spricht auch von der Familie als „größtem Arbeitgeber in der Pflege". Ein wesentliches Anliegen bei Einführung der Pflegeversicherung war daher auch die Verbesserung der Situation von **Angehörigen**, die ihre pflegebedürftigen Familienmitglieder zu Hause pflegen. Die Möglichkeit der häuslichen Pflege bei Verhinderung der Pflegeperson ist bereits ein wesentliches Beispiel hierfür. Damit soll insbesondere den pflegenden Angehörigen ermöglicht werden, auch einmal „Urlaub von der Pflege" zu machen. Auch der Einsatz von Pflegehilfsmitteln und die Verbesserung des individuellen Wohnumfeldes sollen nicht nur dem Pflegebedürftigen, sondern auch den Pflegepersonen die tägliche Pflege erleichtern. Nicht zuletzt die vor wenigen Jahren eingeführten Angebote zur Betreuung- und Entlastung sowie Unterstützung im Alltag sollen Angehörigen helfen und sie vor Überlastung bewahren.

In diesem Sinne sehen die §§ 44, 44a und 45 SGB XI ausdrücklich Hilfen für Pflegepersonen vor, nämlich Leistungen zur sozialen Sicherung und Pflegekurse.

## 1. Pflegeperson

Die **soziale Absicherung** im Rahmen der gesetzlichen Rentenversicherung, der Unfallversicherung und der Arbeitslosenversicherung knüpft jeweils an den Begriff der **Pflegeperson** an.

Hierbei handelt es sich nach § 19 SGB XI um Personen, die **nicht erwerbsmäßig** einen Pflegebedürftigen im Sinne des § 14 SGB XI in seiner häuslichen Umgebung pflegen. Voraussetzung ist also nicht, dass es sich bei der „Pflegeperson" tatsächlich um einen Familienangehörigen handelt. Neben anderen nicht-erwerbsmäßig tätigen Personen werden hierunter aber jedenfalls auch pflegende Familienangehörige verstanden. Begrifflich **zu unterscheiden** von der Pflegeperson ist die „**Pflegekraft**": So nennt das Gesetz z. B. in § 36 Abs. 1 SGB XI Personen, die bei der Pflegekasse oder einem Pflegedienst angestellt sind und somit berufsmäßig pflegebedürftige Menschen pflegen (die Pflegefachkraft wiederum ist eine Pflegekraft mit einer speziellen Qualifikation in einer der verschiedenen Pflegeberufe).

Entscheidendes Merkmal für die Pflegeperson ist, dass sie ihre Tätigkeit nicht-erwerbsmäßig ausübt. **Erwerbsmäßig** handelt, wer gegen Entgelt beschäftigt oder selbständig tätig ist und hiermit im Wesentlichen seinen **Lebensunterhalt** bestreitet. Dies ist bei den professionellen Pflegekräften der Fall, die zudem bei wechselnden Einsatzstellen über einen längeren Zeitraum verschiedene Pflegebedürftige pflegen, zu denen sie außer über ihre Erwerbstätigkeit in der Regel keine nähere Beziehung haben. Pflegepersonen werden dagegen in aller Regel nur für einen oder allenfalls wenige Pflegebedürftige tätig, denen sie aufgrund einer näheren Beziehung (Verwandtschaft, Freundschaft, Nachbarschaft etc.) Hilfe im täglichen Leben leisten, ohne hierfür ein Entgelt zu beziehen, mit dem sie ihren Lebensunterhalt vollständig bestreiten könnten. In der Regel erhalten sie nur das Pflegegeld oder Anteile davon vom Pflegebedürftigen weitergereicht.

Auch für Pflegepersonen ist jedoch nicht zwingend, dass sie unentgeltlich tätig werden. Vielmehr ist das Pflegegeld gerade dafür gedacht, dass es ehrenamtlich tätigen Pflegepersonen zugewandt werden soll, um deren **Pflegebereitschaft** zu unterstützen und zu unterhalten.

Pflegekräfte werden tätig aufgrund einer vertraglichen Verpflichtung durch Arbeits- oder Dienstvertrag mit der Pflegekasse, einem Pflegedienst oder dem Pflegebedürftigen selbst. Pflegepersonen leisten Hilfe aufgrund eines moralisch empfundenen **Anstandsgefühls**, einer besonderen Beziehung zu dem Pflegebedürftigen oder aus sonstigen Motiven, in der Regel ohne ausdrückliche vertragliche Bindungen einzugehen.

Pflegende Familienangehörige, die für ihre tägliche Hilfe von den Pflegebedürftigen nicht mehr als das Pflegegeld der Pflegekasse oder einer privaten Pflegeversicherung erhalten, sind immer Pflegepersonen im Sinne des § 19 SGB XI.

> **Achtung:**
>
> Erhält eine Pflegeperson von dem Pflegebedürftigen mehr Geld als das Pflegegeld (z. B. aus eigenen noch vorhandenen Mitteln), kann die Grenze zur erwerbsmäßigen Tätigkeit überschritten werden. Dies hat zur Folge, dass eine soziale Absicherung durch § 44 SGB XI nicht greift.

## 2. Absicherung in der gesetzlichen Rentenversicherung

Gerade pflegende Familienangehörige können oft aufgrund der zeitintensiven sowie physisch und psychisch anspruchsvollen Pflege daneben keiner oder nur einer geringeren Erwerbstätigkeit nachgehen, so dass sie nur in einem minderen Maße für eine eigene **angemessene Alterssicherung** vorsorgen können. Viele sind nur teilzeitbeschäftigt oder gar nicht berufstätig. Vor allem wenn die Pflege über viele Jahre geleistet wird, müssen sie daher in der eigenen Altersversorgung empfindliche Einbußen hinnehmen.

Hier hilft die insoweit vorgesehene Absicherung von Pflegepersonen in der **gesetzlichen Rentenversicherung** weiter. Nach § 3 Satz 1 Nr. 1 a Sozialgesetzbuch – Gesetzliche Rentenversicherung (SGB VI) und § 44 Abs. 1 SGB XI besteht Versicherungspflicht in der gesetzlichen Rentenversicherung für Pflegepersonen, die Pflegebedürftige mit mindestens Pflegegrad 2 nicht erwerbsmäßig wenigstens **10 Stunden** pro Woche, verteilt auf mindestens 2 Tage der Woche, in ihrer häuslichen Umgebung pflegen. Werden mehrere Personen gepflegt, können die Pflegeleistungen **addiert** werden. Voraussetzung ist, dass der Pflegebedürftige Anspruch auf Leistungen aus der sozialen oder einer privaten Pflegeversicherung hat. Weiterhin greift die Versicherungspflicht nur ein, wenn die Pflegeperson daneben regelmäßig nicht mehr als **30 Stunden** wöchentlich erwerbstätig (beschäftigt oder selbständig tätig) ist. In § 3 Satz 2 SGB VI ist auch ausdrücklich geregelt, dass als nicht erwerbsmäßig tätige Personen gelten, die von dem Pflegebedürftigen ein Arbeitsentgelt beziehen, das nicht höher ist als das von der Pflegekasse gezahlte Pflegegeld. Damit soll Abgrenzungsschwierigkeiten entgegengewirkt werden. Solange die Pflegeperson keine das Pflegegeld überschreitenden Zuwendungen erhält, kommt es nicht darauf an, ob sie aufgrund eines Arbeitsvertrages mit dem Pflegebedürftigen tätig ist oder nicht. Die rentenversicherungsrechtliche Situation ist jeweils gleich.

**BEISPIEL:** Der Vater von Frau K. wird pflegebedürftig. Er zieht in das Haus von Frau K., die seine tägliche Pflege übernimmt, mit der sie durchschnittlich mindestens zwei Stunden beschäftigt ist. Ihr Vater beantragt bei der Pflegekasse ein Pflegegeld, das diese nach Begutachtung durch den Medizinischen Dienst auch gewährt und zwar im Grad 2. Frau K., die bisher als Rechtspflegerin vollzeitbeschäftigt war, reduziert ihre Berufstätigkeit auf eine halbe Stelle. Deshalb hat sie Anspruch gegenüber der Pflegekasse auf Beitragszahlungen in die gesetzliche Rentenversicherung wegen der gegenüber ihrem Vater geleisteten Pflegedienste (§ 44 SGB XI).

Es besteht also ein Rentenversicherungsanspruch der Pflegeperson, wenn

- die pflegebedürftige Person Pflegegrad 2 bis 5 hat,
- die Pflege in häuslicher Umgebung stattfindet und
- die wöchentliche Pflegezeit mindestens 10 Stunden,
- verteilt auf mindestens 2 Tage beträgt.

Die **Zuständigkeit** des Rentenversicherungsträgers richtet sich nach der allgemeinen Regelung in § 126 SGB VI sowie § 44 Abs. 2 SGB XI. Danach kommt es zunächst darauf an, ob die Pflegeperson bereits rentenversichert ist oder nicht: Ist die Pflegeperson neben der Pflegetätigkeit wegen einer anderen Erwerbstätigkeit bereits rentenversichert, so sind die Beiträge aufgrund der Pflichtversicherung wegen Pflegetätigkeit bei dem Träger der gesetzlichen Rentenversicherung oder dem berufsständigen Versorgungswerk zu entrichten, bei der die Pflegeperson versichert ist. Wird die Erwerbstätigkeit wegen Aufnahme der Pflegetätigkeit aufgegeben, ist der bisher zuständige Träger der Rentenversicherung auch für die Versicherung wegen der Pflegetätigkeit zuständig. War die Pflegeperson bisher nicht rentenversichert, so ist die Deutsche Rentenversicherung zuständig. Die Pflegekasse meldet den Rentenversicherungsträgern die jeweils bei ihnen versicherten Pflegepersonen (§ 44 Abs. 3 SGB XI).

Die **Beiträge** für die Rentenversicherung werden von der Stelle übernommen, die auch dem Pflegebedürftigen Leistungen gewährt, also entweder die zuständige Pflegekasse, die private Pflegeversicherung oder bei beihilfeberechtigten Pflegebedürftigen je anteilig die Festsetzungsstelle für die Beihilfe und die private Pflegeversicherung. Die Pflegeperson selbst oder der Pflegebedürftige brauchen also keine eigenen Beiträge zu leisten. Notfalls (d. h. bei Nichtversicherten) hilft der Sozialhilfeträger (§ 64 f SGB XII).

Die Pflegepersonen werden so gestellt, als würden sie ein Arbeitseinkommen beziehen. Die **Höhe des Beitrages** richtet sich nach einem angenommenen **fiktiven Einkommen** der Pflegeperson. Dieses nennt man die Beitragsbemessungsgrundlage. Was die Pflegeperson vorher in ihrem Hauptberuf verdient hat, ist irrelevant. Das fiktive Einkommen wird vom Gesetz festgelegt als ein Prozentsatz der monatlichen Bezugsgröße. Die Bezugsgröße wiederum ist das Durchschnittsentgelt aller in der gesetzlichen Rentenversicherung Versicherten im vorvergangenen Kalenderjahr. Für alle Pflegepersonen wird also das gleiche fiktive Gehalt angesetzt, das sich nach dem Pflegegrad des Pflegebedürftigen richtet sowie nach der Versorgungssituation. Getrennt nach einer Bezugsgröße West und einer Bezugsgröße Ost wird diese jedes Jahr von der Bundesregierung neu bekannt gegeben. Dies bedeutet daher, dass Pflegepersonen rentenversicherungsrechtlich so stehen, als hätten sie ein Einkommen erzielt, das dem im Gesetz festgelegten Prozentsatz vom Durchschnittseinkommen aller Versicherten entspricht.

Dieser Prozentsatz wiederum richtet sich nach zwei verschiedenen Faktoren. Er ist abhängig zum einen vom **Pflegegrad** des Pflegebedürftigen, der von der Pflegeperson gepflegt wird, und davon, ob die Pflegeleistungen mit Hilfe eines Pflegedienstes erbracht werden (Kombination von Pflegesachleistungen und Pflegegeld →1. Kap. III.4.) oder ausschließlich durch eine nicht erwerbsmäßige Pflegeperson unter Bezug von Pflegegeld. Im Einzelnen gelten (derzeit) die Sätze in folgender Tabelle (bezogen auf einen zusätzlichen monatlichen Rentenanspruch ab Januar 2017 bei einem Jahr Pflege bei einer Mindeststundenzahl von 10 Stunden/Woche):

| Pflegegrad | Pflegebedürftiger erhält | Rente monatlich 2017 | |
| --- | --- | --- | --- |
| | | West | Ost |
| 2 | Pflegesachleistungen | 5,53 Euro | 5,18 Euro |
| | Kombileistungen | 6,72 Euro | 6,30 Euro |
| | Pflegegeld | 7,90 Euro | 7,41 Euro |
| 3 | Pflegesachleistungen | 8,81 Euro | 8,26 Euro |
| | Kombileistungen | 10,70 Euro | 10,03 Euro |
| | Pflegegeld | 12,58 Euro | 11,80 Euro |
| 4 | Pflegesachleistungen | 14.34 Euro | 13,44 Euro |
| | Kombileistungen | 17,41 Euro | 16,32 Euro |
| | Pflegegeld. | 20,49 Euro | 19,20 Euro |
| 5 | Pflegesachleistungen | 20,49 Euro | 19,20 Euro |
| | Sachleistungen | 24,88 Euro | 23,32 Euro |
| | Pflegegeld | 29,27 Euro | 27,43 Euro |

* Quelle: www.pflege-durch-angehoerige.de (Stand Januar 2017)

Dies bedeutet, dass Pflegepersonen, die jeweils mindestens 10 Stunden zweimal wöchentlich tätig sind, mit ganz unterschiedlichen Beiträgen in der Rentenversicherung abgesichert sind, je nach dem Pflegegrad, in der die pflegebedürftige Person eingestuft ist, der sie Hilfe leisten, also in Anlehnung an die Intensität der zu leistenden Hilfe. In der Regel sind die Beiträge nicht geeignet, eine vollwertige eigenständige rentenrechtliche **Absicherung** zu erreichen. Die Beiträge können aber dazu beitragen, einen eigenen durch Erwerbstätigkeit erworbenen Rentenanspruch zu erhöhen oder durch eine kleine Rente das übrige Familieneinkommen im Alter zu erhöhen. Allenfalls die Beiträge für Hilfen bei Pflegebedürftigen des Grades 5 bei zeitintensiverer Hilfe können auch eine vollwertige eigene Absicherung bieten. Werden **mehrere Pflegepersonen** für einen Pflegebedürftigen tätig, so müssen sie sich die **Beiträge teilen** nach dem jeweiligen Anteil ihrer Tätigkeit.

## 3. Absicherung in der gesetzlichen Unfallversicherung

Auch bei Ausübung einer Pflegetätigkeit kann es dazu kommen, dass eine Pflegeperson einen **Unfall** erleidet. Begleitet z. B. eine Pflegeperson einen Pflegebedürftigen zum Arzt, kann sie unterwegs stürzen und sich dabei verletzen. Wenn die Pflegetätigkeit aber wie eine Berufstätigkeit gewertet wird, ist es nur folgerichtig, sie auch in die Unfallversicherung mit einzubeziehen. In der gesetzlichen Unfallversicherung waren zunächst vor allem Arbeitnehmer gegen die Folgen von **Arbeitsunfällen** und **Berufskrankheiten** versichert. Beiträge für die **Berufsgenossenschaften** als Träger der Unfallversicherung zahlen allein die Arbeitgeber, die andererseits von dem gleichzeitig festgelegten Ausschluss von zivilrechtlichen Schadensersatzansprüchen profitieren. Im Laufe der Zeit wurden immer weitere Personenkreise in die Absicherung einbezogen, so z. B. Schüler und Studenten. Die Unfallversicherung ist im Sozialgesetzbuch – Gesetzliche Unfallversicherung (SGB VII) geregelt.

Durch das Pflegeversicherungsgesetz wurden auch Pflegepersonen in die Absicherung durch die Unfallversicherung einbezogen. Nach § 2 Abs. 1 Nr. 17 SGB VII sind **„kraft Gesetzes versichert"** Pflegepersonen im Sinne des § 19 SGB XI bei der Pflege eines Pflegebedürftigen im Sinne des § 14 SGB XI. Wegen der Verweisung auf § 19 SGB XI ist auch hier Voraussetzung, dass die Pflegeperson mindestens 10 Stunden zweimal pro Woche für den Pflegebedürftigen tätig ist. Weitere Voraussetzung ist, dass es sich um einen Pflegebedürftigen im Sinne des § 14 SGB XI handelt. Die Feststellung einer Pflegebedürftigkeit in den Pflegegraden 2 bis 5 ist also Voraussetzung für die Absicherung.

Die **versicherte Tätigkeit** umfasst alle Pflegetätigkeiten und Wege, soweit diese Tätigkeiten überwiegend Pflegebedürftigen zugutekommen, wie auch in unserem Eingangsbeispiel hinsichtlich der Begleitung zum Arzt. Diese Festlegung ist wichtig, weil nur Unfälle infolge der versicherten Tätigkeit zu Leistungen der gesetzlichen Unfallversicherung führen können. Gerade im häuslichen Bereich werden Hilfen bei der Ernährung, der Mobilität und der hauswirtschaftlichen Versorgung nicht allein für den Pflegebedürftigen erbracht, sondern zugleich auch für andere Familienangehörige. Wenn z. B. gekocht oder eingekauft wird, erfolgt dies häufig sowohl für den Pflegebedürftigen als auch für andere. Hilfen bei der Mobilität – Verlassen und Wiederaufsuchen der Wohnung – können mit eigenen Wegen der Pflegeperson verbunden sein. Unfallversichert ist die Pflegeperson hierbei dann nur, wenn der Schwerpunkt der Tätigkeit in der Hilfe für die pflegebedürftige Person liegt.

**BEISPIELE:**

- Frau L. pflegt ihre Mutter in deren Haushalt. Als sie ihr beim Duschen hilft, rutscht sie im Bad aus und zieht sich einen komplizierten Knöchelbruch zu. Sie kann Leistungen der gesetzlichen Unfallversicherung in Anspruch nehmen.
- Herr F. erledigt wie üblich Samstagvormittags den Wocheneinkauf für die fünfköpfige Familie, zu der auch sein pflegebedürftiger geistig behinderter Sohn gehört. Auf der Rückfahrt vom Supermarkt wird er in einen Verkehrsunfall verwickelt und liegt danach zwei Wochen im Krankenhaus. Weil der Einkauf nicht überwiegend seinem pflegebedürftigen Sohn diente, war Herr F. in dieser Zeit nicht unfallversichert.

Versichert sind generell auch die sog. **Wegeunfälle**. Dies sind Unfälle auf dem Weg nach und von dem Ort der Tätigkeit, also z. B. Fahrten von der Wohnung der Pflegeperson zu Wohnung der pflegebedürftigen Person und wieder zurück.

Versicherungsfälle der Unfallversicherung sind auch **Berufskrankheiten**. Dies sind Krankheiten, die sich ein Versicherter bei der versicherten Tätigkeit zuzieht und die in die Berufskrankheiten-Verordnung aufgenommen wurden. Schäden an der Wirbelsäule etwa, die durch jahrelange Pflegetätigkeit nach bestimmten Vorgaben verursacht wurden, können nach Maßgabe weiterer Voraussetzungen durchaus als Berufskrankheit im Sinne der Unfallversicherung in Betracht kommen.

Die gesetzliche Unfallversicherung erbringt nur Leistungen, wenn der Versicherte durch den Unfall einen **Körperschaden** erlitten hat. Sachschäden werden von der Unfallversicherung nicht getragen. Der Träger der Unfallversicherung erbringt alle notwendigen Leistungen der medizinischen und/oder beruflichen Rehabilitation, Verletztengeld oder Übergangsgeld bei unfallbedingten Einkommensverlusten, Renten an Verletzte bei dauerhafter Minderung der Erwerbsfähigkeit und an Hinterbliebene bei Tod des Versicherten. Auch Leistungen bei einer durch den Unfall verursachten Pflegebedürftigkeit werden erbracht.

Nach § 106 Abs. 2 SGB VII wird der **Haftungsausschluss für Schadensersatzansprüche** eines versicherten Arbeitnehmers gegen seinen Arbeitgeber auch auf die versicherten Pflegepersonen erstreckt und zwar in der Weise, dass Ersatzansprüche der Pflegebedürftigen gegenüber den Pflegepersonen, der Pflegeperson gegenüber den Pflegebedürftigen und mehrerer bei einem Pflegebedürftigen tätigen Pflegepersonen untereinander ausgeschlossen werden. An die Stelle des zivilrechtlichen Schadensersatzanspruchs treten die Versicherungsleistungen der Unfallversicherung.

**BEISPIEL:** Frau W. hilft ihrer Nachbarin aus dem Bett. Durch eine unbedachte Bewegung stößt die pflegebedürftige Nachbarin Frau W. um; diese stürzt und zieht sich eine Beinverletzung zu, aufgrund derer sie zwei Wochen lang arbeitsunfähig ist. Frau W. kann die Leistungen der Unfallversicherung in Anspruch nehmen. Sie kann aber keine Schadensersatzansprüche gegen ihre Nachbarin geltend machen und auch kein Schmerzensgeld verlangen, wegen des gesetzlichen Haftungsausschlusses in §§ 104 ff. SGB VII.

Zuständige **Träger der Unfallversicherung** für Pflegepersonen sind die Unfallversicherungsträger im kommunalen Bereich (§ 129 Abs. 1 Nr. 7 SGB VII). Dies sind Gemeindeunfallversicherungsverbände und Unfallkassen der Gemeinden, die auch in einer Reihe anderer Fälle die Unfallversicherungsträger sind. Die Kosten der Unfallversicherung werden daher aus dem allgemeinen Steueraufkommen finanziert, die Pflegekasse zahlt nicht etwa Beiträge an die Unfallversicherungsträger. Die Pflegekasse muss dem jeweils zuständigen Träger die versicherten Pflegepersonen melden (§ 44 Abs. 3 Satz 1 SGB XI).

## 4. Absicherung in der Arbeitslosenversicherung

Gibt eine Pflegeperson bei Übernahme der häuslichen Pflege ihre Erwerbstätigkeit auf, kann dies hinsichtlich der eigenen finanziellen Versorgung und einer späteren Wiederaufnahme des Berufs neben dem eigentlichen Einkommensverlust ungünstige Auswirkungen haben. Pflegepersonen haben daher die Möglichkeit, auch während der Pflege von Angehörigen **freiwillig** als Mitglied in der **Arbeitslosenversicherung** versichert zu bleiben. Dies erfordert einen **Antrag** bei der Bundesagentur für Arbeit innerhalb von drei Monaten nach Aufnahme der Pflegetätigkeit. Voraussetzung für einen Antrag ist, dass

- die Pflegeperson in den 24 Monaten vor Aufnahme der Pflegetätigkeit bereits 12 Monate lang Beiträge zur Arbeitsförderung gezahlt hat oder Arbeitslosengeld bezogen wurde,

- unmittelbar vor Aufnahme der Pflegetätigkeit in einem Versicherungspflichtverhältnis gestanden hat oder Arbeitslosengeld bezogen wurde und

- die Pflegeperson nicht anderweitig versicherungspflichtig zur Arbeitsförderung oder versicherungsfrei ist.

Die Beiträge zur freiwilligen Weiterversicherung sind von der Pflegeperson zu tragen.

## 5. Vereinbarkeit von Pflege und Beruf

Noch vor einigen Jahrzehnten wurde die Angehörigen-Pflege, z. B. der Eltern, nahezu in jedem Fall von den Töchtern und Schwiegertöchtern übernommen. Dies vor dem Hintergrund, dass gerade verheiratete Frauen in der Regel Hausfrauen und damit nicht für die Erwirtschaftung des Familieneinkommens zuständig waren. Heute hat sich die Gesellschaft soweit gewandelt, dass die Mehrzahl der Frauen erwerbstätig ist, und auch immer mehr Männer Pflegeleistungen übernehmen. Gleichzeitig ist aber in Zeiten unsicherer Renten allen bewusst, dass die eigene Erwerbstätigkeit ausschlaggebend für die eigene Altersversorgung ist. Nicht in allen Fällen, in denen eine Pflegeperson einen Pflegebedürftigen versorgen muss oder will, ist gleich die vollständige Aufgabe der eigenen Berufstätigkeit erforderlich. Außerdem brauchen die Pflegepersonen einfach Möglichkeiten der „Auszeit", um kurzfristig, z. B. nach einem Unfall, eine Versorgung zu organisieren oder für längere Zeit die Betroffenen zu versorgen. Der Gesetzgeber hat dies erkannt und in den letzten Jahren entsprechende Modelle zur Vereinbarkeit von Pflege und Beruf geschaffen.

### a) Kurzzeitige Arbeitsverhinderung und Pflegeunterstützungsgeld

Pflegebedürftigkeit und deren Eintritt ist weder plan- noch vorhersehbar. Unfälle oder Schlaganfälle z. B. geschehen plötzlich. Gerade in **Akutsituationen** ist es daher notwendig, dass sich Arbeitnehmer von der Arbeit freistellen lassen können, wenn die Pflege eines nahen Angehörigen von heute auf morgen organisiert werden muss. Beschäftigte haben daher nach § 2 Pflegezeitgesetz den Anspruch, in solchen Fällen bis zu **zehn Tage** der Arbeit fernzubleiben. Dem Arbeitgeber ist dafür auf Verlangen eine ärztliche Bescheinigung über die voraussichtliche Pflegebedürftigkeit des Angehörigen sowie die Erforderlichkeit der Arbeitsbefreiung vorzulegen. Die **ärztliche Bescheinigung** muss beinhalten,

- dass ein naher Angehöriger pflegebedürftig ist und
- dass die Notwendigkeit der pflegerischen Versorgung bzw. deren Organisation besteht.

Die Kosten für diese ärztliche Bescheinigung sind vom Arbeitnehmer selbst zu tragen. Nahe Angehörige sind nach § 7 Abs. 3 Pflege ZG Eltern, Schwiegereltern, Großeltern, Ehegatten und Lebenspartner, Geschwister, leibliche, Pflege- und Adoptivkinder auch des Partners sowie Schwieger- und Enkelkinder.

Die kurzzeitige Arbeitsverhinderung können alle Beschäftigen in Anspruch nehmen, egal wie groß der Betrieb ist bzw. viele Menschen dort beschäftigt sind. Während der kurzzeitigen Arbeitsverhinderung erhalten die betroffenen Arbeitnehmer ein auf bis zu zehn Tage begrenztes **Pflegeunterstützungsgeld** von der Pflegeversicherung des pflegebedürftigen Angehörigen. Es handelt sich dabei um eine Entgeltersatzleistung, die auf Antrag gewährt und wie beim Kinder-Krankengeld mit 90 % des ausgefallenen Nettoarbeitsentgelts berechnet wird. Kranken-, Pflege-, Renten- und Arbeitslosenversicherungsschutz bleiben bestehen, da das Pflegeunterstützungsgeld insofern beitragspflichtig ist. Gleichzeitig besteht aber auch ein Kündigungsschutz für die betroffenen Arbeitnehmer. Auf diese Weise soll es den Pflegepersonen ermöglicht werden, kurzfristig die Pflege der Angehörigen zu organisieren.

## b) Freistellung und Kündigungsschutz nach dem Pflegezeitgesetz

Die Pflege eines nahen Angehörigen im häuslichen Umfeld ist zeitaufwendig und intensiv. Pflegepersonen haben daher die Möglichkeit, sich nach § 3 Abs. 1 PflegeZG ganz oder teilweise **vom Beruf freistellen** zu lassen. Voraussetzung ist, dass die pflegebedürftige Person, die versorgt wird, mindestens Pflegegrad 2 hat und der Arbeitgeber in der Regel mehr als **15 Arbeitnehmer** beschäftigt (bei weniger als 15 Beschäftigten besteht der Anspruch nicht). Die Freistellung ist für die Dauer von bis zu **sechs Monaten** möglich und sozialversichert, wird aber nicht vom Arbeitgeber bezahlt.

Soll ein naher Angehöriger außerhäuslich in der **letzten Lebensphase** betreut werden (z. B. in einem Hospiz), ist eine Freistellung von bis zu drei Monaten möglich.

Die Pflegezeit muss gegenüber dem Arbeitgeber mindestens zehn Tage vor Inanspruchnahme durch einen schriftlichen Antrag **angekündigt** werden. Der Antrag muss den Zeitraum der Pflegezeit benennen sowie deren zeitlichen Umfang. Außerdem ist eine Bescheinigung der Pflegekasse oder des MDK beizufügen, die die Pflegebedürftigkeit nachweist. Soll die Pflegezeit wider Erwarten vorzeitig beendet werden, so ist dies nur mit Zustimmung des Arbeitgebers möglich, da dieser auch eine gewisse Planungssicherheit haben muss. Eine Ausnahme besteht aber mit einer Übergangsfrist von vier Wochen dann, wenn die gepflegte Person verstirbt, in ein Pflegeheim zieht oder die häusliche Pflege aus sonstigen Gründen unmöglich oder unzumutbar wird.

Der **Umfang der Pflegezeit** ist mit dem Arbeitgeber abzustimmen. Soll nur eine teilweise Freistellung vorgenommen werden, so hat die Pflegeperson mit ihrem Arbeitgeber eine schriftliche Vereinbarung zu treffen. Darin wird beispielsweise geregelt, wie bei einer Verringerung der Arbeitszeit die Arbeitsleistungen verteilt werden sollen. Der Arbeitgeber kann jedoch eine teilweise Freistellung aus dringenden betrieblichen Gründen ablehnen.

Während der Pflegezeit bleiben die freigestellten Pflegepersonen in der Regel **kranken- und pflegeversichert**, wenn eine Familienversicherung besteht. Ist dies nicht der Fall, kann sich die Pflegeperson freiwillig in der Krankenversicherung weiterversichern und wird dafür regelmäßig den Mindestbetrag zahlen. Die eigene Pflegeversicherung ist damit automatisch gewährleistet. Auf Antrag erstattet die Pflegeversicherung des Pflegebedürftigen die Beiträge. Privat kranken- und pflegeversicherte Pflegepersonen bleiben grundsätzlich auch während der Pflegezeit versichert. Auf Antrag übernimmt die Pflegekasse des Pflegebedürftigen auch diese Beiträge **bis zur Höhe des Mindestbeitrags**.

Die Arbeitslosenversicherung der freigestellten Pflegepersonen besteht als Pflichtversicherung während der Pflegezeit fort. Die notwendigen Beiträge werden von der Pflegekasse übernommen.

Während der Pflegezeit genießen die freigestellten Pflegepersonen **Kündigungsschutz**. Eine Kündigung ist nur in besonderen Ausnahmefällen möglich. Diese werden von der zuständigen obersten Landesbehörde für Arbeitsschutz oder die von ihr bestimmten Stellen entschieden. Der Kündigungsschutz beginnt mit der Antragsstellung auf Freistellung bzw. höchstens zwölf Wochen vor Beginn der kurzzeitigen Arbeitsverhinderung und gilt bis zur Beendigung des Freistellungszeitraums.

Entscheiden sich Beschäftigte für eine vollständige oder teilweise Freistellung nach dem PflegeZG, haben sie einen Anspruch auf Förderung durch ein zinsloses **Darlehen** zur besseren Absicherung des Lebensunterhalts. Das Darlehen wird monatlich ausgezahlt und deckt die Hälfte des durch die Freistellung oder Reduzierung der Arbeitszeit geminderten Nettogehalts ab. Es kann beim Bundesamt für Familie und zivilgesellschaftliche Aufgaben (BAFzA) beantragt werden. Der Betrag muss aber nicht voll ausgeschöpft werden, sondern kann auch bis zu mindestens 50 Euro monatlich reduziert werden, wenn nicht der volle Anspruch ausgeschöpft werden soll, der immerhin später auch in Raten zurückgezahlt werden muss. Es besteht die Möglichkeit, ein Antragsformular auf Darlehensgewährung unter www.bafza.de oder www.wege-zur-pflege.de zu erhalten; beide Institutionen beraten auch und verfügen über einen Darlehensrechner.

### c) Freistellung nach dem Familienpflegezeitgesetz

Ist die Pflegeperson bei einem Arbeitgeber mit mehr als **25 Beschäftigten** angestellt, besteht nach §§ 2, 3 Familienpflegezeitgesetz (FPfZG) ein Rechtsanspruch auf **Familienpflegezeit**. Das bedeutet, dass sich diese Pflegeperson für einen Zeitraum von bis zu **24 Monaten** bei einer **Mindestarbeitszeit von 15 Wochenstunden** teilweise vom Beruf freistellen lassen kann, um die häusliche Pflege eines nahen Angehörigen zu leisten. Eine vollständige Freistellung ist hier nicht geboten, sondern lediglich eine Reduzierung der Arbeitszeit, die jedoch 15 Wochenstunden nicht unterschreiten darf. Wird eine Freistellung nach dem Familienpflegezeitgesetz geplant, so ist diese mindestens **acht Wochen** vorher dem Arbeitgeber anzukündigen.

Auch während der Freistellung nach dem FPfZG genießen die Anspruchsberechtigten einen **Kündigungsschutz** von höchstens zwölf Wochen vor Beginn an bis zum Ende der Familienpflegezeit. Eine Aufhebung dieser Konstellation ist wie bei der Pflegezeit nur in Ausnahmefällen möglich (→ b).

Beiträge zur **Rentenversicherung** werden während der Familienpflegezeit vom Arbeitgeber auf Basis des reduzierten Arbeitsentgelts weitergezahlt. Daneben werden von der Pflegeversicherung des Pflegebedürftigen die Beiträge für die Pflegeleistungen geleistet (→1. Kap. IV.2.). Da diese Beiträge mit dem Pflegegrad des Betroffenen steigen, kann mitunter ein Beitragsniveau wie bei Vollbeschäftigung erreicht werden. Wer als Pflegeperson zuvor eher im geringeren Lohnsegment beschäftigt war, kann unter Umständen sogar im Einzelfall rentenrechtlich eine Besserstellung erzielen als vorher.

Auch für Freigestellte nach dem Familienpflegezeitgesetz besteht während der Pflegezeit ein betragsfreier **Unfallversicherungsschutz** (→1. Kap. IV.3.).

Ebenso können diese Personen wie nach dem Pflegezeitgesetz ein **zinsloses Darlehen** in Anspruch nehmen, bis zur Höhe der Hälfte der Differenz zwischen dem Nettogehalt vor und während der Freistellung.

Sowohl die Möglichkeit der vollständigen Freistellung nach Pflegezeitgesetz als auch die teilweise Freistellung nach dem Familienpflegezeitgesetz können **miteinander kombiniert** werden. Die Gesamtdauer aller Freistellungsmöglichkeiten darf jedoch **höchstens 24 Monate** betragen und die Auszeiten müssen nahtlos aneinander anschließen. Diese Flexibilität werden voraussichtlich jedoch nur große Arbeitgeber leisten können, weil kleineren Firmen Kompensationsmöglichkeiten durch anderweitige Beschäftigte fehlen werden.

Für Beamtinnen und Beamte, die Angehörige im häuslichen Umfeld pflegen, gelten besondere beamtenrechtliche Regelungen, die ebenfalls eine Vereinbarkeit von Pflege und Beruf zum Ziel haben.

Wollen **mehrere Pflegepersonen** die Pflege eines nahen Angehörigen übernehmen (z. B. sich zwei Kinder die Pflege der Mutter teilen), so können die Freistellungen auch parallel erfolgen oder nacheinander in Anspruch genommen werden. Auch hierzu berät z. B. www. wege-zur-pflege.de.

## Pflegezeit:

Die Pflegezeit umfasst bis zu sechs Monate und bietet die Möglichkeit einer vollständigen oder teilweisen Freistellung. Die Familienpflegezeit ermöglicht dagegen eine Freistellung bis zu 24 Monate mit einer wöchentlichen Mindestarbeitszeit von 15 Stunden. Es ist aber auch eine Kombination aus beiden Ansprüchen möglich. Die Gesamtdauer aller Freistellungsmöglichkeiten darf aber zusammen 24 Monate nicht überschreiten.

Mit dem Pflegeversicherungsgesetz wurden darüber hinaus auch die Möglichkeiten der Rückkehr in den Beruf nach Beendigung der Tätigkeit als Pflegeperson verbessert, jedenfalls wenn hierfür eine Maßnahme zur beruflichen Fortbildung notwendig wird, die durch die Bundesagentur für Arbeit gefördert wird (§ 44 Abs. 1 Satz 7 SGB XI, §§ 20 und 77 SGB III), wobei die örtliche Arbeitsagentur dann unter anderem notwendige Kosten der Weiterbildung übernehmen kann, deren Art, Umfang und Höhe sich wiederum nach den Vorschriften des SGB III richtet.

## Pflege und Beruf Zusammenfassung

Rechtsansprüche nach dem PflegeZG und dem FPfZG:

- Im akuten Pflegefall besteht nach § 2 PflgeZG iVm § 44a SGB XI unabhängig von Betriebsgröße und Ankündigungsfrist ein Anspruch auf
  - □ eine Auszeit von zehn Arbeitstagen,
  - □ Pflegeunterstützungsgeld für eine pflegebedürftige Person
  - □ und die Pflegeperson unterliegt dem Kündigungsschutz.
- Die Pflegeperson kann nach § 3 PflegeZG bis zu sechs Monate ganz oder teilweise aus dem Job aussteigen, um häusliche Pflege und/oder Betreuung zu leisten, wenn
  - □ der Arbeitgeber mehr als 15 Arbeitnehmer beschäftigt und
  - □ die Pflegeperson dies mindestens zehn Tage vorher ankündigt.
  - □ Es besteht Kündigungsschutz sowie
  - □ die Möglichkeit eines zinslosen Darlehens zur Lohnausfallkompensation.

- Die Pflegeperson kann nach §§ 2 und 3 FPfZG bis zu 24 Monate teilweise freigestellt werden, um häusliche Pflege und/oder Betreuung zu leisten, wenn
  - der Arbeitgeber in der Regel mehr als 25 Arbeitnehmer beschäftigt und
  - die Pflegeperson dies mindestens acht Wochen vorher ankündigt.
  - Es besteht Kündigungsschutz sowie
  - die Möglichkeit eines zinslosen Darlehens.
- Die Freistellung nach § 3 PflegeZG kann mit der teilweisen Freistellung nach §§ 2, 3 FPfZG kombiniert werden.

# 6. Pflegekurse

Häusliche Pflege von Pflegebedürftigen will gelernt sein. Es bedarf der Informationen, Anleitungen und Beratung. Die Pflegekassen haben daher nach § 45 SGB XI für Angehörige und andere an einer ehrenamtlichen Pflegetätigkeit interessierte Personen **unentgeltliche Schulungskurse** durchzuführen, um soziales Engagement im Bereich der Pflege zu fördern und zu stärken. Hierbei sollen Fertigkeiten für eine eigenständige Durchführung der Pflege vermittelt werden. Ziel ist es, die Pflege und Betreuung zu erleichtern und zu verbessern sowie auch körperliche und seelische Belastungen der Pflegepersonen zu vermindern und ihrer Entstehung vorzubeugen. Pflegepersonen sollen vor allem einfache Grundkenntnisse vermittelt werden, um die Pflege eigenständig durchführen zu können, darüber hinaus sollen sie über verschiedene Probleme im Zusammenhang mit der Pflege informiert werden und lernen, wie man diese bewältigt. Hierzu gehören etwa die Beachtung wichtiger Vorbeugemaßnahmen, um Folgeerkrankungen wie z. B. Dekubitus zu vermeiden, die Vermittlung von Hebetechniken, um die Belastungen der Pflegeperson zu verringern, oder Informationen über das Krankheitsbild der pflegebedürftigen Person, um die besondere Situation z. B. dementer älterer Menschen besser verstehen zu können. Darüber hinaus bieten die Schulungen den Pflegepersonen die Möglichkeit, mit anderen pflegenden Angehörigen in Kontakt zu kommen und sich auszutauschen. Dieser Kontakt mit Gleichgesinnten entlastet häufig gerade bei eigenen emotionalen Belastungen.

Die Pflegekassen können die Pflegekurse entweder selbst durchführen – ggf. in Zusammenarbeit mit anderen Kassen – oder andere Stellen hiermit beauftragen, z. B. Einrichtungen der freien Wohlfahrtspflege, anerkannte Pflegedienste, Fortbildungs- und Schulungseinrichtungen. Über die Durchführung der Kurse und ihre Inhalte schließen die Pflegekassen mit den Trägern der Einrichtungen, die solche Kurse durchführen, Rahmenvereinbarungen ab. Auf Wunsch der Pflegeperson oder des Pflegebedürftigen können die Schulungen auch individuell in dessen häuslicher Umgebung stattfinden (§ 45 Abs. 1 Satz 3 SGB XI).

> **Tipp:**
>
> Wenn Sie Interesse an der Teilnahme an einem Pflegekurs haben, fragen Sie bei Ihrer Pflegekasse nach, welche Kurse von ihr angeboten werden oder wer sonst in Ihrer Nähe solche Kurse anbietet. Kosten entstehen Ihnen für die Teilnahme nicht.

# V. Leistungen bei teilstationärer Pflege

## 1. Tages- und Nachtpflege

Nach § 41 Abs. 1 SGB XI haben Pflegebedürftige der Pflegegrade 2 bis 5 Anspruch auf **teilstationäre Pflege** in Einrichtungen der Tages- oder Nachtpflege, wenn häusliche Pflege nicht in ausreichendem Umfang sichergestellt werden kann oder wenn dies zur Ergänzung oder Stärkung der häuslichen Pflege erforderlich ist. Teilstationäre Pflege bedeutet, dass sich die Pflegebedürftigen nur einen **Teil des Tages** in der jeweiligen Einrichtung aufhalten und den anderen Teil des Tages im eigenen Haushalt verbringen oder im Haushalt einer Pflegeperson, in den sie aufgenommen worden sind. Bei der **Tagespflege** übernachtet der Pflegebedürftige zu Hause, verbringt sodann einen Teil des Tages in der Tagespflege-Einrichtung und kehrt dann nach Hause zurück. Dies wird regelmäßig in Anspruch genommen, wenn die Angehörigen z. B. tagsüber berufstätig sind. Bei der **Nachtpflege** ist es umgekehrt: Der Pflegebedürftige kommt am späten Nachmittag oder abends in die Nachtpflege-Einrichtung, verbringt dort die Nacht und verlässt die Einrichtung sodann wieder, um den Tag zu Hause zu verbringen. Im Gegensatz zur häuslichen Pflege kommt hier also nicht die Pflegekraft zur pflegebedürftigen Person, sondern diese begibt sich zur Einrichtung, um dort die Pflegeleistungen entgegennehmen zu können. Sinn der teilstationären Pflege ist es, die pflegenden Familienangehörigen oder sonstigen Pflegepersonen für ein paar Stunden am Tag zu entlasten.

Auch für die teilstationäre Pflege müssen zwischen den Spitzenverbänden der Pflegekassen und den Vereinigungen von Trägern der Pflegeeinrichtungen auf Landesebene **Rahmenverträge** abgeschlossen werden, die nähere Einzelheiten über die zu erbringenden Leistungen festlegen. Hierfür werden auf Bundesebene gemeinsame Empfehlungen erarbeitet, an denen sich die Vertragspartner auf Landesebene orientieren können. Die in der teilstationären Pflegeeinrichtung erbrachten Leistungen entsprechen im Wesentlichen denjenigen, die bei der häuslichen Pflege im Rahmen der Pflegesachleistung erbracht werden können. Auf die Darstellung dort (→1. Kap. III.1.) kann daher verwiesen werden. Der Pflegebedürftige hat auch in der teilstationären Pflege Anspruch auf Pflegeleistungen, soziale Betreuung und notwendige Leistungen der medizinischen Behandlungspflege. Hinzu kommt allerdings, dass die teilstationäre Pflege auch die notwendige Beförderung des Pflegebedürftigen von der Wohnung zur Einrichtung und zurück umfasst (§ 41 Abs. 1 Satz 2 SGB XI).

Die Pflegebedürftigen haben die **freie Wahl** unter den Einrichtungen, die mit den Pflegekassen sog. Versorgungsverträge abgeschlossen haben. Die Einrichtungen müssen Pflegebedürftige aufnehmen, soweit sie über **freie Plätze** verfügen. Der Pflegebedürftige muss die Einrichtung über seinen Leistungsanspruch gegenüber der Pflegekasse informieren, die Einrichtung übernimmt dann die Abrechnung der Vergütung mit der Pflegekasse. Ein **schriftlicher Vertrag** zwischen den Pflegebedürftigen und den Einrichtungen mit detaillierter Leistungsvereinbarung ist unbedingt zu empfehlen, um später Probleme z. B. hinsichtlich der zu erwartenden Leistungen zu vermeiden. Hierin sind dann die Einzelheiten der Leistungserbringung, insbesondere die einzelnen Leistungsarten und die hierfür vereinbarten Entgelte festzulegen.

Die **Öffnungszeiten** der Einrichtungen werden im Versorgungsvertrag festgelegt. Sie müssen die Pflege und Versorgung an mindestens 5 Tagen in der Woche gewährleisten und zwar in der Tagespflege jeweils mindestens 6 Stunden pro Tag und in der Nachtpflege jeweils mindestens 12 Stunden pro Nacht. Auch hier ergibt sich erst aus den zwischen dem Träger der Einrichtung einerseits und den Pflegekassen sowie anderen Kostenträgern andererseits abzuschließenden weiteren Vereinbarungen, in welchem Umfange für die Leistungen der Pflegeversicherung tatsächlich Hilfe in Anspruch genommen werden kann. In den meisten Fällen dürfte nur für ein paar Tage im Monat teilstationäre Pflege möglich sein. Auch dies kann jedoch die häusliche Pflege entlasten, wenn z. B. die Tagespflege an zwei oder drei Tagen in der Woche in Anspruch genommen wird, um einem pflegenden Familienangehörigen eine stundenweise Berufstätigkeit zu ermöglichen. Innerhalb des vorgegebenen Rahmens kann auch individuell mit der Einrichtung die Zeit vereinbart werden, für die diese in Anspruch genommen wird.

Die Pflegeversicherung übernimmt nur die Kosten für die **pflegebedingten Aufwendungen und der sozialen Betreuung** und diese auch nur bis zu einer bestimmten Höhe, gestaffelt nach dem Pflegegrad des Pflegebedürftigen. Darüber hinaus werden auch die Kosten für die in der Einrichtung notwendigen Aufwendungen für Leistungen der medizinischen Behandlungspflege übernommen.

Der Anspruch auf teilstationäre Pflege umfasst je Kalendermonat

- für Pflegebedürftige des Pflegegrades 2
  einen Gesamtwert bis zu                                    689 Euro
- für Pflegebedürftige des Pflegegrades 3
  einen Gesamtwert bis zu                                    1.298 Euro
- für Pflegebedürftige des Pflegegrades 4
  einen Gesamtwert bis zu                                    1.612 Euro
- für Pflegebedürftige des Pflegegrades 5
  einen Gesamtwert bis zu                                    1.995 Euro

Die Beträge stimmen mit denjenigen bei der Pflegesachleistung überein.

Die Kosten der in der Einrichtung gewährten **Unterkunft und Verpflegung** müssen von den Pflegebedürftigen selbst übernommen werden, wenn nicht ergänzend die Sozialhilfe eingreift. Die Einrichtung hat zwar einen Anspruch auf ein angemessenes Entgelt für diese Leistungen, dies wird aber nicht von den Pflegekassen übernommen, sondern ist von den Pflegebedürftigen selbst zu tragen. Dies ist besonders im Hinblick auf die Unterkunftskosten für die Betroffenen belastend, weil sie ja ohnehin auch die Kosten der eigenen Wohnung bereits zu tragen haben. Es könnte dazu führen, dass die Angebote der teilstationären Pflege nicht im eigentlich wünschenswerten Maße wahrgenommen werden, sondern entweder häusliche Hilfe oder gleich vollstationäre Pflege in Anspruch genommen wird, weil in diesen Fällen eine Doppelbelastung mit Kosten der Unterkunft und Verpflegung nicht entsteht. Nur in sehr geringem Umfang kann hier der Entlastungsbetrag nach § 45b SGB XI entgegenwirken (→1. Kap. III.1.a): Danach haben Pflegebedürftige in häuslicher Pflege Anspruch auf einen Entlastungsbetrag in Höhe von bis zu 125 Euro monatlich, der zweckgebunden für qualitätsgesicherte Leistungen zur Entlastung pflegender Angehöriger sowie zur Förderung der Selbständigkeit und Selbstbestimmtheit der Pflegebedürftigen einzusetzen ist. Dazu gehören auch teilstationäre Angebote, was bewirkt, dass dadurch auch Aufwendungen – z. B. im Zusammenhang mit Leistungen der teilstationären Versorgung – erstattet werden können. Die Erstattung erfolgt gegen Vorlage von Belegen der entstandenen Eigenbelastungen. Werden die möglichen Leistungen eines Kalenderjahrs nicht ausgeschöpft, kann der nicht verbrauchte Betrag in das folgende Kalender**halb**jahr übertragen werden.

Kosten der **Unterkunft** sind bei der teilstationären Pflege insbesondere Kosten der Wartung und Unterhaltung der Gebäude, der Einrichtungs- und Ausstattungsgegenstände sowie der technischen Anlagen und Außenanlagen, die entsprechend auf die Pflegetage der Einrichtung umgelegt werden müssen. Hinzu kommen die Kosten der Versorgung mit Wasser, Strom etc. sowie die Kosten für Abwasser und Abfall. Weiterhin auch die Kosten der Reinigung der Räumlichkeiten und die Versorgung mit Wäsche, soweit diese von der Einrichtung zur Verfügung gestellt wird. Kosten der **Verpflegung** sind alle im Zusammenhang mit der Zubereitung und Bereitstellung von Speisen und Getränken – i. d. R. im Speisesaal der Einrichtung – stehenden Aufwendungen.

Die Höhe des Entgelts für die Unterkunft und Verpflegung in der Einrichtung wird – wie der Pflegesatz für die pflegerischen Leistungen auch – zwischen dem Träger der Einrichtung und den Kostenträgern vereinbart, sozusagen als **Vertrag zu Lasten Dritter.** Schuldner des Entgelts sind aber nicht die Vertragspartner, sondern die Pflegebedürftigen. Diese haben ihrerseits keinen Einfluss auf die Höhe des Entgelts, sie können die vereinbarten Entgelte nur zur Kenntnis nehmen und ggf. eine andere Einrichtung wählen, deren Entgeltvereinbarung ihnen angemessener erscheint. Andererseits bedeutet dies aber auch, dass das Entgelt in der Einrichtung für alle Pflegebedürftigen gleichmäßig hoch ist und nicht etwa das Verhandlungsgeschick des Einzelnen entscheidend ist für das jeweils ausgehandelte Entgelt.

Schließlich können zwischen der Einrichtung und dem Pflegebedürftigen auch sog. **Zusatzleistungen** vereinbart werden. Dies sind besondere Komfortleistungen der Unterkunft und Verpflegung oder zusätzliche pflegerisch-betreuende Leistungen, die über die Leistungen der Pflegekassen hinausgehen. Die Kosten hierfür sind ebenfalls von dem Pflegebedürftigen selbst zu tragen. Die Art der Zusatzleistungen und die Höhe der Vergütung kann in diesem Falle von den Pflegebedürftigen selbst mit der Einrichtung ausgehandelt werden. Dies dürfte nur für vermögende Betroffene von Interesse sein.

> **Tipp:**
>
> Informieren Sie sich vor Ihrer Entscheidung, eine Einrichtung der Tages- oder Nachtpflege in Anspruch zu nehmen, genau über die Kosten, die hierdurch auf Sie zukommen. Wie viele Pflegetage in der Einrichtung können Sie für die Leistungen der Pflegekasse in Anspruch nehmen, welche Kosten für Unterkunft und Verpflegung werden von der Einrichtung Ihrer Wahl berechnet, welche

Zusatzleistungen werden ggf. angeboten? Lassen Sie sich die Leistungen und die hierfür zu entrichtenden Entgelte durch einen schriftlichen Vertrag bestätigen.

## 2. Kombination mit anderen Leistungen

Pflegebedürftige der Pflegegrade 2 bis 5 können nach § 41 Abs. 3 teilstationäre Angebote **zusätzlich** zu ambulanten Pflegeleistungen, Pflegegeld oder entsprechenden Kombinationsleistungen (→1. Kap. III.1., 2. und 4.) in Anspruch nehmen, ohne dass eine Anrechnung auf diese Ansprüche erfolgt. Seit dem Ersten Pflegestärkungsgesetz 2015 müssen ambulante Geld- und Sachleistungen in Zusammenhang mit der Tages- und Nachtpflege nicht mehr kombiniert und anteilig abgerechnet werden, vielmehr kann man die teilstationäre Versorgung ungekürzt neben den ambulanten Leistungen in Anspruch nehmen. Dadurch sollen sowohl die ambulante Pflege als auch die pflegenden Angehörigen gestärkt werden. Voraussetzung ist dabei, dass dadurch

- die häusliche Pflege sichergestellt werden kann und/oder
- durch diese Ergänzung gestärkt wird.

Gerade für Angehörige, die betreuungsintensive Pflegebedürftige versorgen, kann dies eine Entlastung darstellen.

### Tages- oder Nachtpflege:

- Personen mit **Pflegegrad 2 bis 5** haben
  - □ einen Anspruch auf Leistungen der Pflegeversicherung für die teilstationäre Pflege, gestaffelt nach dem jeweiligen Pflegegrad,
  - □ können die teilstationäre Pflege mit anderen Leistungen kombinieren,
  - □ einen Anspruch auf den zusätzlichen Entlastungsbetrag in Höhe von 125 Euro.
- Personen mit **Pflegegrad 1** haben keinen Anspruch auf Leistungen der Tages- oder Nachtpflege.

## 3. Teilstationäre Einrichtungen für behinderte Menschen sind keine Pflegeeinrichtungen

Viele behinderte Menschen verbringen einen Teil des Tages in teilstationären Einrichtungen der **Behindertenhilfe**, wie z. B. Sonderkindergärten, Sonderschulen, Werkstätten für behinderte Menschen (WfbM), Förder- und Betreuungsgruppen für Schwerstbehinderte, Tageseinrichtungen etc. In allen diesen Einrichtungen erbringen die Mitarbeiter vielfach auch Hilfen bei den im Rahmen der Pflegeversicherung leistungsbegründenden Verrichtungen des täglichen Lebens aus den Bereichen der Körperpflege, Betreuung, Ernährung, Mobilität und hauswirtschaftlichen Versorgung. In der Regel werden diese Einrichtungen über die Eingliederungshilfe für behinderte Menschen nach §§ 53 ff. SGB XII finanziert. Teilstationäre Einrichtungen für Menschen mit Behinderung sind aber nicht wesensgleich mit entsprechenden Einrichtungen für pflegebedürftige Menschen. Das Verhältnis von Leistungen der Pflegeversicherung zu denen der Sozialhilfeträger ist im § 13 Abs. 3 SGB XI geregelt. Danach gehen grundsätzlich die Leistungen der Pflegeversicherung den Fürsorgeleistungen zur Pflege nach dem SGB XII vor. Fürsorgeleistungen zur Pflege (z. B. Hilfe zur Pflege → 3. Kap.) sind dann zu gewähren, wenn und soweit Leistungen der Pflegeversicherung nicht erbracht werden.

Bei **Menschen mit Behinderung**, die Leistungen der Eingliederungshilfe beziehen, haben die Sozialhilfeträger die Leistungen jedoch **umfassend**, einschließlich Leistungen der Pflegeversicherung zu erbringen. Die Leistungen der Eingliederungshilfe bleiben danach auch dann, wenn Leistungen der Pflegeversicherung gewährt werden, unberührt und sind im Gegensatz der sonstigen Regelung nicht erst nachrangig. Das hat zur Folge, dass die Leistungen der Pflegeversicherung im häuslichen Bereich in vollem Umfang zur Verfügung stehen. Ebenso wenn zusätzlich Leistungen der teilstationären Versorgung in Anspruch genommen werden. Zum Ausgleich der pflegebedingten Aufwendungen in vollstationären Einrichtungen der Hilfe für behinderte Menschen beteiligen sich die Pflegekassen aber an den Aufwendungen dieser Einrichtungen. Soweit behin-

derte Menschen in vollstationären Einrichtungen der Behindertenhilfe leben, kommt ein **Zuschuss zum Pflegesatz** nach § 43a SGB
XI in Betracht (→1. Kap. VI.3.).

# VI. Leistungen bei stationärer Pflege

Nicht jeder Mensch hat Angehörige, die ihn versorgen können und
nicht jede Art der Erkrankung bzw. Pflegebedürftigkeit lässt eine
häusliche Pflege zu. Man denke dabei z. B. an schwer demente Menschen mit starker Weglauftendenz. Kann ein Pflegebedürftiger auch
mit Unterstützung durch teilstationäre Leistungen nicht zu Hause
versorgt werden, besteht die Möglichkeit einer kurzfristigen oder
dauerhaften vollstationären Unterbringung. Stationäre Pflege wird
nach dem SGB XI in Form der vorrübergehenden **Kurzzeitpflege**
oder der **vollstationären Dauerpflege** erbracht. Der Inhalt der Leistungen ist in beiden Fällen im Wesentlichen identisch, der Unterschied besteht vor allem in der zeitlichen Dauer der Hilfe.

Kurzzeitpflege wird naturgemäß nur für eine relativ kurze, vorübergehende begrenzte Zeit erbracht, vollstationäre Pflege dagegen ist
grundsätzlich zeitlich unbegrenzt.

## 1. Kurzzeitpflege

Kann die häusliche Pflege zeitweise nicht, noch nicht oder noch
nicht im erforderlichen Umfang erbracht werden und reicht auch
teilstationäre Pflege (→1. Kap. V.) nicht aus, besteht für Pflegebedürftige der Pflegegrade 2 bis 5 Anspruch auf Pflege in einer vollstationären Einrichtung (§ 42 Abs. 1 SGB XI). Dies gilt allerdings nur
in zwei Fällen:

■ Für eine **Übergangszeit** im Anschluss an eine stationäre Behandlung des Pflegebedürftigen (in einem Krankenhaus, einem Sanato-
rium oder einer Rehabilitationseinrichtung). Damit soll einerseits
verhindert werden, dass pflegebedürftige Personen nur deshalb
noch längere Zeit in einer stationären Behandlung bleiben, weil
ihre Pflege zu Hause nicht sichergestellt ist und andererseits
Zeit gewonnen werden, um die Voraussetzungen einer häuslichen

Pflege zu schaffen, z. B. durch Umbaumaßnahmen im Wohnbereich, Besorgung einer anderen Wohnung, Dispositionen der künftigen Pflegeperson hinsichtlich der Übernahme der Pflege.

- Außerdem kann Kurzzeitpflege auch in sonstigen **Krisensituationen** geleistet werden, in denen vorübergehend häusliche oder teilstationäre Pflege nicht möglich oder nicht ausreichend ist. Im Gegensatz zur Verhinderungspflege nach § 39 SGB XI (→ 1. Kap. III.5.) erfordert die Kurzzeitpflege also eine konkrete Krisensituation, z. B. eine psychische oder körperliche Überlastung der Pflegeperson, Konflikte zwischen der pflegebedürftigen Person und der Pflegeperson, eine vorübergehende Verschlechterung des gesundheitlichen Zustandes des Pflegebedürftigen o. Ä.

Ein Antrag auf Kurzzeitpflege ist bei der Pflegekasse erhältlich und in der Regel, gerade in Notsituationen, auch fernmündlich möglich.

Die Kurzzeitpflege in einer vollstationären Einrichtung wird jedoch längstens für die Dauer von **acht Wochen** pro Kalenderjahr erbracht, wobei es nicht erforderlich ist, dass die Leistung zusammenhängend „am Stück" erfolgt. Dabei übernimmt die Pflegekasse die pflegebedingten Aufwendungen, die Kosten der sozialen Betreuung sowie die Aufwendungen für Leistungen der medizinischen Behandlungspflege insgesamt bis zur Höhe eines Gesamtbetrags von **1612 Euro** im Kalenderjahr. Der vorgenannte Betrag ist grundsätzlich für alle Pflegegrade **gleich hoch**, er ist **nicht** nach Pflegegraden unterschiedlich bemessen. Allerdings sind die Pflegesätze selbst, die zwischen den Einrichtungen der stationären Pflege und den Pflegekassen vereinbart werden, entsprechend dem jeweiligen Versorgungsaufwand in **fünf Pflegeklassen** einzuteilen. (§ 84 Abs. 2 SGB XI). Die Betroffenen müssen in Folge dessen prüfen, wie viel Zeit sie sich mit den zur Verfügung stehenden Mitteln „einkaufen" können, sprich wie viele Tage/Wochen die Kurzzeitpflege andauern kann. Wird der Kurzzeitpflegebetrag nicht verbraucht, kann der Rest für einen späteren Zeitraum im Kalenderjahr zur Verfügung stehen.

In aller Regel dürfte der Betrag von 1612 Euro im Pflegealltag **nicht** ausreichen, um für die Dauer von acht Wochen die vollen Kosten einer vollstationären Versorgung abzudecken. Dies bedeutet, dass entweder die Kurzzeitpflege nur für einen kürzeren Zeitraum beansprucht werden kann, oder bei längerem Bedarf die weiteren Kosten von den Betroffenen selbst getragen werden müssen. Sollten sie hierzu nicht in der Lage sein – mangels ausreichenden Einkommens oder Vermögens – so können ergänzend Leistungen der **Sozialhilfe** in Anspruch genommen werden. Die Leistungen der Sozialhilfe sind insoweit weder in der Höhe noch in der Dauer begrenzt, übernommen werden allerdings nur die „angemessenen" Kosten ($\rightarrow$ 3. Kap. II.).

Da auch der Gesetzgeber das Problem der Finanzierbarkeit erkannt hat, wurde eine **Kombination mit nicht verbrauchten Leistungen der Verhinderungspflege** nach § 39 Abs. 1 ermöglicht (§ 42 Abs. 2 Satz 3 SGB XI). Danach ist eine Aufstockung des Betrags von 1612 Euro für die Kurzzeitpflege um bis zu weitere 1612 Euro aus nicht in Anspruch genommenen Mitteln der Verhinderungspflege möglich. Dies hat zur Folge, dass Pflegebedürftige bis zu **3224 Euro** pro Kalenderjahr für die Kurzzeitpflege aufwenden können. Der Erhöhungsbetrag wird dann entsprechend auf die Leistungen für die Verhinderungspflege angerechnet bzw. dort in Abzug gebracht.

Nach unserer Auffassung muss eine Vorpflegezeit i. S. v. § 39 Abs. 2 Satz 2 SGB XI („mindestens sechs Monate") nicht erfüllt sein, um die Voraussetzungen einer Übertragung nicht verbrauchter Leistungen der Verhinderungspflege in die Kurzzeitpflege zu rechtfertigen (vgl. zu der Kontroverse in der Rechtsliteratur und zu den uns leitenden rechtlichen Argumenten: Kruse in Krahmer/Plantholz (Hrsg.), LPK-SGB XI, § 42 Rn. 18 m.w.Nw.; Kruse, ZfF 2015, S. 217 ff.).

Bezieht der Pflegebedürftige im Rahmen der häuslichen Versorgung **Pflegegeld** nach § 37 SGB XI, so wird dieses gemäß § 38 Satz 4 SGB XI während einer Kurzzeitpflege zur Hälfte weitergezahlt, allerdings nur für bis zu acht Wochen je Kalenderjahr. Am ersten und letzten Tag der Kurzzeitpflege wird das volle Pflegegeld für diese Tage gezahlt.

Die Kurzzeitpflege wird entweder in eigens dafür zugelassenen **Kurzzeitpflegeeinrichtungen** erbracht oder in vollstationären Dauerpflegeeinrichtungen durch Inanspruchnahme sog. „eingestreuter" **Kurzzeitpflegeplätze**. Vielfach wird in einigen Regionen bemängelt, dass zu wenige eigens dafür zugelassene Kurzzeitpflegeeinrichtungen zur Verfügung stehen. Man muss allerdings sehen, dass der Bedarf zwar groß ist, die Planbarkeit die Einrichtungen aber vor besondere Anforderungen stellt. Einfacher ist es deshalb für viele Einrichtungsleitungen, nicht belegte Pflegeplätze in Dauerpflegeeinrichtungen kurzzeitig mit Kurzzeitpflegegästen zu belegen („einzustreuen"). Eine Übersicht über Kurzzeitpflegeeinrichtungen erhält man bei seiner Pflegekasse.

In begründeten Einzelfällen besteht, z. B. für pflegebedürftige Personen, für die eine Altenpflegeeinrichtung nicht die richtige Versorgungsform darstellt, ein Anspruch darauf, auch in geeigneten Einrichtungen für behinderte Menschen versorgt zu werden, wenn die Versorgung in einer zugelassenen Kurzzeitpflegeeinrichtung nicht möglich ist. In Frage kommen hier z. B. pflegebedürftige Kinder, Jugendliche und junge Erwachsene.

Weiterhin kann die Kurzzeitpflege in Einrichtungen der medizinischen Vorsorge und Rehabilitation erfolgen, die keine Zulassung für die pflegerische Versorgung nach dem SGB XI haben, wenn eine Maßnahme der medizinischen Vorsorge oder Rehabilitation für eine Pflegeperson notwendig und eine Unterbringung und Pflege des Pflegebedürftigen erforderlich und dort möglich ist. Damit soll Pflegepersonen die Möglichkeit erleichtert werden, selbst an einer Vorsorge- oder Rehabilitationsmaßnahme teilzunehmen, was sonst eventuell unterbleiben würde.

## Kurzzeitpflege:

- Personen mit **Pflegegrad 2 bis 5** haben
  - einen Anspruch auf Pflegeversicherungsleistungen bis zu 1.612 Euro für bis zu 8 Wochen Kurzzeitpflege im Jahr,
  - einen Anspruch auf Weiterzahlung des hälftigen Pflegegelds bei vorherigem Bezug,
  - einen Anspruch auf zusätzlich bis zu 1.612 Euro, wenn Leistungen der Verhinderungspflege in dem Kalenderjahr nicht bzw. nicht vollständig ausgeschöpft wurden.

- Personen mit **Pflegegrad 1** haben grundsätzlich keinen Anspruch auf Leistungen der Pflegeversicherung. In einer Akutsituation z. B. nach einem Krankenhausaufenthalt kann aber nach § 39c SGB V ein Leistungsanspruch gegenüber der Krankenkasse auf bis zu 1.612 Euro für bis zu 8 Wochen im Jahr bestehen.

# 2. Vollstationäre Pflege

## a) Leistungen im Pflegeheim

Erfordert es die persönliche Situation der Betroffenen, so haben Pflegebedürftige der Pflegegrade 2 bis 5 einen Anspruch auf Pflege in **vollstationären Einrichtungen**, wenn häusliche Pflege (→1. Kap. III.) oder teilstationäre Pflege (→1. Kap. V.) nicht möglich ist oder wegen der Besonderheiten des einzelnen Falles nicht in Betracht kommt (§ 43 Abs. 1 SGB XI). Dies entspricht dem Grundsatz des § 3 Abs. 1 SGB XI, wonach die Pflegeversicherung vorrangig die häusliche Pflege unterstützen soll, damit die Pflegebedürftigen möglichst lange in ihrer häuslichen Umgebung bleiben können. Vollstationäre Pflege wird daher nur **nachrangig** gewährt, wenn andere Formen der Hilfe nicht in Betracht kommen. Vor allem wenn Angehörige, Nachbarn, Freunde oder sonstige nahestehende Personen nicht zur Verfügung stehen oder die Hilfe nicht übernehmen können und auch durch ambulante Pflegedienste nicht ausreichend geholfen werden kann, kommt vollstationäre Pflege in Betracht; diese kann in einem Altenheim, Pflegeheim oder Altenwohnheim erfolgen.

Nach der Pflegestatistik des Statistischen Bundesamtes wurden im Dezember 2013 rund 71 % der Pflegebedürftigen ambulant versorgt, 29 % dagegen in vollstationären Einrichtungen. Im Rahmen der ambulanten Versorgungen erhielten 67 % der Betroffenen ausschließlich Pflegegeld. Die aufgezeigte Verteilung auf die Leistungsarten unterschied sich vor den Pflegereformen durch das PSG II und das PSG III insoweit deutlich nach den Pflegestufen: In der Pflegestufe I bestand ein deutliches Übergewicht der Inanspruchnahme des Pflegegeldes, in Pflegestufe II nahm dessen Bedeutung zugunsten der Kombinationsleistung und der vollstationären Pflege ab und in der Pflegestufe III war die vollstationäre Pflege vor dem Pflegegeld die wichtigste Leistungsart. Dies wird sich voraussichtlich auch bei den 2017 eingeführten Pflegegraden entsprechend fortsetzen. Hinzu kommt, dass gerade die vollstationäre Versorgung für Personen bis Pflegegrad 4 finanziell betrachtet zukünftig eher unattraktiv ist, sind die Zuschüsse der Pflegeversicherung bei einer vollstationären Versorgung in Neufällen doch im Gegensatz zu allen anderen Leistungsarten ab 2017 gesenkt worden. Damit wollte man bewusst Pflegebedürftigen eine häusliche Versorgung nahelegen.

Die Pflegekasse übernimmt die Kosten für die Pflege in einer Einrichtung einschließlich Betreuung sowie Leistungen der medizinischen Behandlungspflege. Dies allerdings nur im Rahmen von **pauschalen Leistungsbeträgen**, die im Gesetz in § 43 SGB XI festgelegt sind. Die Leistungen der Pflegeversicherung sind von vornherein nicht dazu gedacht, die vollständigen Kosten des Aufenthalts in einem vollstationären Pflegeheim zu übernehmen. Dies ergibt sich bereits aus dem Grundsatz des § 4 Abs. 2 Satz 2 SGB XI. Danach sollen die Pflegebedürftigen bei teil- und vollstationärer Pflege von den Aufwendungen **entlastet** werden, die für ihre Versorgung nach Art und Schwere der Pflegebedürftigkeit erforderlich sind, die Aufwendungen für Unterkunft und Verpflegung tragen die Pflegebedürftigen selbst. Bei der vollstationären Pflege ist daher sogar in doppeltem Sinne nur eine **Teilabsicherung** (→ Erste Orientierung) vorgesehen: Kosten der Unterkunft und Verpflegung, die im Pflegeheim entstehen, werden überhaupt nicht übernommen und von den verbleibenden pflegerischen Leistungen auch wiederum nur ein Teil. Zudem können Investitionskosten, die nicht vollständig durch öffentliche Förderung gedeckt sind, den Pflegeheimbewohnern gesondert in Rechnung gestellt werden. Hinzu kommen länderspezifische Ausbildungsumlagen für die Ausbildung neuer Pflegekräfte. Eine volle Absicherung für die Kosten einer vollstationären Pflege ist durch die Pflegeversicherung also nicht vorgesehen. In vielen Fällen wird bereits für die bei den Pflegebedürftigen verbleibenden Kosten das eigene Einkommen in Form von Renten o. Ä. nicht ausreichen. In diesen

Fällen ebenso wie für den nicht gedeckten Teil der pflegerischen Aufwendungen können aber bei Bedürftigkeit weiterhin Leistungen der **Sozialhilfe** in Anspruch genommen werden (→ 3. Kap.).

Seit 2013 fördert der Staat **private Pflegezusatzversicherungen** in Form von Pflegetage- oder Pflegemonatsgeldversicherungen. Diese sind nicht nur im Falle einer vollstationären Versorgung einzusetzen, sondern bei allen Versorgungsformen, sind aber gerade bei der teuren vollstationären Versorgung sinnvoll. Der Vorteil ist, dass keine Gesundheitsprüfung stattfindet und Leistungsausschlüsse sowie Risikozuschläge nicht erlaubt sind. Für die Versicherungen besteht ein Kontrahierungszwang mit der Folge, dass sie jede Person, die Anspruch auf staatliche Zulage hat, aufnehmen müssen.

Eine Förderung durch den Staat mit bis zu 60 Euro im Monat kann erfolgen, wenn

- der Eigenanteil des versicherten mindestens 10 Euro monatlich beträgt,
- die Pflegezusatzversicherung Leistungen für alle Pflegegrade vorsieht.

Die Pflegezusatzversicherungen können auf drei Arten abgeschlossen werden:

- als Pflege-Rentenversicherung, die als Lebensversicherung angeboten wird. Wird der Versicherte pflegebedürftig, zahlt die Versicherung eine monatliche Rente aus,
- als Pflegekostenversicherung, die nach Vorleistung der sozialen oder privaten Pflegeversicherung die verbleibenden Kosten erstattet, wobei der „Rest" im Versicherungsvertrag vereinbart werden muss, oder
- als Pflegetagegeldversicherung, die einen vereinbarten festen Geldbetrag für jeden Pflegetag zahlt, unabhängig von den tatsächlichen Kosten der Pflege.

Die zumindest teilweise Kostenübernahme für die pflegebedingten Aufwendungen einschließlich der Betreuung war schon immer Aufgabe der Pflegeversicherung. Bereits seit Verabschiedung des Pflegeversicherungsgesetzes 1994 war aber klar, dass die Frage, wer für die in den Pflegeheimen zu erbringende **Behandlungspflege** aufkommen soll, problematisch ist. Bei der medizinischen Behandlungspflege handelt es sich um vom Arzt verordnete medizinische Tätigkeiten wie z. B. Verbandswechsel o. Ä., die von den Pflegekräften nach Anweisung zusätzlich zu den reinen Pflegetätigkeiten erbracht werden. Nach der Systematik des SGB XI konnten und können – auch nach der Neudefinition von Pflegebedürftigkeit zum Januar 2017 – von den Pflegekassen nur Sach- und Geldleistungen für körperbezogene Pflegemaßnahmen, pflegerische Betreuungsmaßnahmen sowie Hilfen bei der Haushaltsführung erbracht werden. Andererseits kann die Behandlungspflege jedoch auch nicht zu den Kosten der Unterkunft und Verpflegung zählen. Diese sog. Hotelkosten beinhalten nur die Kosten des Wohnens sowie des Essens und Trinken, wie sie in der Einrichtung anfallen. Die gesetzliche Krankenversicherung, die bei der häuslichen Pflege ergänzend die Kosten der häuslichen Krankenhilfe (§ 37 SGB V) trägt, beteiligte sich im Pflegeheim bisher nicht an diesen Kosten; und das SGB V, in dem die Leistungen der Krankenkassen geregelt sind, kennt auch keine ergänzende stationäre Behandlungspflege. Die Heime müssen also diese zusätzlichen Kosten in ihre Pflegesätze einpreisen.

Es war daher bereits früh notwendig, eine entsprechende **Klarstellung** zu treffen. Gerade bei der stationären Pflege hat die Behandlungspflege oft einen hohen Stellenwert. Viele Pflegebedürftige kamen in der Vergangenheit vor allem deshalb in ein Heim, weil eine notwendige Behandlungspflege von Angehörigen und/oder ambulanten Diensten zu Hause nicht geleistet werden konnte und ein weiterer Aufenthalt im Krankenhaus von den Krankenkassen deshalb nicht mehr finanziert wurde, weil kein akuter ärztlicher Behandlungsbedarf mehr vorlag. Dieser Umstand wird sich künftig voraussichtlich noch verschärfen, weil die stationäre Versorgung erst ab Pflegegrad 4, also für vielfältig pflege- und hilfebedürftige Menschen, finanziell tragbar wird.

Vielfach wird gefordert, dass die Behandlungspflege in den Pflegeheimen auch von den **Krankenkassen** übernommen werden sollte, weil diese generell für die Krankenbehandlung und damit auch für die Behandlungspflege zuständig sein sollten. Dies würde für die Krankenkassen eine erhebliche zusätzliche finanzielle Belastung und damit möglicherweise einen weiteren Anstieg der Beiträge bedeuten. Das für die Krankenversicherung zuständige Bundesgesundheitsministerium wehrt sich daher gegen diese Lösung, die andererseits von den Sozialhilfeträgern stark befürwortet wird. Diese versprechen sich nämlich ihrerseits eine weitere Kostenentlastung bei den bisher von ihnen allein getragenen Kosten der Pflegeheime, wenn sie nicht nur durch die Pflegekassen von den pflegerischen Kosten, sondern zusätzlich durch die Krankenkassen von den Kosten der Behandlungspflege entlastet würden.

Durch das 1. SGB XI-ÄndG wurde dann bestimmt, dass die **Pflegekassen** zunächst befristet für eine Übergangszeit auch die Kosten für die medizinische Behandlungspflegeübernehmen sollten, ohne allerdings den auch schon vorher in gleicher Höhe bestehenden Höchstbetrag für die vollstationäre Pflege zu erhöhen. Vielmehr musste nunmehr mit den gleichen Beträgen neben der Grundpflege auch noch die originär der Krankenversicherung zuzuordnende Behandlungspflege finanziert werden. Zunächst bis zum 31.12.1999 waren die Behandlungspflege und die soziale Betreuung bei der teilstationären Pflege, der Kurzzeitpflege und der vollstationären Pflege Bestandteil der Leistungen der Pflegekassen. Diese Regelung wurde sodann mehrfach verlängert und bis heute nicht aufgehoben.

Dies hat zur Folge, dass Kosten, die von ihrer Zielsetzung her eigentlich der gesetzlichen Krankenversicherung nach dem SGB V unterfallen, nach wie vor **versicherungsfremd** von der Sozialen Pflegeversicherung nach dem SGB XI getragen werden müssen.

Die medizinische Behandlungspflege wird in den Pflegesatz **eingepreist**. Der **Pflegesatz** ist das Entgelt, das die Heimbewohner bzw. ihre Kostenträger für die voll- oder teilstationären Pflegeleistungen, einschließlich medizinischer Behandlungspflege und sozialer Betreuung, zahlen. Diese Pflegesätze müssen entsprechend den fünf Pflegegraden aufgeteilt werden, die sich nach dem jeweiligen Versorgungsaufwand richten, den die Pflegebedürftigen nach Art und Schwere der Pflegebedürftigkeit benötigen (§ 84 Abs. 2 Satz 2 SGB XI). Dies vor dem Hintergrund, dass Menschen mit einem hohen Pflegebedarf in der Regel auch personalintensiver versorgt werden müssen, als Menschen mit einem niedrigeren Pflegebedarf. Bei der

Zuordnung der einzelnen Pflegebedürftigen zu den **Pflegeklassen** sind die Pflegegrade zugrunde zu legen, in die sie von ihrer Pflegekasse eingeordnet wurden.

**Pflegesätze**, also die Kosten, die für die Pflege eines Bewohners mit einem bestimmten Pflegegrad anfallen und zu bezahlen sind, werden von den Einrichtungen nicht willkürlich festgesetzt, sondern müssen mit den sog. Pflegesatzparteien in **Pflegesatzverhandlungen** vereinbart werden. Die Pflegesatzparteien sind die Kostenträger, also die Pflegekassen und gegebenenfalls die Sozialhilfeträger auf der einen und die Leistungserbringer, also die Heimträger, auf der anderen Seite. Sie verhandeln, ob die Pflegesätze, die eine Einrichtung pro Pflegeplatz berechnen will, angemessen sind. Mit diesen vereinbarten Pflegesätzen sind nach der ausdrücklichen Regelung in § 84 Abs. 4 SGB XI alle **allgemeinen Pflegeleistungen** abgegolten. Nur diese Pflegesätze durften vor den Reformen der Jahre 2015 und 2016 auch berechnet werden, ohne Rücksicht darauf, wer zu ihrer Zahlung verpflichtet war. Die Pflegesätze waren für Pflegebedürftige in einer bestimmten Pflegeklasse in gleicher Höhe festzusetzen, unabhängig davon, ob die Pflegekassen, ein Sozialhilfeträger, der Pflegebedürftige selbst, ein Angehöriger oder ein anderweitiger Sozialleistungsträger die Kosten zu tragen hatte. Da aber die Höchstleistungen der Pflegekasse in jedem Falle gleich sind, führte auch dies im Ergebnis zu weiteren Ungerechtigkeiten. Die Kostenträger als Pflegesatzparteien, hierbei insbesondere die Pflegekassen, verhandeln zwar als „Sachwalter" für ihre Versicherten, sie selbst müssen aber niemals mehr als die im Gesetz festgelegten Pauschalbeträge zahlen. Eine Beteiligung der Betroffenen sieht diese Regel nicht vor, obwohl es zentral um deren Geld geht. Selbst der seit Januar 2017 zu bildende **einrichtungseinheitliche Eigenanteil** (→ b) für jeden Bewohner, der einen rechnerischen Mittelwert darstellt, kann daran nichts ändern.

Auch in einer vollstationären Einrichtung haben die Bewohner Anspruch auf **Maßnahmen zur zusätzlichen Betreuung und Aktivierung** nach § 43b SGB XI. Die Kosten dafür werden vollständig von der Pflegeversicherung getragen. Durch die zusätzlichen Betreuungsmaßnahmen soll der Einzelne im Alltag aktiviert werden.

Dadurch, dass jeder einen Anspruch darauf hat, ist zusätzliches Personal einzustellen, das die Aktivitäten anleitet und durchführt. Aktivierende Alltagsaktivitäten sind z. B.

- Biografiearbeit,
- Arbeiten mit Erinnerungsalben,
- Spiele,
- Malen und Basteln,
- Spaziergänge,
- Besuch von kulturellen Angeboten,
- Lesen, Vorlesen, Märchenstunde,
- Musik und Tanz.

Die Angebote können als Einzel- oder Gruppenstunden angeboten werden.

## b) Eigenkosten der Pflegebedürftigen

In der Regel setzen sich die Entgelte, die für eine Versorgung in einer vollstationären Einrichtung zu zahlen sind, aus fünf **Entgeltbestandteilen** zusammen:

- Kosten für die Unterkunft,
- Kosten für die Verpflegung,
- Pflegekosten,
- Kosten für Auszubildende sowie
- gesondert berechenbare Investitionskosten.

Wie bereits erwähnt, haben die Pflegebedürftigen bei der vollstationären Pflege die Kosten für **Unterkunft und Verpflegung** selbst zu tragen. In der Mehrzahl der Einrichtungen werden Einzelzimmer oder ein Platz in einem Doppelzimmer zur Verfügung gestellt, in Einzelfällen auch ein kleines Appartement. Die Zahl der Plätze in Doppelzimmern ist rückläufig, weil die Mehrheit der Bundesländer mittlerweile die Platzzahlen in Doppelzimmer durch entsprechende gesetzliche Regelungen beschränkt haben (in Nordrhein-Westfalen z. B. müssen 80 % der Zimmer ausdrücklich Einzelzimmer sein, in Baden-Württemberg sogar 100 %). Die Verpflegung mit Essen und

Trinken wird ebenfalls vom Heim gestellt. Die hierfür entstehenden Kosten werden von der Pflegeversicherung nicht übernommen. Vielmehr müssen hierfür die Bewohner selbst aufkommen bzw. für diejenigen, die diese Kosten aus ihrem Einkommen oder Vermögen nicht selbst bestreiten können, bei Bedürftigkeit die zuständigen Träger der Sozialhilfe ($\rightarrow$ 3. Kap.).

Für die im Heim gewährte Unterkunft und Verpflegung wird neben dem **Pflegesatz**, der die pflegebedingten Aufwendungen und die Aufwendungen für medizinische Behandlungspflege und soziale Betreuung abgelten soll ein eigenes **Entgelt** (sog. „**Hotelkosten**") vereinbart. Obwohl dieses Entgelt von den Heimbewohnern selbst getragen wird, vereinbaren die Parteien der Pflegesatzvereinbarung neben dem in fünf Pflegegraden eingeteilten Pflegesatz auch das Entgelt für die Unterkunft und Verpflegung. Im Gesetz festgelegt ist hierfür nur, dass das Entgelt in einem angemessenen Verhältnis zu den Leistungen stehen muss. Das Entgelt ist wie der Pflegesatz auch für alle Heimbewohner nach einheitlichen Grundsätzen zu bemessen, eine Differenzierung nach Kostenträgern ist ausgeschlossen – wobei für das Entgelt für Unterkunft und Verpflegung (bei Bedürftigkeit) ohnehin nur der Sozialhilfeträger in Betracht kommt.

Diejenigen, die das Entgelt bezahlen müssen, sind aber an der vertraglichen Vereinbarung nicht beteiligt. Die Pflegeheimträger und die Pflegekassen schließen vielmehr einen **Vertrag zu Lasten Dritter**, nämlich der Betroffenen. Die Pflegekassen sollen dabei die Interessen der Betroffenen als deren „**Sachwalter**" vertreten. An dieser Rolle muss aber gezweifelt werden, verhandeln sie doch quasi über das Geld anderer, wobei der eigene Anteil aufgrund gesetzlicher Regelung unverändert bleibt. Die Pflegekassen zahlen immer nur die Zuschüsse zu den Kosten, die im Gesetz je nach Pflegegrad festgelegt sind, egal, was der Pflegeplatz den Pflegebedürftigen tatsächlich kostet. Lediglich der am Vertragsschluss ebenfalls beteiligte Sozialhilfeträger hat ein eigenes wirtschaftliches Interesse an einem möglichst „preiswerten" Abschluss, da er bei Bedürftigkeit die Kosten für betroffene Heimbewohner zu übernehmen hat. Dies kann in der Praxis einen gewissen Ausgleich schaffen. Jedenfalls haben aber die Betroffenen keinerlei Möglichkeit, z. B. über den Abschluss besserer

Vereinbarungen über das Entgelt auch eine Verbesserung von Unterkunft und/oder Verpflegung zu erreichen. Ihnen bleibt im Ergebnis nur übrig, die zwischen anderen getroffenen Vereinbarungen zu akzeptieren und das festgelegte Entgelt zu entrichten.

> **Tipp:**
>
> In jedem Falle sollten sich die Betroffenen und ihre Angehörigen bei der Suche nach einem geeigneten Pflegeheim auch genau erklären lassen, wie hoch das monatliche Entgelt für Unterkunft und Verpflegung ist, wie dieses kalkuliert wird und welche Leistungen hierfür vom Pflegeheim erbracht werden.

Neben den Kosten für Unterkunft und Verpflegung haben die Bewohner auch den Teil der Pflegekosten als sog. **Pflege-Eigenanteil** zu tragen, der nicht durch die pauschalierten Beträge der Pflegeversicherung abgedeckt ist. Bis Ende 2016 war dieser Eigenanteil von der Pflegestufe des Pflegebedürftigen abhängig. Da die Kosten für einen Pflegeplatz hinsichtlich der pflegerischen Versorgung (= Pflegesatz) mit jedem Pflegegrad steigen, wurde diese Steigerung früher an die Pflegebedürftigen weitergegeben, mit der Folge, dass mit jeder Höherstufung der Eigenanteil anstieg. Mit jeder Pflegestufe stiegen die Gesamtkosten. Zwar stiegen daneben auch die Zuschüsse der Pflegeversicherung, ließen aber immer auch eine ansteigende Lücke, die von den Pflegebedürftigen mit ihren Eigenanteilen gedeckt werden musste. Mit jedem Anstieg der Pflegestufe stieg also auch der Eigenanteil des Versicherten. 2017 hat man mit dem PSG II den **einrichtungseinheitlichen Eigenanteil** eingeführt. Alle Pflegebedürftigen zahlen seither unabhängig von ihrem individuellen Pflegegrad den gleichen Eigenanteil zu ihrem Pflegesatz. Wird also jemand nach Überprüfung durch den MDK einem höheren Pflegegrad zugeordnet, steigt sein Anteil nicht weiter, wohl aber der Zuschuss der Versicherung. Die (internen) Kosten für einen Pflegeplatz steigen zwar weiterhin mit jedem Pflegegrad, abzüglich der Leistungen der Pflegeversicherung ergibt sich aber immer der gleiche Eigenanteil für die Bewohner. Rein rechnerisch müssen folglich Pflegebedürftige mit niedrigen Pflegegraden im Verhältnis mehr für die Pflegeleistungen zahlen als stark Pflegebedürftige mit einem hohen Pflegegrad.

**Tipp:**

Seit dem 1.1.2017 zahlen alle Heimbewohner den gleichen einrichtungseinheitlichen Eigenanteil für die Pflegekosten. Tatsächlich sind die Kosten für die einzelnen Pflegeplätze aber unterschiedlich hoch. Je höher der Pflegegrad eines Bewohners, desto mehr Pflege benötigt er und damit fallen auch höhere Kosten an. Steigt der Pflegebedarf eines Pflegebedürftigen, wird das Heim ihn auffordern, einen Antrag auf Überprüfung des Pflegegrads zu stellen. Grundsätzlich kann der Bewohner selbst entscheiden, ob er diesen Antrag stellen will. Pflegen die Pflegekräfte aber bereits wie nach einem höheren Pflegegrad, so hat das Heim auch einen Anspruch darauf, entsprechend bezahlt zu werden. Ab dem zweiten Monat nach der Aufforderung, einen Antrag zu stellen, darf das Heim daher einen höheren Pflegesatz berechnen, wenn der Betroffenen sich weigert eine Überprüfung zu beantragen. Dies hat zur Folge, dass der Bewohner die nicht gedeckten Kosten, die dadurch entstehen, dass die Pflegekasse nach wie vor den niedrigeren Zuschuss zahlt, selbst tragen muss.

Sollte wider Erwarten später herauskommen, dass der Bewohner nicht höherzustufen ist und das Heim zu Unrecht nach einem höheren Pflegegrad gepflegt hat, muss das Heim allerdings die Überzahlung verzinst zurückzahlen.

Der Pflegesatz und das Entgelt für Unterkunft und Verpflegung sind aber nicht alle Kostenbestandteile, die möglicherweise auf einen Heimbewohner zukommen. Vielmehr können die Pflegeeinrichtungen, wenn betriebsnotwendige **Investitionskosten** durch öffentliche Förderung der Bundesländer nicht vollständig gedeckt sind, diesen Teil der Aufwendungen den Pflegebedürftigen gesondert berechnen (§ 82 Abs. 3 SGB XI). Investitionskosten sind vor allem Aufwendungen für die Herstellung, Anschaffung, Wiederbeschaffung, Instandhaltung und Instandsetzung der notwendigen Gebäude, Einrichtungsgegenstände und sonstigen Anlagegüter. Auch Aufwendungen für Miete, Pacht, Nutzung (z. B. Leasingraten) von Grundstücken oder Gebäuden gehören hierzu. Die Länder sollten nach § 9 SGB XI zur **finanziellen Förderung** der Investitionskosten der Pflegeeinrichtungen diejenigen Einsparungen einsetzen, die den Trägern der Sozialhilfe durch die Einführung der Pflegeversicherung entstanden. In den Landespflegegesetzen bzw. Ausführungsgesetzen zur Pflegeversicherung haben die Länder in unterschiedlichem Umfang eine Förderung der Investitionskosten von Pflegeeinrichtungen vorgesehen. In vielen Bundesländern erhalten Betreiber von Pflegeeinrichtungen allerdings kaum noch Förderungen. Darüber hinaus werden in den seltensten Fällen die Kosten durch diese **Landesförderung** vollständig gedeckt, so dass der verbleibende Teil auf die pflegebedürftigen Heimbewohner/innen umgelegt werden kann. Diese Umlage muss allerdings im Einzelnen von den zuständigen Landesbehörden genehmigt werden. Diese prüfen Art und Höhe der entstandenen Kosten und des umlagefähigen, durch öffentliche Förderung des Landes oder der Kommunen nicht gedeckten Teils. Im Gegensatz zum Pflegesatz und zum Entgelt für Unterkunft und Verpflegung wird dieser Teil des Heimentgelts nicht durch Vereinbarung der Pflegesatzparteien festgelegt. Das Erfordernis der behördlichen Genehmigung stellt daher ein gewisses Korrektiv für die ansonsten völlig einseitig von den Pflegeeinrichtungen vorzunehmende Umlage der nicht gedeckten Investitionskosten dar. Erhält eine Einrichtung dagegen gar keine Förderung, müssen die (vollständig) umlegbaren Investitionskosten nur bei den zuständigen Behörden angemeldet werden – eine echte Prüfung findet hier nicht statt.

Das insgesamt für den Aufenthalt im Pflegeheim zu zahlende Entgelt setzt sich also aus mindestens vier Bestandteilen zusammen: dem **Pflegesatz**, der bis zum vorgesehenen Höchstbetrag von den Pflegekassen übernommen wird, so dass ein einrichtungseinheitlicher Eigenanteil verbleibt, dem **Entgelt für Unterkunft und Verpflegung**, das von den Pflegebedürftigen selbst zu tragen ist, sowie der Umlage nicht gedeckter **Investitionskosten**, die ebenfalls von den Pflegebedürftigen übernommen werden müssen. Soweit ein Betroffener die auf ihn entfallenden Kostenbestandteile aus dem eigenen Einkommen oder Vermögen nicht selbst aufbringen kann, tritt hierfür ergänzend der Sozialhilfeträger ein (→ 3. Kap.).

Zusätzlich haben die Bewohner nach § 82a SGB XI zu gleichen Teilen die Kosten für die **Ausbildungsvergütung** von Pflegeschülern zu tragen. Um den Beruf der Pflegekraft attraktiver zu machen und den

**165**

ständig wachsenden Bedarf an Fachkräften zu befriedigen, sind viele Bundesländer dazu übergegangen, Umlageverfahren zu entwickeln oder Umlagefonds einzurichten. Dies führt regelmäßig dazu, dass alle Bewohner stationärer Einrichtungen an den Ausbildungskosten von Pflegeschülern beteiligt werden, unabhängig davon, ob die Einrichtungen tatsächlich selbst ausbilden. Auf diese Weise soll nicht nur die **Refinanzierung der Ausbildung** ermöglicht und somit attraktiver gemacht werden, sondern auch die damit verbundene Last von allen, die von den ausgebildeten Pflegekräften profitieren, gleichermaßen getragen werden. Vor der Einführung von Umlageverfahren kam es häufig dazu, dass Einrichtungen viel Engagement in die Ausbildung von Fachkräften investiert haben, die von den Bewohnern des Hauses finanziert wurde. War die Fachkraft dann fertig ausgebildet, haben andere Einrichtungen diese abgeworben und Personen daraus ihren Vorteil gezogen, die werden finanziell noch fachlich an der Ausbildung beteiligt waren. Diesen Auswirkungen soll durch Umlageverfahren u.ä. entgegengewirkt werden.

Es kann aber auch noch ein weiterer Teil hinzukommen, nämlich die sog. **Zusatzleistungen.** Die Pflegeheime können nämlich mit den Pflegebedürftigen gesonderte Zuschläge vereinbaren für Leistungen, die über die im Versorgungsvertrag zwischen den Pflegekassen und den Heimträgern vereinbarten notwendigen Leistungen hinausgehen (§ 88 SGB XI). Dies können besondere Komfortleistungen bei Unterkunft und Verpflegung sein, wie z. B. ein besonders geräumiges Einzelzimmer gegen Aufpreis, eine besondere gehobene Zimmerausstattung oder ein Appartement, zusätzliche, reichhaltigere oder bessere Kost mit mehr Auswahlmöglichkeiten. Das Heim kann auch zusätzliche pflegerisch-betreuende Leistungen anbieten, wie z. B. Begleitung beim Spaziergang oder Arztbesuch sowie Fuß- und Nagelpflege etc.

Die Gewährung von solchen Zusatzleistungen ist nur zulässig, wenn dadurch die notwendigen anderen (und wichtigeren) Leistungen des Pflegeheims nicht beeinträchtigt werden. Sie müssen weiterhin nach Art, Umfang, Dauer und Zeitabfolge vorher schriftlich zwischen dem Pflegeheim und dem Pflegebedürftigen vereinbart worden sein. Die **Vereinbarung** muss auch die Höhe der von den Pflegebedürftigen zu zahlenden Zuschläge und die Zahlungsbedingungen regeln. Schließlich müssen das Leistungsangebot und die Leistungsbedingungen den Landesverbänden der Pflegekassen und den überörtlichen Trägern der Sozialhilfe im Land vor Leistungsbeginn vom Pflegeheim schriftlich mitgeteilt werden.

Die Zusatzleistungen stehen aber letztlich nur denjenigen Pflegebedürftigen zur Verfügung, die die hierfür vorgesehenen Zuschläge entweder aus dem eigenen **Einkommen** oder **Vermögen** finanzieren können oder für die Angehörige die entsprechenden Kosten übernehmen. Da es sich jedenfalls um Leistungen des Pflegeheims handelt, die das Maß des Notwendigen übersteigen, also keine Regelleistungen sind, besteht grundsätzlich kein Anspruch von bedürftigen Pflegebedürftigen gegen die Sozialhilfeträger auf Übernahme auch solcher Kosten. Es handelt sich hierbei also um eine echte Besserstellung für vermögende Pflegebedürftige, die neben dem Entgelt für Unterkunft und Verpflegung sowie der Umlage für die nicht gedeckten Investitionskosten auch noch den Zuschuss für Zusatzleistungen aus eigener Tasche bezahlen können.

## c) Leistungen der Pflegeversicherung

Gemäß § 43 Abs. 2 Satz 1 übernehmen die Pflegekassen für Pflegebedürftige in vollstationären Einrichtungen die pflegebedingten Aufwendungen einschließlich der Aufwendungen für Betreuung und Leistungen der medizinischen Behandlungspflege im Rahmen pauschaler Leistungsbeträge.

Diese **Pauschalen** sind nach Pflegegraden gestaffelt und betragen monatlich

- für Pflegebedürftige des Pflegegrades 2          770 Euro
- für Pflegebedürftige des Pflegegrades 3          1.262 Euro
- für Pflegebedürftige des Pflegegrades 4          1.775 Euro
- für Pflegebedürftige des Pflegegrades 5          2.005 Euro.

Insgesamt darf dabei der von der Pflegekasse zu übernehmende Betrag jedoch 75 % des Gesamtbetrages aus Pflegesatz, Entgelt für Unterkunft und Verpflegung und gesondert berechneten Investitionskosten nicht übersteigen.

Pflegebedürftige des Pflegegrades 1 erhalten nach § 43 Abs. 3 lediglich einen Zuschuss der Pflegeversicherung in Höhe von 125 Euro monatlich, da hier keine Notwendigkeit für eine vollstationäre Versorgung gesehen wird.

## Tipp:

Bei der Suche nach einem geeigneten Pflegeheim sollten Sie sich auf jeden Fall möglichst genau über die einzelnen auf Sie zukommenden Kostenfaktoren informieren und sich ausrechnen, welchen Anteil hiervon Ihre Pflegekasse übernehmen würde. Allerdings ist hierbei große Vorsicht geboten: Preiswerte Pflegeheime sind zuweilen auch diejenigen mit der geringsten Qualität. Vergleichen Sie daher das Angebot möglichst genau und schauen Sie sich vergleichbare Einrichtungen an. Ihre Pflegekasse ist verpflichtet, Ihnen eine Liste mit Pflegeeinrichtungen in Ihrem Umfeld auszuhändigen. Außerdem sollten Sie einen gewissen „Puffer" berücksichtigen, da vollstationäre Einrichtungen mittlerweile nahezu jährlich ihre Preise den Veränderungen ihrer Berechnungsgrundlagen anpassen und in Pflegesatzverhandlungen gehen, mit der Folge, dass die Kosten steigen.

Regelmäßig sind zu zahlen:

  Kosten für die Unterkunft
+ Kosten für die Verpflegung
+ Kosten für die Pflege
  abzgl. pauschale Zahlung der Pflegekasse entsprechend Pflegegrad
+ Investitionskosten
+ Ausbildungsumlage
= Gesamtkosten

## d) Abwesenheit

Gerade in stationären Einrichtungen kommt es immer wieder dazu, dass Bewohner ins Krankenhaus müssen. In dieser Zeit nehmen sie keine Leistungen in Anspruch, die Kosten laufen aber weiter. Gleichzeitig werden die Betroffenen im Krankenhaus versorgt. Diese Kosten trägt in der Regel die Krankenversicherung. Es kann aber auch sein, dass Bewohner mit in den Urlaub genommen werden oder Verwandte besuchen. Auch in diesen Fällen nehmen sie kurzfristig keine Leistungen entgegen. Da die Bewohner von Heimen aber einen nicht unerheblichen Anteil der Kosten selbst tragen müssen, erscheint es unbillig, wenn diese trotz Abwesenheit voll weiter zu zahlen wären. In § 87a SGB XI ist daher geregelt, dass im Fall von vorübergehender Abwesenheit vom Pflegeheim der Pflegeplatz bis zu 42 Tage frei zu halten ist (bei Krankenhausaufenthalten auch länger) und **Abschläge** auf die Kosten vorzunehmen sind. Auf das Entgelt für die Unterkunft, Verpflegung sowie die Pflegekosten ist ab dem **dritten vollen Tag** der Abwesenheit ein Abschlag von **mindestens 25 %** vorzunehmen. Die genaue Höhe wird in den jeweiligen Landesrahmenverträgen verhandelt. Die Investitionskosten und die Ausbildungsvergütung sind vollständig weiter zu zahlen.

> **BEISPIEL:** Frau M. lebt in einer vollstationären Einrichtung. Am 5. April wird sie ins Krankenhaus eingeliefert und bleibt dort bis zum 21. April. Da sie am 5. noch im Heim war, ist dieser Tag voll zu bezahlen. Ebenso der 6., 7. und 8. Erst ab dem 9. April, dem vierten vollen Tag der Abwesenheit, sind Abschläge auf die Entgeltpositionen Unterkunft, Verpflegung und Pflegeleistungen vorzunehmen bis einschließlich 20. April. Für den Rückkehrtag am 21. April fällt wieder der volle Entgeltsatz an.

## 3. Pflege in vollstationären Einrichtungen der Behindertenhilfe

Die Beteiligung der Pflegekassen an den Kosten der Unterbringung von behinderten Menschen in teil- oder vollstationären Einrichtungen der Behindertenhilfe war kurz nach Verabschiedung des Pflegeversicherungsgesetzes hoch umstritten. Wie bereits bei den teilstationären Einrichtungen dargestellt, bemühten sich die Sozialhilfeträger darum, dass die Einrichtungen die Voraussetzungen einer Anerkennung als Pflegeeinrichtungen schaffen, um so die Leistungen der Pflegekassen auch in diesen Einrichtungen erbringen zu können. Bis dahin waren die meisten Einrichtungen über die **Eingliederungshilfe für behinderte Menschen** nach dem SGB XII gefördert worden. Die Pflegekassen und das Bundesministerium traten dafür ein, dass die Einrichtungen der Behindertenhilfe auch weiterhin allein über die Eingliederungshilfe für behinderte Menschen finanziert wurden. Wie offen zugegeben wurde, waren die Bewohner solcher Einrichtungen bei der Kalkulation der Kosten der Pflegeversicherung nämlich schlicht „vergessen" worden. Im Gegensatz zu der vergleichbaren Situation in den teilstationären Einrichtungen hätte dies allerdings bedeutet, dass die – oft durchaus pflegebedürftigen – Bewohner/innen dieser Einrichtungen keinerlei Leistungen der Pflegeversicherung erhalten hätten. Neben dem Besuch einer teilstationären Einrichtung kann die häusliche Pflege durchaus in Anspruch genommen werden, während dies in einer vollstationären Einrichtung naturgemäß nicht der Fall ist.

Nach der Regelung in § 43a SGB XI sind die Einrichtungen der Behindertenhilfe **keine Pflegeeinrichtungen** und können daher mit den Pflegekassen auch keinen Versorgungsvertrag abschließen (§ 71 Abs. 4 SGB XI). Die Leistungen der Eingliederungshilfe für behinderte Menschen bleiben darüber hinaus nach § 13 Abs. 3 Satz 3 SGB XI von den Leistungen der Pflegeversicherung unberührt und sind diesen gegenüber nicht nachrangig. Vielmehr muss in den in § 71 Abs. 4 SGB XI genannten Einrichtungen – hierunter fallen auch die Einrichtungen der Behindertenhilfe – die notwendige Hilfe einschließlich der Pflegeleistungen erbracht werden, die nicht gesondert über die Pflegekassen abgerechnet werden können.

Allerdings beteiligen sich die Pflegekassen mit einem **Zuschuss** an den Kosten der vollstationären Einrichtungen der Behindertenhilfe. Für Pflegebedürftige in solchen Einrichtungen übernimmt die Pflegekasse zur Abgeltung der in § 43 Abs. 2 SGB XI genannten Aufwendungen (→1. Kap. IV.2.c) 10 % des nach § 75 Abs. 3 SGB XII zwischen den Sozialhilfeträgern und den Einrichtungen vereinbarten Heimentgelts. Die Aufwendungen dürfen aber im Einzelfall je Kalendermonat 266 Euro nicht überschreiten. Für diese Leistung ist es ausreichend, dass Pflegebedürftigkeit mindestens nach Pflegegrad 2 vorliegt (§ 15 Abs. 1 SGB XI).

Eine weitere Differenzierung nach Pflegegraden erfolgt weder hinsichtlich der Leistungsvoraussetzungen noch hinsichtlich der Leistungshöhe.

**BEISPIELE:**

- Der 27-jährige Herr F. ist geistig behindert und lebt in einer Wohngruppe zusammen mit fünf anderen behinderten Menschen in einer Einrichtung der Diakonie. Tagsüber besucht er die Werkstatt für behinderte Menschen im Nachbarort. Nach der vertraglichen Vereinbarung zwischen der Diakonie und dem überörtlichen Träger der Sozialhilfe zahlt dieser für den Platz in der Wohngruppe monatlich 1.500 Euro. Die zuständige Pflegekasse stellt fest, dass Holger F. pflegebedürftig im Sinne des SGB XI ist. Sie beteiligt sich daher mit (10 % von 1.500 =) 150 Euro monatlich an den Kosten des Wohngruppen-Platzes.

- In einer Station für schwerstbehinderte Menschen in der gleichen Einrichtung lebt der 52-jährige Fritz K. Für seinen Platz zahlt der Sozialhilfeträger monatlich 3.200 Euro. Die zuständige Pflegekasse übernimmt daher einen Anteil von monatlich 266 Euro. Zwar sind 10 % von 3.200 Euro insgesamt 320 Euro, der Anteil der Pflegekasse ist aber auf 266 Euro pro Monat begrenzt.

Mit dieser Regelung ist der **Konflikt** über die Finanzierung der Pflege von behinderten Menschen in Einrichtungen nicht beendet worden. Immerhin erbringen die Pflegekassen für behinderte Menschen in stationären Einrichtungen erheblich geringere Leistungen, als für pflegebedürftige Menschen in Pflegeeinrichtungen, obwohl der pflegerische Aufwand in vielen Fällen vergleichbar sein dürfte.

Zwar steht in den Einrichtungen der Behindertenhilfe in aller Regel die **pädagogische Hilfe** im Vordergrund. Viele Sozialhilfeträger versuchen aber weiterhin, diese pädagogische Hilfe zugunsten der rein pflegerischen Betreuung zurückzudrängen. Wäre dies erst einmal erreicht, könnten die Einrichtungen doch wieder als Pflegeeinrichtungen anerkannt werden und die vollen Leistungen der vollstationären Pflege über die Pflegekassen abrechnen. Es bleibt nach wie vor zu hoffen, dass eine solche Entwicklung den Einrichtungen der Behindertenhilfe und deren Bewohner/innen erspart bleibt.

---

**Vollstationäre Pflege:**

- Alle Personen mit **Pflegegrad 2 bis 5** haben
  - □ Anspruch auf Leistungen der Pflegeversicherung je nach Pflegegrad für vollstationäre Pflege,
  - □ Anspruch auf kostenlose zusätzliche Betreuung im Pflegeheim.
- Alle Personen mit **Pflegegrad 1** haben Anspruch auf einen Zuschuss der Pflegeversicherung in Höhe von 125 Euro pro Monat.
- Menschen, die in **Einrichtungen der Behindertenhilfe** leben, haben einen Anspruch auf maximal 266 Euro im Monat.

---

# VII. Exkurs: Grundsätze der Pflegeversicherung

Das 11. Buch Sozialgesetzbuch (SGB XI), das die Regelungen zur Pflegeversicherung enthält, ist so aufgebaut, dass zunächst allgemeine Vorschriften und Grundsätze vorangestellt werden, die gleichsam die Grundwerte der Pflegeversicherung darstellen. Wir haben unsere diesbezüglichen Ausführungen allerdings bewusst **nicht an den Anfang** dieses Ratgebers gestellt, weil wir die Leser erst über die konkreten Leistungen der Pflegeversicherung informieren wollten. Es gibt aber noch einen anderen Grund, weshalb wir die „Grundsätze" nur knapp und nur in einem „**Exkurs**" im hinteren Teil dieses Ratgebers platzieren: Die allgemeinen Vorschriften des SGB XI (§§ 1 bis 13) enthalten neben sog. „Einweisungsvorschriften", die einen Kurzüberblick über die späteren Einzelregelungen enthalten, auch einige Regeln, die zwar für die gesamte soziale Pflegeversicherung und teilweise auch für die private Pflegeversicherung gelten. Aber es handelt sich hierbei überwiegend um reine **Programmsätze**, deren Bedeutung in der Praxis unklar bleibt. Konkrete Ansprüche eines Pflegebedürftigen oder eines Angehörigen können hieraus in der Regel nicht abgeleitet werden. Aus dem Kreis dieser allgemein gehaltenen Vorschriften haben nur die §§ 7a ff. SGB XI unmittelbare Wirkung, weil sich aus ihnen konkrete Rechtsansprüche auf Beratung sowie in besonders komplizierten Einzelfällen auf Fallmanagement ableiten lassen. Immerhin aber sind die Grundsätze als allgemeine Vorschriften im Einzelfall zu berücksichtigen bei Ermessensentscheidungen der Pflegekassen, bei der Auslegung einzelner Normen des Gesetzes und der anderen Rechtsgrundlagen sowie bei Fragen der konkreten Leistungserbringung. Insofern sind auch diese Grundsätze geltendes Recht, und die Betroffenen und ihre Angehörigen sollten sich immer hierauf berufen, wenn sie z. B. Entscheidungen ihrer Pflegekasse für falsch halten.

## 1. Selbstbestimmung und Würde

Die Leistungen der Pflegeversicherung sollen den Pflegebedürftigen helfen, trotz ihres Hilfebedarfs ein möglichst selbständiges und selbstbestimmtes Leben zu führen, das der Würde des Menschen entspricht (§ 2 Abs. 1 Satz 1 SGB XI). Selbstbestimmung bedeutet nach allgemeiner Sprachregelung die möglichst weitgehende eigenverantwortliche **Entscheidungskompetenz** in persönlichen Angelegenheiten. Dies setzt neben der grundsätzlichen Fähigkeit zu abwägenden Entscheidungen vor allem das Vorhandensein verschiedener Entscheidungsalternativen voraus, unter denen die Betroffenen die – selbstbestimmte – Wahl treffen können. Ein Bedarf an Hilfe bei körperbezogenen Pflegemaßnahmen, der Haushaltsführung oder bei pflegerischer Betreuung bedeutet nicht automatisch, zu selbständigen Entscheidungen nicht mehr in der Lage zu sein, wenn auch z. B. viele altersverwirrte oder gar demente Pflegebedürftige tatsächlich nur noch schwer wirklich selbstbestimmte Entscheidungen treffen können. Die Abhängigkeit von fremder Hilfe bedeutet auch nicht, zugleich mit der Hilfeerbringung auch jede Entscheidungskompetenz zu delegieren. Solange die Betroffenen noch ihre Wünsche zum Ausdruck bringen können, sind diese auch weitmöglich zu berücksichtigen. Wer Hilfe beim Essen braucht, kann gleichwohl noch darüber entscheiden, was er essen möchte; wer Hilfe beim Toilettengang braucht, muss gleichwohl entscheiden können, wann er zur Toilette geht. Mit dem BSG (Urteil vom 31.8.2000, B 3 P 14/99 R) kann ein Pflegebedürftiger zur Vermeidung eines nächtlichen Hilfebedarfs in diesem Zusammenhang z. B. nicht zum Tragen von Windelhosen oder gar zur Versorgung mit einem Blasenkatheder verpflichtet werden, solange er nicht inkontinent ist und die Pflege-

**173**

person verständigen kann. In diesem Sinne ist es durchaus zu begrüßen, dass im SGB XI der Selbstbestimmung ein so hoher Rang eingeräumt wird.

Immer wieder wurde bemängelt, dass dieser wichtige Grundsatz in der konkreten Umsetzung der Pflegeversicherung kaum Niederschlag findet. Wirkliche Entscheidungsalternativen der Betroffenen und ihrer Angehörigen werden durch vorgegebene Leistungskomplexe kaum eingeräumt. Das gesamte System der Pflegeversicherung wird vor allem durch die Pflegekassen auf der einen Seite und den Leistungserbringern (Pflegedienste, Pflegeheime etc.) auf der anderen Seite gestaltet. Zwischen diesen werden die Rahmenverträge, Versorgungsverträge, Vergütungsvereinbarungen etc. abgeschlossen, durch die die Leistungsansprüche der Betroffenen konkretisiert und vor allem die Leistungserbringung im Einzelfall geregelt werden. Eine **Beteiligung der Betroffenen** oder ihrer Angehörigen an diesem umfassenden Vertragsgeflecht ist so gut wie nicht vorgesehen. Lediglich über die Beteiligung von Interessenvertretungen nach § 118 SGB XI bei der Erarbeitung und Änderung von Richtlinien oder bei Vereinbarungen und Beschlüssen z. B. zum Qualitätsausschuss sind die Betroffenen indirekt beteiligt. Der Kreis dieser Beteiligten ist aber eng begrenzt auf bestimmte im Gesetz festgelegte maßgebliche Organisationen, und deren Beteiligung beschränkt auf ein Anhörungsrecht. Eine wirksame Möglichkeit zum Wohl der Betroffenen Einfluss zu nehmen, ist damit kaum verbunden. Dies soll sich nun anhand der neuesten Reform deutlich verbessern, indem den Betroffenen mehr Wahlmöglichkeiten hinsichtlich ihrer Bedarfe eingeräumt werden. Unabhängig von körperlichen oder kognitiven Einschränkungen stehen nun allen pflegebedürftigen Personen alle Leistungen der körperbezogenen Pflege sowie der pflegerischen Betreuung und Unterstützung bei der Haushaltsführung zu. § 36 SGB XI gibt den Betroffenen die Freiheit, von ihnen gewünschte Leistungen zu wählen.

Wirkliche Selbstbestimmung gibt es nur in wenigen Fällen: Bei der häuslichen Pflege ist die Wahl zwischen Pflegesachleistung, Pflegegeld oder der Kombinationsleistung weitgehend frei. Bei der Pflegesachleistung, der teilstationären-, Kurzzeit- und vollstationären

Pflege haben die Pflegebedürftigen darüber hinaus die **freie Wahl** zwischen Einrichtungen und Diensten verschiedener Träger (§ 2 Abs. 2 Satz 1 SGB XI), soweit diese jeweils einen Versorgungsvertrag mit ihrer Pflegekasse abgeschlossen haben und die Betroffenen mindesten in den Pflegegrad 2 eingestuft wurden. Das inhaltliche Angebot eines jeweiligen Dienstes, seine Vergütung, die Überwachung seiner Leistungen und sonstige wichtige Einzelheiten werden geregelt aufgrund vertraglicher Vereinbarungen zwischen diesem Dienst und der Pflegekasse. Hieran sind die Betroffenen nicht beteiligt. Sie dürfen aber frei darüber entscheiden, ob sie das hierbei erzielte Ergebnis in Anspruch nehmen wollen, oder lieber auf das Leistungsangebot eines anderen Trägers ausweichen wollen. Zwischen verschiedenen – fremdbestimmt zustande gekommenen – Angeboten dürfen sie – selbstbestimmt – auswählen. Dies beinhaltet dann auch die Rücksichtnahme auf die religiösen Bedürfnisse der Pflegebedürftigen. Sie sollen auf ihren Wunsch stationäre Leistungen in einer Einrichtung erhalten, in der sie durch Geistliche ihres Bekenntnisses betreut werden können (§ 2 Abs. 3 SGB XI).

Im Jahr 2005 wurde durch den **„Runden Tisch Pflege"**, dem Vertreter aller an der Pflege Beteiligten angehörten, eine „**Charta der Rechte hilfe- und pflegebedürftiger Menschen**" in Heimen und durch ambulante Dienste erarbeitet. Ziel war es u. a. das Recht auf Selbstbestimmung der Pflegebedürftigen im Einzelnen ausfüllen und insoweit zu konkretisieren. Auch ein Modellprojekt zur Verbesserung der Versorgung Pflegebedürftiger wurde eingerichtet. Es soll die Pflegeversicherung und ihre praktische Umsetzung konzeptionell durch geeignete Modellvorhaben begleiten und unterstützen, um vorhandene Versorgungslücken in der Pflegeinfrastruktur zu beseitigen, zukunftsweisende Versorgungsansätze zu verwirklichen und vorhandene Pflegeangebote zu modernisieren. Die Charta wird derzeit überarbeitet. Man darf trotz dieser Bemühungen jedoch nicht außer Acht lassen, dass es sich hierbei lediglich um Empfehlungen handelt. Einen direkten Anspruch z. B. für Pflegebedürftige ergibt sich aus der Charta ebenso wenig, wie aus einer Forderung der Umsetzung von Ergebnissen aus Modellprojekten.

## 2. Vorrang der häuslichen Pflege

Nach § 3 SGB XI soll die Pflegeversicherung mit ihren Leistungen **vorrangig** die häusliche Pflege und die Pflegebereitschaft der Angehörigen und Nachbarn unterstützen, damit die Pflegebedürftigen möglichst lange in ihrer häuslichen Umgebung bleiben können. Dies entspricht nicht nur der überwiegenden Praxis, sondern auch dem Wunsch der meisten Betroffenen. Eine Verpflichtung der Angehörigen und Nachbarn begründet diese Vorschrift jedoch nicht, sie stellt allenfalls einen moralischen Appell dar. Nach § 3 Satz 2 SGB XI gehen auch teilstationäre Hilfen und solche der Kurzzeitpflege der vollstationären Pflege vor. Konsequenterweise schreibt daher auch § 43 Abs. 1 SGB XI vor, dass vollstationäre Hilfe nur in Betracht kommt, wenn häusliche oder teilstationäre Pflege nicht möglich ist oder wegen der Besonderheiten des Einzelfalles nicht in Betracht kommt. Die vollstationäre Pflege soll also die **Ausnahme** sein, die häusliche Pflege die Regel. Im Einzelfall hat daher der Pflegebedürftige auch einen Anspruch gegen die Pflegekasse, vor der Verweisung auf vollstationäre Hilfen zunächst alle anderen Möglichkeiten auszuloten. Dieses Recht auf Information im weitesten Sinne manifestiert sich auch in den Regelungen des § 7 SGB XI zur Aufklärung und Auskunft durch die Pflegekassen in allen mit der Pflegebedürftigkeit zusammenhängenden Fragen sowie zur Pflegeberatung nach § 7a SGB XI. Die Pflegekassen haben hier nicht nur über ihre eigenen Leistungen sowie die Leistungen und Hilfen anderer Träger zu informieren und Leistungs- und Preisvergleichslisten zu erstellen, sondern bei Bedarf sogar einen individuellen Versorgungsplan, der zu überwachen ist. Um dies umzusetzen, haben die Pflegekassen Pflegestützpunkte einzurichten, sofern die zuständigen obersten Landesbehörden dies bestimmen. Mit Ausnahme von Sachsen und Sachsen-Anhalt, die anderweitige Beratungsstrukturen nutzen, ist dies in jedem Bundesland der Fall. Darüber hinaus müssen die Pflegekassen insbesondere auch dafür sorgen, dass in ihrem Einzugsgebiet ein ausreichend differenziertes Angebot an ambulanten, teilstationären und vollstationären Einrichtungen vorgehalten wird.

## 3. Prävention und Rehabilitation vor Pflege

Die Erbringung von Rehabilitationsleistungen der unterschiedlichen Art ist nicht Aufgabe der Pflegekassen, sondern wie vor Einführung der Pflegeversicherung auch weiterhin der jeweiligen **Rehabilitationsträger**, insbesondere der Krankenkassen, Rentenversicherungsträger, Unfallversicherungsträger und Sozialhilfeträger. Wer behindert oder von einer Behinderung bedroht ist, soll im Rahmen seines Rechts auf Selbstbestimmung und gleichberechtigte Teilhabe am Leben in der Gesellschaft von den Rehabilitationsträgern so gestellt werden, dass er möglichst uneingeschränkt am allgemeinen gesellschaftlichen Leben teilnehmen kann. **Rehabilitation** beinhaltet dabei hier z. B. im Rahmen einer Kurmaßnahme auch und gerade die Leistungen, die notwendig sind, um Pflegebedürftigkeit erst gar nicht eintreten zu lassen, also zu vermeiden oder sie zumindest zu mindern. Es bedurfte daher an verschiedenen Stellen im Gesetz der Abstimmung unterschiedlicher Leistungsbereiche, die in der Praxis auch z. T. noch erhebliche Probleme aufwirft. Insbesondere sollte möglichst verhindert werden, dass die an sich zuständigen Rehabilitationsträger einzelne Leistungen deshalb verweigern, weil Pflegeleistungen nach den Regeln der Pflegeversicherung in Anspruch genommen werden können und die Einstufung in einen Pflegegrad der Pflegeversicherung („Pflegefall") etwa dazu führt, dass dies gleichsam die Endstation im Sozialleistungssystem darstellt.

Die Pflegekassen sind nach § 5 Abs. 4 SGB XI verpflichtet, bei den zuständigen Leistungsträgern darauf **hinzuwirken**, dass frühzeitig alle geeigneten Maßnahmen der Prävention, der Krankenbehandlung und der Rehabilitation eingeleitet werden, um den Eintritt von Pflegebedürftigkeit zu **vermeiden.** Ansprechpartner sind danach vor allem die Krankenkassen, die nach § 11 Abs. 2 SGB V weiterhin verpflichtet sind, medizinische sowie auch unterhaltssichernde und andere ergänzende Leistungen zur Rehabilitation zu erbringen, die notwendig sind, um eine Behinderung oder Pflegebedürftigkeit abzuwenden, zu beseitigen, zu mindern, auszugleichen, ihre Verschlimmerung zu verhüten oder ihre Folgen zu mildern. Auch die Maßnahmen der Eingliederungshilfe für behinderte Menschen nach §§ 53 ff.

SGB XII haben zum Ziel, die Betroffenen möglichst unabhängig von Pflege zu machen (§ 53 Abs. 3 Satz 2 SGB XII). § 5 Abs. 6 SGB XI verpflichtet die Leistungsträger ausdrücklich, ihre Leistungen zur Rehabilitation auch nach Eintritt der Pflegebedürftigkeit in vollem Umfang einzusetzen und darauf hinzuwirken, die Pflegebedürftigkeit zu überwinden, zu mindern sowie eine Verschlimmerung zu verhindern. Eine Rehabilitationsmaßnahme kann daher von der Krankenkasse oder einem anderen Rehabilitationsträger nicht deshalb abgelehnt werden, weil Pflegebedürftigkeit vorliegt.

Die Verpflichtung der Pflegekassen geht sogar noch weiter. Die Pflegekasse muss im Einzelfall selbst prüfen, welche Leistungen zur medizinischen Rehabilitation und ergänzenden Leistungen **geeignet und zumutbar** sind, Pflegebedürftigkeit zu überwinden, zu mindern oder ihre Verschlimmerung zu verhüten (§ 31 Abs. 1 SGB XI). Bei Nachuntersuchungen muss dies jeweils wieder neu geprüft werden. Der Medizinische Dienst der Krankenversicherung hat hierzu im Rahmen seiner Feststellungen zur Pflegebedürftigkeit auch Maßnahmen zur Prävention und medizinischen Rehabilitation zu **empfehlen** (§ 18 Abs. 6 SGB XI), wenn sich solche als notwendig herausstellen sollten. Entsprechende Empfehlungen gelten mit Zustimmung der Betroffenen unmittelbar als Anträge. Auch die Pflegeeinrichtungen sind verpflichtet, der zuständigen Pflegekasse im Einvernehmen mit den Pflegebedürftigen mitzuteilen, wenn die Einleitung von Rehabilitationsmaßnahmen erforderlich ist. Stellt die Pflegekasse fest, dass im Einzelfall Leistungen zur Rehabilitation angezeigt sind, hat sie dies ihrerseits dem zuständigen Träger der Rehabilitation unverzüglich mitzuteilen (§ 31 Abs. 3 SGB XI). Die Pflegekassen und ihre Mitarbeiter müssen daher über den eigenen Leistungsbereich hinaus auch über die Möglichkeiten von Rehabilitationsmaßnahmen ständig auf dem Laufenden sein. Allerdings kann die Pflegekasse bei festgestellter Pflegebedürftigkeit Leistungen nicht deshalb verweigern, weil sie die Durchführung von Reha-Leistungen für angebracht hält. Von einem wirklichen **Vorrang** der Rehabilitationsleistungen kann daher in diesem Sinne eigentlich nicht gesprochen werden, es besteht eher ein **Gleichrang:** Sowohl Pflegeleistungen als auch Rehabilitationsmaßnahmen können nebeneinander in Anspruch genommen werden. § 32 SGB XI verpflichtet die Pflegekassen in den Fällen, in denen eine sofortige Leistungserbringung erforderlich ist, z. B. um eine unmittelbar drohende Pflegebedürftigkeit zu vermeiden, unabhängig von der Zuständigkeit unter bestimmten weiteren Voraussetzungen zumindest vorläufige Leistungen zur medizinischen Rehabilitation zu erbringen.

Es zeigt sich allerdings, dass das aufgezeigte Nebeneinander von Rehabilitations- und Pflegeleistungen in unterschiedlichen Zuständigkeiten auch zu **Reibungsverlusten** führen kann und nicht nur zu einer gedeihlichen Zusammenarbeit. Auch das Sozialgesetzbuch – Rehabilitation und Teilhabe behinderter Menschen (SGB IX), das als Nachfolgeregelung u. a. des Schwerbehindertengesetzes das Rehabilitationsrecht weiterentwickeln und zur Vermeidung von Zuständigkeitsstreitigkeiten harmonisieren und zusammenfassen soll, hat hier bisher noch nicht zu einer für die Bedürfnisse der Betroffenen gerechter werdenden Handhabung geführt.

Neben den Pflegestärkungsgesetzen I und II wurde im Juli 2015 das Präventionsgesetz erlassen. Dieses Gesetz soll der Gesundheitsförderung und Prävention auch in Pflegeheimen dienen. Die Krankenkassen werden dadurch unmittelbar verpflichtet, Leistungen zur Verhinderung und Verminderung von Krankheitsrisiken sowie zur Gesundheitsförderung zu erbringen. Die Pflegeversicherung hat den Auftrag, Präventionsleistungen in stationären und teilstationären Einrichtungen zu erbringen. Das können z. B. Angebote sein, die die Mobilität der Bewohner fördern oder soziale Kontakte innerhalb und außerhalb der Einrichtung.

## 4. Eigenverantwortung

Nach § 6 Abs. 1 SGB XI sollen die Versicherten durch **gesundheitsbewusste Lebensführung**, durch frühzeitige Beteiligung an Vorsorgemaßnahmen und durch aktive Mitwirkung an Krankenbehandlung und medizinischer Rehabilitation dazu beitragen, Pflegebedürftigkeit zu vermeiden. Unterstützt werden soll dies nach § 7 Abs. 1 SGB XI durch Aufklärung und Auskunft durch die Pflegekassen. Da die Anforderungen an eine „gesundheitsbewusste Lebensführung" nicht weiter konkretisiert werden und Sanktionen für Verstöße hiergegen fehlen, handelt es sich im Kern um einen reinen Programmsatz mit Appell-Charakter. Die Vorschrift hat unter anderem den Zweck, Versicherten gewissermaßen wegen ihrer Lebensführung die moralische Verantwortung für eine angeblich selbst verschuldete Pflegebedürftigkeit zuzuweisen. Wie die vergleichbare Regelung in § 1 Satz 2 SGB V für die gesetzliche Krankenversicherung kann sie darüber hinaus als Vorstufe für eine gesetzgeberische Einführung von Sanktionen verstanden werden; inwieweit in § 6 Abs. 2 SGB XI eine verbindliche Mitwirkung im Rahmen von Reha-Maßnahmen eingefordert wird, ist in der juristischen Literatur noch in der Diskussion, insbesondere unter dem Aspekt allgemeiner Mitwirkungspflichten (§§ 60 ff. SGB I). In der gesundheitspolitischen Diskussion tauchen immer wieder Vorschläge auf, in der Krankenversicherung bestimmte Beitragszuschläge für ungesunde Lebensführung zu erheben, oder Leistungskürzungen vorzusehen für Krankheiten, die durch Rauchen, Alkohol- oder Drogenkonsum (mit-)verursacht wurden. Die Grenzen dessen, was als ungesunde Lebensführung eingestuft wird, sind natürlich fließend und unterliegen der jeweiligen gesundheitspolitischen Bewertung. So wird Sport als gesundheitsfördernd eingestuft, Leistungs- oder Extremsport jedoch als gesundheitsgefährdend. Was dem Herz-/Kreislaufsystem nützt (Joggen), kann andererseits die Gelenke und Knochen schädigen. Pflegebedürftigkeit ist und bleibt auch danach ein allgemeines Lebensrisiko, das durch eigene Lebensführung nur sehr beschränkt beeinflusst werden kann.

## 5. Teilabsicherung

Die Pflegeversicherung hat nicht die Aufgabe, den gesamten Bedarf der Pflegebedürftigen umfassend abzusichern, sondern nur einen **Teil des pflegebedingten Bedarfs**. Bei häuslicher und teilstationärer Pflege ergänzen die Leistungen der Pflegeversicherung die familiäre, nachbarschaftliche oder sonstige ehrenamtliche Pflege und Betreuung (§ 4 Abs. 2 Satz 1 SGB XI). Die Hauptverantwortung der pflegerischen Versorgung liegt auch nach Einführung der Pflegeversicherung bei den Betroffenen selbst und deren Familie oder sonstigen den Pflegebedürftigen nahestehenden Personen. Die Pflegeversicherung wirkt hier unterstützend.

Auch bei der teil- und vollstationären Pflege werden die Pflegebedürftigen von pflegebedingten Aufwendungen **entlastet**, die Aufwendungen für **Unterkunft und Verpflegung** tragen die Pflegebedürftigen selbst (§ 4 Abs. 2 Satz 2 SGB XI), wie sie dies auch tun müssten, wenn sie nicht pflegebedürftig wären. Die Rechtsprechung hat insoweit ausdrücklich gebilligt, dass im Rahmen der Pflegeversicherung nur ein begrenztes Risiko abgesichert ist und nicht ein bestehender Hilfebedarf bei allen denkbaren Verrichtungen. Ein Verfassungsverstoß ist hierin auch mit dem Bundesverfassungsgericht (BVerfG) nicht zu sehen (BVerfG, Beschlüsse vom 22.5.2003, 1 BvR 452/99, FamRZ 2003, 1084 und 1 BvR 1077/00, NZS 2003, 535).

Die zum Teil hoch gesteckten Erwartungen in die Pflegeversicherung können daher in vielen Fällen von dieser nicht eingelöst werden. Dies war aber auch nie Sinn und Zweck der Pflegeversicherung. Die danach nicht von der Pflegeversicherung erfassten Bereiche des Pflegerisikos fallen somit – entsprechende Bedürftigkeit der auf Pflege Angewiesenen vorausgesetzt – nach wie vor in den Verantwortungsbereich der Sozialhilfe. Viele Betroffene müssen daher neben den Leistungen der Pflegeversicherung ergänzend auch solche der Sozialhilfe beantragen (→ 3. Kap.).

# VIII. Wer ist abgesichert?

## 1. Grundsatz

Leistungen aus der sozialen Pflegeversicherung kann nur beziehen, wer zum **versicherten Personenkreis** gehört. Die soziale Pflegeversicherung ist als eigenständiger Zweig der Sozialversicherung neben die traditionellen Zweige Krankenversicherung, Rentenversicherung, Unfallversicherung und Arbeitslosenversicherung getreten. Sie ist aber stark an die gesetzliche Krankenversicherung angelehnt. Bereits § 1 Abs. 2 Satz 1 SGB XI nennt den Grundsatz: In den Schutz der sozialen Pflegeversicherung sind kraft Gesetzes alle einbezogen, die in der gesetzlichen Krankenversicherung versichert sind. Die **Pflegeversicherung folgt der Krankenversicherung**. Die Pflegekassen als

Träger der sozialen Pflegeversicherung wurden dadurch gebildet, dass bei jeder Krankenkasse eine Pflegekasse errichtet wurde (§ 46 Abs. 1 SGB XI). Die Pflegekasse ist auch grundsätzlich für diejenigen Versicherten zuständig, die bei der Krankenkasse, bei der sie errichtet ist, gegen Krankheit versichert sind (§§ 48 f. SBG XI).

Das Gesetz unterscheidet zwischen der **Versicherungspflicht**, der **Familienversicherung** und der **Weiterversicherung**. Die Unterscheidung hat vor allem Bedeutung für die Frage der Beitragstragung, der für die Versicherung zuständigen Pflegekasse, für Beginn und Ende der Mitgliedschaft, nicht jedoch für das Leistungsrecht. Für die Leistungen der Pflegeversicherung ist es unerheblich, ob eine Versicherungspflicht, eine Familienversicherung oder eine Weiterversicherung vorliegt.

Eine **freiwillige Versicherung** wie in der gesetzlichen Krankenversicherung kennt die soziale Pflegeversicherung grundsätzlich nicht. § 20 Abs. 3 SGB XI schreibt aber vor, dass alle freiwillig Versicherten der gesetzlichen Krankenversicherung zugleich versicherungspflichtig in der sozialen Pflegeversicherung sind. Wer andererseits von der gesetzlich vorgesehenen Möglichkeit der Befreiung von einer Versicherungspflicht in der gesetzlichen Krankenversicherung Gebrauch gemacht hat, ist auch in der sozialen Pflegeversicherung nicht abgesichert. Er/sie ist dann vielmehr nach §§ 1 Abs. 2 Satz 2, 23 SGB XI verpflichtet, eine private Pflegeversicherung abzuschließen. Das bedeutet, dass die Entscheidung hinsichtlich der Krankenversicherung zugleich Auswirkungen auf die Pflegeversicherung hat. Ein Auseinanderfallen der Kranken- und der Pflegeversicherung soll so möglichst vermieden werden.

Die Möglichkeit, privat Krankenversicherte in die soziale Pflegeversicherung aufzunehmen, sieht das Gesetz – höchstrichterlich bestätigt – nicht vor, wobei auch aus dem GG keine Verpflichtung des Gesetzgebers zu erkennen ist, privat versicherten Personen den Zugang zu einer gesetzlichen Sozialversicherung zu ermöglichen. Selbst der generelle Ausschluss von Personen, die weder privat noch gesetzlich krankenversichert sind, von der sozialen ebenso wie von der privaten Pflegepflichtversicherung verstieß nach der Rechtsprechung des BSG (Urteil vom 6.11.1997, 12 RP 1/96, NZS 1998, 525) nicht gegen das

Gesetz, wobei dann das BVerfG aber den allgemeinen Gleichheitsgrundsatz des Art. 3 GG insoweit als verletzt ansah, als diesem Personenkreis nicht zumindest ein Beitrittsrecht eingeräumt werde (BVerfG, Urteil vom 3.4.2001, 1 BvR 81/98, NZS 2001, 314). Dem hat der Gesetzgeber dadurch Rechnung getragen, dass er verschiedenen nicht krankenversicherten Personengruppen nach § 26a SGB XI zum Teil befristete Beitrittsrechte einräumt.

## 2. Versicherungspflicht

**Versicherungspflichtig** sind zunächst alle versicherungspflichtigen Mitglieder der gesetzlichen Krankenversicherung, deren Mitgliedschaft wiederum im SGB V geregelt ist. Im Einzelnen sind dies nach § 20 Abs. 1 SGB XI:

**a) Arbeiter, Angestellte** und zu ihrer **Berufsausbildung** Beschäftigte, die gegen Arbeitsentgelt beschäftigt sind; für die Zeit des Bezugs von Kurzarbeiter- oder Winterausfallgeld nach dem Sozialgesetzbuch – Arbeitsförderung (SGB III) bleibt die Versicherungspflicht unberührt.

Arbeiter und Angestellte sind Arbeitnehmer, also diejenigen, die aufgrund eines Arbeitsvertrages gegen Arbeitsentgelt beschäftigt sind. Entscheidend sind die tatsächlichen Verhältnisse. Ein schriftlicher Arbeitsvertrag ist nicht notwendig, die Leistung abhängiger Arbeit – also nach Weisung des Arbeitgebers – gegen Entgelt reicht aus. Arbeitsentgelt sind nach der Definition in § 14 Abs. 1 Sozialgesetzbuch – Gemeinsame Vorschriften (SGB IV) alle laufenden oder einmaligen Einnahmen aus einer Beschäftigung, gleichgültig, ob ein Rechtsanspruch auf die Einnahmen besteht, unter welcher Bezeichnung oder in welcher Form sie geleistet werden und ob sie unmittelbar aus der Beschäftigung oder im Zusammenhang mit ihr gezahlt werden. Auch die Gewährung von freier Kost und Logis – z. B. an mitarbeitende Familienangehörige – kann daher ein Arbeitsverhältnis begründen, wenn nur eine Gegenseitigkeit mit der Arbeitsleistung anzunehmen ist.

Zwar enthält das SGB XI keinen ausdrücklichen Ausschluss der Versicherungspflicht bei geringfügiger Beschäftigung. Dieser folgt jedoch daraus, dass nur versicherungspflichtige Mitglieder der gesetzlichen Krankenversicherung versichert sind, nach § 7 Satz 1 SGB V aber versicherungsfrei, wer nur eine geringfügige Beschäftigung nach § 8 SGB IV ausübt.

Bezieher von **Vorruhestandsgeld** gelten als gegen Arbeitsentgelt beschäftigte Arbeiter und Angestellte, wenn sie unmittelbar vor Bezug des Vorruhestandsgeldes versicherungspflichtig waren und das Vorruhestandsgeld mindestens in Höhe von 65 % des Bruttoarbeitsentgelts gezahlt wird. Dies gilt nicht, wenn sie ihren Wohnsitz oder gewöhnlichen Aufenthalt in einem Staat haben, mit dem keine über- oder zwischenstaatlichen Vereinbarungen über Sachleistungen bei Krankheit bestehen (§ 20 Abs. 2 SGB XI).

Nicht Arbeitnehmer im Sinne dieser Vorschrift sind **Beamte, Soldaten und Richter.** Diese stehen jeweils in einem besonderen öffentlich-rechtlichen Dienstverhältnis. Arbeitnehmer sind nur die aufgrund eines privatrechtlichen Arbeitsvertrages beschäftigten Personen. Beamte, Soldaten und Richter haben Ansprüche aus der Fürsorgepflicht ihres Dienstherren auf Unterstützung auch im Krankheits- und Pflegefall – die sog. Beihilfeleistungen – nach den jeweiligen Beihilfevorschriften des Bundes und der Länder. Diese sehen in der Regel einen anteiligen Kostenzuschuss vor. Für die darüber hinausgehenden Kosten müssen private Kranken- und Pflegeversicherungen abgeschlossen werden. Eine Ausnahme gilt für Soldaten auf Zeit, die nach § 21 Nr. 6 SGB XI versicherungspflichtig sind. Beamte, Soldaten und Richter können ggf. freiwillige Mitglieder der gesetzlichen Krankenversicherung sein und als solche wiederum pflichtversichert in der sozialen Pflegeversicherung.

Zur Berufsausbildung gegen Arbeitsentgelt beschäftigt sind zunächst vor allem diejenigen Auszubildenden, die einen **Berufsausbildungsvertrag** nach dem Berufsbildungsgesetz abgeschlossen haben und eine Ausbildungsvergütung erhalten. Als zu ihrer Berufsausbildung Beschäftigte gelten aber auch Personen, die als nicht satzungsmäßige Mitglieder geistlicher Genossenschaften oder ähnlicher religiöser Gemeinschaften für den Dienst in einer solchen Genossenschaft oder ähnlichen religiösen Gemeinschaft außerschulisch ausgebildet werden. Auf die Höhe der Ausbildungsvergütung selbst kommt es nicht an.

**b)** Personen in der Zeit, für die sie **Arbeitslosengeld I** nach **SGB III** beziehen.

Das SGB III regelt die Leistungen der Arbeitslosenversicherung. Wer immer Arbeitslosengeld durch das Arbeitsamt bezieht, ist für die Dauer des Leistungsbezugs auch für den Fall der Pflegebedürftigkeit versichert. Dies gilt ausdrücklich auch dann, wenn die Entscheidung, die zum Bezug der Leistung geführt hat, rückwirkend aufgehoben oder die Leistung zurückgefordert oder zurückgezahlt worden ist. Auch wenn für die Leistung eine Sperrzeit angeordnet ist, gilt die Versicherungspflicht ab Beginn des zweiten Monats bis zur zwölften Woche der **Sperrzeit**.

**c)** Personen in der Zeit, für die sie – ohne in der gesetzlichen Krankenversicherung familienversichert zu sein – **Arbeitslosengeld II** nach dem Sozialgesetzbuch – Grundsicherung für Arbeitsuchende (SGB II) beziehen, auch wenn die Entscheidung, die zum Bezug der Leistungen geführt hat, rückwirkend aufgehoben oder die Leistung zurückgefordert oder.gezahlt worden ist, es sei denn die Leistungen werden nur darlehensweise bezogen.

**d) Landwirte**, ihre mitarbeitenden Familienangehörigen und Altenteiler, die nach § 2 des Zweiten Gesetzes über die Krankenversicherung der Landwirte (KVLG) versicherungspflichtig sind.

Dies sind vor allem landwirtschaftliche Unternehmer mit einem landwirtschaftlichen Betrieb bestimmter Mindestgröße und hierin mitarbeitende Familienangehörige ab 15 Jahren. Als solche kommen Personen in Betracht, die mit dem landwirtschaftlichen Unternehmer bis zum dritten Grad verwandt oder bis zum zweiten Grad verschwägert oder dessen Pflegekinder sind.

**e)** Selbständige **Künstler** und **Publizisten** nach näherer Bestimmung des Künstlersozialversicherungsgesetzes (KSVG).

Künstler ist, wer Musik, darstellende oder bildende Kunst schafft, ausübt oder lehrt; Publizist ist, wer als Schriftsteller, Journalist oder in anderer Weise publizistisch tätig ist oder Publizistik lehrt (§ 2 KSVG).

**185**

**f)** Personen, die in Einrichtungen der **Jugendhilfe**, in Berufsbildungswerken oder in ähnlichen **Einrichtungen für behinderte Menschen** für eine Erwerbstätigkeit befähigt werden sollen.

Gemeint sind hier Personen, die nicht gegen Entgelt in einem Berufsausbildungsverhältnis stehen; diese wären ja bereits nach den Ausführungen oben zu a) versicherungspflichtig. Einrichtungen der Jugendhilfe sind vor allem solche Einrichtungen, in denen Hilfen nach dem Kinder- und Jugendhilfegesetz (Sozialgesetzbuch Achtes Buch – SGB VIII) erbracht werden wie z.B. in therapeutischen Wohngruppen oder Jugenddörfern. Voraussetzung ist in jedem Fall, dass in derartigen Einrichtungen für eine Erwerbstätigkeit befähigt werden soll, also berufliche Aus- oder Fortbildung, Umschulung und vor allem auch niedrigschwellige Angebote zur beruflichen Qualifikation angeboten werden. Eine Versicherungspflicht nach dieser Vorschrift geht der – beitragsfreien – Familienversicherung nach § 25 SGB XI vor.

**g)** Teilnehmer/innen an Leistungen zur **Teilhabe am Arbeitsleben** sowie an **Berufsfindung** oder **Arbeitserprobung**, es sei denn, die Leistungen werden nach den Vorschriften des Bundesversorgungsgesetzes (BVG) erbracht.

Teilnehmer/innen an Maßnahmen der beruflichen Rehabilitation sind in jedem Falle abgesichert, gleichgültig, ob die Maßnahme von einem Unfallversicherungsträger, einem Rentenversicherungsträger, der Bundesagentur für Arbeit oder einem sonstigen Rehabilitationsträger gezahlt wird. Ausgenommen sind nur Rehabilitationsmaßnahmen der Versorgungsverwaltung für Kriegs- und Wehrdienstopfer oder vergleichbare Leistungsberechtigte nach dem BVG.

**h)** Behinderte Menschen, die in anerkannten **Werkstätten für behinderte Menschen** oder in nach dem Blindenwarenvertriebsgesetz anerkannten Blindenwerkstätten oder für diese Einrichtungen in Heimarbeit tätig sind.

Eine Werkstatt für behinderte Menschen bietet denjenigen, die wegen Art oder Schwere der Behinderung nicht, noch nicht oder noch nicht wieder auf dem allgemeinen Arbeitsmarkt tätig sein können, einen Arbeitsplatz oder Gelegenheit zur Ausübung einer geeigneten Tätigkeit (§ 136 Abs. 1 SGB IX).

i) **Behinderte Menschen**, die in Anstalten, Heimen oder gleichartigen Einrichtungen in gewisser Regelmäßigkeit eine Leistung erbringen, die einem Fünftel der Leistung eines voll erwerbsfähigen Beschäftigten in gleichartiger Beschäftigung entspricht; hierzu zählen auch Dienstleistungen für den Träger der Einrichtung.

j) **Studenten**, die an staatlichen oder staatlich anerkannten Hochschulen eingeschrieben sind, soweit sie nach § 5 Abs. 1 Nr. 9 SGB V der Krankenversicherungspflicht unterliegen.

Nach § 5 Abs. 1 Nr. 9 SGB V sind Studenten versicherungspflichtig bis zum Abschluss des 14. Fachsemesters oder bis zur Vollendung des 30. Lebensjahres. Darüber hinaus wird eine Versicherungspflicht nur begründet, wenn die Art der Ausbildung oder familiäre sowie persönliche Gründe, insbesondere der Erwerb der Zugangsvoraussetzungen in einer Ausbildungsstätte des Zweiten Bildungsweges, die Überschreitung der Altersgrenze oder eine längere Fachstudienzeit rechtfertigen. Noch nicht zum Studium zählen studienvorbereitende Sprachkurse oder Eignungsverfahren, allerdings Erweiterungs- und Aufbaustudiengänge, nicht jedoch wiederum Promotionsstudiengänge. Zu beachten sind auch die im Krankenversicherungsrecht normierten Ausnahmen von der Versicherungspflicht, die auf die soziale Pflegeversicherung wegen der Verweisung ebenfalls durchschlagen. Danach ist nicht versicherungspflichtig, wer hauptberuflich selbständig erwerbstätig ist (§ 5 Abs. 5 SGB V) oder wer während der Dauer des Studiums gegen Arbeitsentgelt beschäftigt ist (§ 6 Abs. 1 Nr. 3 SGB V). Darüber hinaus können sich Studierende nach § 8 Abs. 1 Nr. 5 SGB V von der Versicherungspflicht befreien lassen. Diese Befreiung würde dann zugleich für die soziale Pflegeversicherung gelten, da eine Krankenversicherungspflicht in diesem Falle nicht mehr besteht.

Nach der Regelung in § 25 Abs. 1 Nr. 2 SGB XI geht die Versicherungspflicht als Student der Familienversicherung nicht vor, so dass auch Studenten jedenfalls bis zur Vollendung des 25. Lebensjahres über die Eltern den Schutz der Familienversicherung in Anspruch nehmen müssen. Erst nach Auslaufen der Familienversicherung – grundsätzlich mit Vollendung des 25. Lebensjahrs – greift dann die Versicherungspflicht als Student.

k) Personen, die zu ihrer **Berufsausbildung ohne Arbeitsentgelt** beschäftigt sind oder die eine **Fachschule** oder **Berufsfachschule** besuchen oder eine in Studien- oder Prüfungsordnungen vorgeschriebene berufspraktische Tätigkeit verrichten (**Praktikanten**); Auszubildende des Zweiten Bildungsweges, die sich in einem nach dem Bundesausbildungsförderungsgesetz (BAföG) förderungsfähigen Teil eines Ausbildungsabschnittes befinden, sind Praktikanten gleichgestellt.

Die Besucher einer Fachschule oder Berufsfachschule sind in der Parallelvorschrift des § 5 Abs. 1 Nr. 10 SGB V nicht genannt, sind also grundsätzlich nicht versicherungspflichtig in der gesetzlichen Krankenversicherung. Zum Zweiten Bildungsweg gehören z. B. Abendschulen, Abendrealschulen und Abendgymnasien. Entscheidend ist allein die Förderungsfähigkeit nach dem BAföG, nicht eine tatsächliche Förderung des Auszubildenden. Auch hier gilt, dass die Versicherungspflicht der Familienversicherung nicht vorgeht (§ 25 Abs. 1 Nr. 2 SGB XI).

l) Personen, die die Voraussetzungen für den Anspruch auf eine Rente aus der gesetzlichen Rentenversicherung erfüllen und diese Rente beantragt haben, soweit sie nach § 5 Abs. 1 Nr. 11, 11 a, 11b oder 12 SGB V der Krankenversicherungspflicht unterliegen. Wer sich dagegen als Rentner von der Krankenversicherungspflicht hat befreien lassen, unterliegt nicht der Versicherungspflicht in der sozialen Pflegeversicherung.

Voraussetzung für die Versicherungspflicht der **Rentner** ist grundsätzlich, dass diese seit der erstmaligen Aufnahme ihrer Erwerbstätigkeit bis zur Stellung des Rentenantrages mindestens $^9/_{10}$ der zweiten Hälfte dieses Zeitraums in der gesetzlichen Krankenversicherung Mitglied oder nach § 10 SGB V familienversichert waren. Bestimmte Zeiten werden hierauf angerechnet, Ausnahmen gelten für die Begünstigten des Fremdrentengesetzes oder des Gesetzes zur Wiedergutmachung nationalsozialistischen Unrechts (§ 5 Abs. 1 Nr. 11, 12 SGB V).

§ 21 SGB XI schreibt weiterhin Versicherungspflicht für bestimmte Personen vor, wenn diese ihren **Wohnsitz** oder gewöhnlichen Aufenthalt im Inland haben und wenn sie gegen Krankheit weder in der gesetzlichen Krankenversicherung versichert sind – dann sind sie bereits nach § 20 SGB XI versicherungspflichtig – noch bei einem privaten Krankenversicherungsunternehmen – dann müssen sie nach § 23 SGB XI eine private Pflegeversicherung abschließen.

Im Einzelnen sind dies folgende Personen:

- Wer nach dem **BVG** oder nach Gesetzen, die eine entsprechende Anwendung des Bundesversorgungsgesetzes vorsehen, einen Anspruch auf Heilbehandlung oder Krankenbehandlung hat: Ansprüche nach dem BVG haben Kriegsoper und ihre Angehörigen; Gesetze, die hierauf verweisen sind z. B. das Soldatenversorgungsgesetz für Wehrdienstunfälle, das Zivildienstgesetz für Zivildienstunfälle, das Strafrechtliche Rehabilitierungsgesetz für Opfer rechtsstaatswidriger Strafverfolgungsmaßnahmen im Beitrittsgebiet, das Verwaltungsrechtliche Rehabilitierungsgesetz für Opfer rechtsstaatswidrigen Verwaltungshandelns im Beitrittsgebiet, das Bundesseuchengesetz für Schäden durch gesetzlich vorgeschriebene oder angeordnete Schutz-Impfungen und das Opferentschädigungsgesetz für Opfer von Gewalttaten.

- Wer **Kriegsschadenrente** oder vergleichbare Leistungen nach dem Lastenausgleichsgesetz oder dem Reparationsschädengesetz oder laufende Leistungen nach dem Flüchtlingshilfegesetz bezieht.

- Wer ergänzende Hilfe zum Lebensunterhalt im Rahmen der **Kriegsopferfürsorge** nach dem BVG oder nach Gesetzen bezieht, die eine entsprechende Anwendung des BVG vorsehen.

- Wer laufende Leistungen zum Unterhalt und Leistungen der Krankenhilfe nach dem Achten Buch Sozialgesetzbuch bezieht. Im SGB VIII sind die Leistungen der **Kinder- und Jugendhilfe** geregelt. Bei bestimmten Hilfen wird ergänzend für das Kind oder den Jugendlichen der notwendige Unterhalt und/oder Krankenhilfe sichergestellt (§§ 39, 40 SGB VIII).

- Wer krankenversorgungsberechtigt nach dem **Bundesentschädigungsgesetz** ist.

- Wer in das Dienstverhältnis eines **Soldaten auf Zeit** berufen worden ist. Dies ist eine Ausnahme von der Regel, dass Soldaten nicht in der sozialen Pflegeversicherung versicherungspflichtig sind.

Schließlich sind in der sozialen Pflegeversicherung auch alle diejenigen versicherungspflichtig, die in der gesetzlichen Krankenversicherung **freiwillig versichert** sind (§ 20 Abs. 3 SGB XI). Die Versicherungsberechtigung, also die Möglichkeit, freiwillig der gesetzlichen Krankenversicherung beizutreten, ergibt sich aus § 9 SGB V. Sie wird vor allem Personen eingeräumt, die aus einer Versicherungspflicht oder einer Familienversicherung ausgeschieden sind. Der **Beitritt** zur gesetzlichen Krankenversicherung muss innerhalb bestimmter Fristen angezeigt werden. Hierunter können auch Sozialhilfebezieher/innen fallen, wenn sie zuvor Mitglied der gesetzlichen Krankenversicherung waren. Für diejenigen, die aus einer Versicherungspflicht ausscheiden und nach § 9 Abs. 1 Nr. 1 SGB V weiterhin Mitglied der gesetzlichen Krankenversicherung bleiben können, muss der Träger der Hilfe zum Lebensunterhalt die notwendigen Beiträge zur Krankenkasse übernehmen, für andere freiwillig Versicherte kann der Sozialhilfeträger die Beiträge übernehmen (§ 32 SGB XII). Auch Beamte, Soldaten und Richter können bei Vorliegen der Voraussetzungen freiwillige Mitglieder der gesetzlichen Krankenversicherung sein. Dies ist jedoch nur ausnahmsweise möglich, wenn vorher Versicherungspflicht bestand.

Das Vorliegen von Versicherungspflicht in der sozialen Pflegeversicherung auch für diejenigen Personen, die in der gesetzlichen Krankenversicherung nur freiwillig versichert sind, ist dabei mit der sozialgerichtlichen Rechtsprechung und auch der des BVerfG insgesamt verfassungsgemäß (BVerfG, Urteil vom 3.4.2001, 1 BvR 81/98, NZS 2001, 314). Die Absicherung der Bevölkerung gegen die finanziellen Belastungen im Falle von Pflegebedürftigkeit erweist sich danach als ein legitimes Anliegen des Gesetzgebers und die Versicherungspflicht auch für nur freiwillig Versicherte der gesetzlichen Krankenversicherung zur Erreichung dieses Ziels verhältnismäßig.

## 3. Befreiung von der Versicherungspflicht

Den freiwillig Versicherten der gesetzlichen Krankenversicherung kann nach § 22 Abs. 1 SGB XI eine Befreiung von der Versicherungspflicht in der sozialen Pflegeversicherung eingeräumt werden, wenn sie für sich und ihre Angehörigen oder (eingetragenen) Lebenspartner, die bei Versicherungspflicht im Rahmen der Familienhilfe versichert wären, eine gleichwertige private Absicherung nachweisen. Diese **private Pflegeversicherung** muss nach Art und Umfang mindestens Leistungen vorsehen, die denjenigen der sozialen Pflegeversicherung gleichwertig sind und solange aufrechterhalten bleiben, wie die befreiten Personen krankenversichert sind. Wer als Beamter, Soldat oder Richter beihilfeberechtigt ist, muss eine entsprechend anteilige Versicherung – über die beschränkten Leistungen der Beihilfe hinaus – nachweisen.

Sinn der Vorschrift ist es, der privaten Planung des Einzelnen Vorrang gegenüber der Versicherungspflicht einzuräumen. Wer bei Beginn einer freiwilligen Mitgliedschaft in der gesetzlichen Krankenversicherung **private Vorsorge** getroffen hatte, soll selbst entscheiden können, ob der sozialen oder der privaten Pflegeversicherung der Vorrang gebührt. Entweder kann Befreiung von der Versicherungspflicht beantragt werden mit der Folge, dass nur die private Absicherung gilt. Oder die Absicherung der sozialen Pflegeversicherung wird in Anspruch genommen, in diesem Falle kann der private Pflegeversicherungsvertrag nach § 27 SGB XI gekündigt werden. Die Entscheidung für die Privatversicherung ist allerdings endgültig. Eine einmal gewährte Befreiung kann nicht widerrufen werden (§ 22 Abs. 2 Satz 3 SGB XI). Sie kann zudem nur innerhalb von drei Monaten nach Beginn der Versicherungspflicht bei der Pflegekasse beantragt werden (§ 22 Abs. 2 Satz 1 SGB XI).

## 4. Familienversicherung

Von besonderer praktischer Bedeutung ist die Familienversicherung nach § 25 SGB XI. Neben den Versicherten selbst sind nämlich auch der **Ehegatte**, der eingetragene **Lebenspartner** und die **Kinder** von Mitgliedern sowie die Kinder von familienversicherten Kindern – beitragsfrei – mitversichert, wenn sie ihren Wohnsitz oder gewöhnlichen Aufenthalt im Inland haben und nicht eines der Ausschlussmerkmale des § 25 Abs. 1 Nr. 2 bis 5 SGB XI greift. Kinder sind zudem grundsätzlich nur bis zu bestimmten Altersgrenzen mit abgesichert.

Nicht mit versichert sind Angehörige, die ihrerseits **versicherungspflichtig** sind, und zwar nach § 20 Abs. 1 Nr. 1 bis 8 oder Nr. 11

SGB XI oder als freiwillig Versicherte in der gesetzlichen Krankenversicherung. Die Versicherungspflicht als Student/in oder Auszubildende ohne Arbeitsentgelt und Praktikant/in schließen dagegen eine Familienversicherung nicht aus.

Ebenfalls nicht mitversichert sind Angehörige, die nach § 22 SGB XI von der Versicherungspflicht befreit sind oder in einer **privaten Pflegeversicherung** pflichtversichert sind. Die Inanspruchnahme der Versicherungsbefreiung soll nicht dazu führen können, dass die – beitragsfreie – Familienversicherung in Anspruch genommen wird.

Gleichfalls ausgeschlossen ist, wer hauptberuflich **selbständig erwerbstätig** ist. Hier muss eine eigenständige Absicherung in der privaten Pflegeversicherung angestrebt werden oder eine Absicherung unterbleiben.

Schließlich ist ebenfalls von der Familienversicherung ausgeschlossen, wer ein **Gesamteinkommen** hat, das regelmäßig im Monat ein Siebtel der monatlichen Bezugsgröße nach § 18 SGB IV – mindestens 415 Euro – überschreitet. Dies ist für 2017 ein Einkommen von monatlich 425 Euro (West) bzw. 380 Euro (Ost). Da letzteres unter dem Mindestbetrag von 415 Euro liegt, gilt dieser in den neuen Bundesländern. Gesamteinkommen ist nach § 16 SGB IV die Summe der Einkünfte im Sinne des Einkommensteuergesetzes, es umfasst insbesondere Arbeitsentgelt und Arbeitseinkommen. Renten werden mit ihrem Zahlbetrag ohne den auf Entgeltpunkte für Kindererziehungszeiten entfallenden Teil berücksichtigt. Auch dann, wenn keine anderweitige Versicherungspflicht besteht, schließt – gleichgültig aus welchem rechtlichen Gesichtspunkt – also ein mehr als nur geringfügiges Einkommen, hier beträgt das zulässige Gesamteinkommen 400 Euro, eine Familienversicherung aus. Nicht berücksichtigt wird hierbei allerdings in der Krankenversicherung der Landwirte das Einkommen eines Ehegatten oder Lebenspartners oder Kindes aus dem gemeinsamen Betrieb eines landwirtschaftlichen Unternehmens (§ 25 Abs. 1 Satz 2 SGB XI i. V. m. § 7 Abs. 1 Satz 3 und 4 KVLG).

**Kinder** sind mitversichert (§ 25 Abs. 2 SGB XI):

■ immer bis zur Vollendung des 18. Lebensjahres,

- bis zur Vollendung des 23. Lebensjahres, wenn sie nicht erwerbstätig sind (hierbei ist gleichgültig, ob es sich um eine selbständige oder abhängige Beschäftigung handelt),

- bis zur Vollendung des 25. Lebensjahres, wenn sie sich in Schul- oder Berufsausbildung befinden oder ein freiwilliges soziales Jahr oder ein freiwilliges ökologisches Jahr im Sinne des Jugendfreiwilligendienstegesetzes oder Bundesfreiwilligendienst leisten; wird die Schul- oder Berufsausbildung durch Erfüllung einer gesetzlichen Dienstpflicht des Kindes (freiwilliger Wehrdienst, Freiwilligendienst oder Tätigkeit als Entwicklungshelfer) unterbrochen oder verzögert, besteht die Versicherung auch für einen der Dauer dieses Dienstes entsprechenden Zeitraum von höchstens zwölf Monaten über das 25. Lebensjahr hinaus

und schließlich

- ohne Altersgrenze, wenn sie wegen körperlicher, geistiger oder seelischer Behinderung außerstande sind, sich selbst zu unterhalten; Voraussetzung ist, dass die Behinderung zu einem Zeitpunkt vorlag, in dem das Kind bereits familienversichert war. Mitversichert ist ein behindertes Kind also nicht, wenn die Behinderung erst nach Ablauf der Familienversicherung wegen Krankheit oder Unfalls eintritt.

**BEISPIEL:** Michael N., dessen alleinerziehende Mutter als Verkäuferin arbeitet, wurde am 5. 10. 1988 geboren. Nach dem Abitur 2007 leistet er vom 1.10.2007 bis 30.9.2008 Wehrdienst und nimmt im Oktober 2008 ein Studium auf. Er ist wegen der Ausbildung zunächst bis zur Vollendung des 25. Lebensjahrs am 5.10.2013 familienversichert. Wegen der Ableistung des Wehrdienstes von 12 Monaten verlängert sich die Zeit der Familienversicherung um diesen Zeitraum und endet erst am 5.10.2014. Ab dem 6.10.2014 greift die Versicherungspflicht als Student. Diese wiederum endete nach Ablauf von 14 Semestern spätestens im Oktober 2015.

Als Kinder im Sinne dieser Vorschrift gelten auch **Stiefkinder, Pflegekinder** und **Enkel**, die vom Mitglied überwiegend unterhalten werden, sowie Kinder, die mit dem Ziel der Annahme als Kind in die Obhut des Annehmenden aufgenommen wurden (§ 25 Abs. 2

Satz 2 SGB XI i. V. m. § 10 Abs. 4 SGB V). Stiefkinder sind dabei auch die Kinder eines Lebenspartners des Mitglieds. Für die Dauer eines Wehrdienstes bleibt die Familienversicherung als Kind bestehen (§ 25 Abs. 4 SGB XI).

Nicht mitversichert sind Kinder allerdings, wenn ein Elternteil nach § 22 SGB XI von der Versicherungspflicht befreit ist oder nach § 23 SGB XI in der privaten Pflegeversicherung versicherungspflichtig ist, dieses Elternteil ein höheres Gesamteinkommen als das Mitglied der sozialen Pflegeversicherung hat und sein Gesamteinkommen regelmäßig im Monat $^1/_{12}$ der Beitragsbemessungsgrenze übersteigt. Die Beitragsbemessungsgrenze liegt 2017 bei monatlich 4.350 Euro.

## 5. Weiterversicherung

Wer aus der Versicherungspflicht ausscheidet, kann sich in der sozialen Pflegeversicherung freiwillig weiterversichern, soweit nicht eine Versicherungspflicht in der privaten Pflegeversicherung nach § 23 Abs. 1 SGB XI eintritt. Voraussetzung ist, dass in den letzten fünf Jahren vor dem **Ausscheiden** aus der Versicherung mindestens 24 Monate oder unmittelbar vor dem Ausscheiden mindestens zwölf Monate Versicherungspflicht bestanden hat (§ 26 Abs. 1 SGB XI). Das gleiche gilt, wenn eine Familienversicherung – z. B. wegen Erreichens der Altersgrenze bei Kindern – endet. Der Antrag muss innerhalb von drei Monaten nach Beendigung der Mitgliedschaft oder der Familienversicherung bei der zuständigen Pflegekasse gestellt werden.

Auch wer seinen Wohnsitz oder gewöhnlichen Aufenthalt ins **Ausland** verlegt, kann sich innerhalb eines Monats auf Antrag weiterversichern. Leistungen können während dieser Zeit nicht uneingeschränkt bezogen werden, weil die Leistungsansprüche nach Maßgabe des § 34 Abs. 1 Nr. 1 SGB XI während eines Auslandsaufenthalts in unterschiedlichem Umfang entweder ganz oder zumindest teilweise ruhen (→1. Kap. IX.3.). Die freiwillige Weiterversicherung kann dann zumindest bei einem Auslandsaufenthalt außerhalb der EU nur den Sinn haben, für den Fall späterer Pflegebedürftigkeit die Erfüllung der Vorversicherungszeit zu erhalten. Nach § 57 Abs. 5

SGB XI ist daher auch für diese Zeit der Weiterversicherung ein reduzierter Beitrag vorgesehen. Zumindest für einen Aufenthalt innerhalb der EU ist dagegen nach der Rechtsprechung des Europäischen Gerichtshofs (EuGH, Urteil vom 5. 3. 1998, C-160/96) Pflegegeld weiter zu gewähren (→1. Kap. IX.3.a.).

## 6. Beitrittsrecht

Nachdem es das BVerfG (Urteil vom 3.4.2001, 1 BvR 81/98, NZS 2001, 314) zwar für verfassungsgemäß angesehen hatte, dass der Gesetzgeber mit Schaffung der Pflegeversicherung für diese keine allgemeine Versicherungspflicht eingeführt hatte, hat das BVerfG es gleichwohl als einen Verstoß gegen den sich aus Art. 3 GG ergebenden allgemeinen Gleichheitssatz angesehen, dass nicht krankenversicherten Personen nicht zumindest ein Beitrittsrecht eingeräumt wird.

Dem hat der Gesetzgeber dadurch Rechnung getragen, dass er zwischenzeitlich verschiedenen nicht krankenversicherten Personengruppen nach § 26a SGB XI zum Teil zumindest befristete Beitrittsrechte einräumt.

Für Personen, die nicht pflegeversichert sind und als Zuwanderer oder Auslandsrückkehrer bei Wohnsitznahme im Inland keinen Tatbestand der Versicherungspflicht nach dem SGB XI erfüllen und das 65. Lebensjahr noch nicht vollendet haben, und für nicht versicherungspflichtige Personen mit Wohnsitz im Inland, bei denen die vorgenannten Ausschlussgründe nach § 26a Abs. 1 Satz 2 SGB XI entfallen sind, besteht ein Beitrittsrecht zur sozialen oder privaten Pflegeversicherung. Auch hier ist der Beitritt gegenüber der nach § 48 Abs. 2 SGB XI gewählten Pflegekasse oder dem gewählten privaten Versicherungsunternehmen schriftlich innerhalb von drei Monaten nach Wohnsitznahme im Inland oder nach Wegfall der genannten Ausschlussgründe mit Wirkung vom 1. des Monats zu erklären, der auf die Beitrittserklärung folgt. Das Beitrittsrecht nach § 26a Abs. 3 SGB XI ist jedoch nicht gegeben in Fällen, in denen ohne zwingenden Grund von den in den Absätzen 1 und 2 geregelten Beitrittsrechten kein Gebrauch gemacht worden ist oder in denen die in Abs. 2 Satz 2 zusätzlich aufgeführten Ausschlussgründe vorliegen.

Dass danach Bezieher von Hilfe zum Lebensunterhalt oder Personen, die nicht selbst in der Lage sind, die Beiträge zu zahlen, weiterhin ausgegrenzt bleiben, erscheint nach wie vor verfassungsrechtlich problematisch, korrespondiert letztlich u. a. aber damit, dass sich der Gesetzgeber trotz wiederholter Anläufe aus rein monetären Gründen bisher nicht entscheiden konnte, auch für die Bezieher von Sozialhilfe die Versicherungspflicht in der gesetzlichen Krankenversicherung einzuführen, der dann entsprechende Versicherungspflicht in der Pflegeversicherung folgen würde.

# IX. Weitere Leistungsvoraussetzungen, Ruhen und Erlöschen der Leistungsansprüche

## 1. Antragstellung als Leistungsvoraussetzung

Versicherte erhalten die Leistungen der Pflegeversicherung nur auf **Antrag** (§ 33 Abs. 1 SGB XI). Das Vorliegen der Leistungsvoraussetzungen an sich und eine Kenntnis der Pflegekasse von einer Pflegebedürftigkeit des Versicherten reichen nicht aus, es bedarf vielmehr eines eigenen Tätigwerdens des Betroffenen.

Der Antrag ist nicht an irgendwelche Formerfordernisse gebunden, insbesondere ist nicht vorgeschrieben, dass er schriftlich erfolgen muss. Als Antrag muss daher jede **Mitteilung** an die Pflegekasse gewertet werden, aus der sich ergibt, dass der Versicherte meint, nunmehr pflegebedürftig zu sein und er daher Leistungen der Pflegeversicherung beziehen möchte. Auch die Festlegung auf eine bestimmte Leistung, etwa die Pflegesachleistung oder das Pflegegeld bei häuslicher Pflege, ist nicht erforderlich.

**Antragsberechtigt** ist der Pflegebedürftige selbst. Die Leistungen für **pflegende Angehörige** können naturgemäß auch von diesen selbst beantragt werden. Der Antrag braucht nicht persönlich gestellt zu werden, vielmehr kann auch eine andere Person hierzu bevollmächtigt werden. Nach § 7 Abs. 2 Satz 2 SGB XI sind der behandelnde Arzt, das Krankenhaus, die Rehabilitations- und Vorsorgeeinrichtungen sowie die Sozialleistungsträger verpflichtet, bei

**Zustimmung des Betroffenen** unverzüglich die zuständige Pflegekasse zu benachrichtigen, wenn sich der Eintritt von Pflegebedürftigkeit abzeichnet oder wenn Pflegebedürftigkeit festgestellt wird. Eine solche Mitteilung wird von den Pflegekassen auch als Antrag gewertet, wenn nicht später von dem Versicherten ausdrücklich etwas anderes erklärt wird.

**Voraussetzung** für die wirksame Antragstellung ist nicht Geschäftsfähigkeit im Sinne des BGB. Nach § 36 Abs. 1 Sozialgesetzbuch – Allgemeiner Teil (SGB I) kann Anträge auf Sozialleistungen stellen und verfolgen sowie Sozialleistungen entgegen nehmen, wer das 15. Lebensjahr vollendet hat. Es kommt also nicht darauf an, ob die antragstellende Person auch (voll) geschäftsfähig ist oder nicht. Für die Handlungsfähigkeit genügt vielmehr der sog. **„natürliche Wille"**, Leistungen der Pflegeversicherung in Anspruch nehmen zu wollen. Auch wenn Angehörige die pflegebedürftige Person bei der Antragstellung unterstützen, indem sie z. B. ein Schreiben aufsetzen, das der Antragsteller nur noch zu unterschreiben braucht, liegt ein wirksamer Antrag vor. Auch für weitere Handlungen im Rahmen des Verwaltungsverfahrens gilt diese Handlungsfähigkeit weiter.

Nach § 11 Abs. 1 Nr. 2 SGB X können auch nicht geschäftsfähige Personen wirksame Verfahrenshandlungen vornehmen, soweit sie durch Vorschriften des öffentlichen Rechts als handlungsfähig anerkannt sind. Dies bedeutet, dass die nach § 36 Abs. 1 SGB I handlungsfähigen Personen über 15 Jahren auch etwa in die Untersuchung durch den Medizinischen Dienst einwilligen können, behandelnde Ärzte von der Schweigepflicht entbinden können, der Weiterleitung von persönlichen Daten zustimmen können etc.

Probleme ergeben sich daher allenfalls bei altersdementen, geistig behinderten oder psychisch kranken Menschen, die zu einer Antragstellung auch mit Unterstützung anderer tatsächlich nicht in der Lage sind, weil sie sich überhaupt nicht selbständig äußern können. Ist für einen Betroffenen bereits ein gesetzlicher **Betreuer** durch das Vormundschaftsgericht bestellt, kann dieser in der Regel den nach § 33 Abs. 1 Satz 1 SGB XI notwendigen Antrag auf Gewährung von Leistungen der Pflegeversicherung stellen. Der Betreuer kann zwar nur im Rahmen der ihm ausdrücklich zugewiesenen Aufgaben als gesetzlicher Vertreter des Betreuten handeln. Da die Pflegeversicherung aber sowohl Aspekte der Vermögenssorge als auch der Personensorge umfasst, dürfte die Antragstellung in aller Regel vom **Aufgabenkreis** des Betreuers umfasst sein.

Ist kein Betreuer bestellt, stellt sich die Frage, ob für diese Personen allein zur Antragstellung gegenüber der Pflegekasse ein solcher bestellt werden soll. Dies dürfte in der Regel überflüssig sein. Vielfach wird von den Pflegekassen eine **Mitteilung von Angehörigen** – insbesondere wenn sie bereits die Pflege der pflegebedürftigen Person übernommen haben – als Antrag dieser Person gewertet. Mittlerweile verfügen heutzutage auch viele Angehörige über eine Bevollmächtigung mittels umfassender Vorsorgevollmacht. Auch eine Mitteilung des behandelnde Arztes, des Krankenhauses, der Rehabilitations- und Vorsorgeeinrichtungen wird von den Pflegekassen als Antrag gewertet, wenn sie mit Einwilligung des Betroffenen geschieht und ihr nicht später widersprochen wird.

Die Bestellung eines Betreuers durch das zuständige Vormundschaftsgericht für die Antragstellung dürfte daher allenfalls in wenigen Ausnahmefällen notwendig sein, wenn die Pflegekasse entsprechende Mitteilungen nicht für ausreichend erachten sollte. Eine solche **Betreuerbestellung** ist allerdings umständlich und zeitaufwendig. Die Voraussetzungen hierfür müssen nämlich im Einzelnen festgestellt werden. Hierzu bedarf es in der Regel eines Sachverständigengutachtens und der Betroffene muss vom Vormundschaftsrichter angehört werden. Erst nach Bestellung eines Betreuers – dies kann auch ein Angehöriger sein – könnte dieser dann den Antrag bei der Pflegekasse stellen. Da der Zeitpunkt des Antrags auch entscheidend ist für den Leistungsbeginn, können den Betroffenen hierdurch konkrete Nachteile entstehen.

Denkbar ist allerdings, dass die Antragstellung allein nicht ausreicht, um die **Rechte** der Betroffenen gegenüber der Pflegekasse durchzusetzen. Die Eingruppierung in den einzelnen Pflegegrad bei der anschließenden Begutachtung zur Feststellung der Pflegebedürftigkeit kann falsch sein, die Pflegebedürftigkeit der betroffenen Person kann zu niedrig eingeschätzt und die Leistungen deshalb ungenügend erbracht werden. In diesem Falle kann es notwendig werden, für die Einlegung eines Widerspruchs oder die Erhebung einer Klage eine besondere Vollmacht auszustellen (§ 13 SGB X).

Die Leistungen der Pflegeversicherung werden **ab Antragstellung** gewährt, frühestens jedoch von dem **Zeitpunkt** an, in dem die Anspruchsvoraussetzungen (insbesondere Pflegebedürftigkeit) vorliegen (§ 33 Abs. 1 SGB XI). Wird der Antrag später als einen Monat nach Eintritt der Pflegebedürftigkeit gestellt, werden die Leistungen vom Beginn des Monats der Antragstellung an gewährt. Für Anträge auf Gewährung eines höheren Pflegegeldes wegen einer Zunahme des Pflegebedarfs gilt entsprechendes.

**BEISPIELE:**
- Herr W. beantragt am 15.3.2017 Pflegegeld. Nach den Feststellungen des Medizinischen Dienstes ist er bereits seit 20.2.2017 pflegebedürftig und wird in den Pflegegrad 3 eingestuft. Allein nach dem Gesetz hat er danach ab dem 15.3.2017 Anspruch auf Pflegegeld nach dem Pflegegrad 3 in Höhe von 545 Euro monatlich, für die Zeit vom 15.3. bis 31.3.2017 auf den anteiligen Betrag von 205 Euro.
  Hätte Herr W. den Antrag am 25.3.2017 gestellt, also später als einen Monat nach Eintritt der Pflegebedürftigkeit, hätte er dagegen nach dem Gesetz Anspruch auf Pflegegeld rückwirkend bereits ab 1.3.2017. Dies wäre sachlich nicht zu rechtfertigen, so dass die Pflegekassen unabhängig vom reinen Wortlaut des Gesetzes in den Fällen, in denen die Pflegebedürftigkeit in dem der Antragstellung vorausgegangenen Kalendermonat eingetreten ist, von sich aus mit der Leistungsgewährung generell zu Beginn des Antragsmonats einsetzen.
- Frau B. beantragt am 18.6.2017 Pflegesachleistung. Der Medizinische Dienst stellt fest, dass Pflegebedürftigkeit erst vorliegt seit dem 29.7.2017, nachdem sich der Gesundheitszustand von Frau B. weiter verschlechtert hat. Sie erhält ab dem 29.7.2017 Pflegeleistungen.
- Der Sohn von Herrn P. wird von diesem im Februar 2017 gebeten, bei der AOK für ihn ein Pflegegeld zu beantragen. Wegen beruflicher Überlastung vergisst dieser den Auftrag und erinnert sich erst im Juni 2017 wieder daran. Er beantragt am 29.6.2017 bei der AOK für seinen Vater Pflegegeld. Der Medizinische Dienst stellt fest, dass Herr P. seit April 2017 pflegebedürftig ist. Leistungen werden ab dem 1.6.2017 – dem Ersten des Monats der Antragstellung – erbracht, weil der Antrag mehr als einen Monat nach Eintritt der Pflegebedürftigkeit gestellt wurde.

## 2. Vorversicherungszeit

Leistungen der Pflegeversicherung können nur in Anspruch genommen werden, wenn der Versicherte vor der Antragstellung einige Zeit bereits **Mitglied** der Pflegeversicherung war. Nur wer zuvor über einen bestimmten Zeitraum seine Beiträge in die Pflegeversicherung gezahlt hat, soll später bei Pflegebedürftigkeit auch Leistungen hieraus beziehen können, so jedenfalls der Grundsatz. Diese Zeit der Versicherung vor Eintritt der Pflegebedürftigkeit und der Antragstellung wird Vorversicherungszeit genannt.

Leistungen der Pflegeversicherung kann nur beziehen, wer in den letzten **zehn Jahren** vor der Antragstellung mindestens **fünf Jahre** als Mitglied in der Pflegeversicherung versichert oder nach § 25 SGB XI familienversichert war. Auch Zeiten der Familienversicherung werden nämlich bei der Berechnung der Vorversicherungszeit berücksichtigt. Für versicherte **Kinder**, die ihrerseits familienversichert sind, gilt die Vorversicherungszeit als erfüllt, wenn ein Elternteil sie erfüllt.

## 3. Ruhen der Leistungen

Das Gesetz verweigert in einigen Fällen den Anspruch auf Pflegeleistungen und schreibt dafür das sog. Ruhen der Leistungen in bestimmten Situationen vor (§ 34 SGB XI). Das Ruhen bedeutet, dass zwar grundsätzlich die Voraussetzungen für einen Leistungsbezug vorliegen, häufig vor dem Ruhen auch Leistungen erbracht wurden, diese für die Dauer des Ruhens aber **eingestellt** werden. Ein bestehender Leistungsanspruch kann dann momentan (z. B. bei Erhalt von Leistungen der häuslichen Krankenpflege nach § 37 SGB V, deren Inhalt denen des § 36 SGB XI entspricht, s. § 34 Abs. 2 Satz 1 SGB XI) nicht durchgesetzt werden. Die Rechtsfolge des Ruhens tritt automatisch ein, ohne dass es einer Entscheidung der Pflegekasse bedarf. Endet der Grund für das Ruhen der Leistung, lebt diese automatisch wieder auf, soweit die Leistungsvoraussetzungen fortdauern. Es bedarf also nicht eines erneuten Antrags an die Pflegekasse, nur einer einfachen Mitteilung. Die Leistungen werden dann auch nicht erst ab der Mitteilung, sondern mit dem Zeitpunkt des Wegfalls des Grundes, der zum Ruhen geführt hat, (wieder) erbracht.

## a) Auslandsaufenthalt

Der **Anspruch auf Leistungen** aus der Pflegeversicherung **ruht**, solange sich der Versicherte **im Ausland** aufhält (§ 34 Abs. 1 Nr. 1 SGB XI). Entscheidend ist hierbei nicht die Frage des Wohnsitzes oder des gewöhnlichen Aufenthalts, die Leistungen ruhen vielmehr mit dem **Übertreten der deutschen Grenzen**. Es wird auch nicht differenziert zwischen ausländischen und deutschen Versicherten. Eingeschränkt wird diese Regelung allerdings durch Abs. 1a der Vorschrift. Danach **ruht** der Anspruch auf Pflegegeld nach § 37 SGB XI oder anteiligem Pflegegeld nach § 38 SGB XI **nicht** bei pflegebedürftigen Versicherten, die sich in einem Mitgliedsstaat der EU, einem Vertragsstaat des Abkommens über den Europäischen Wirtschaftsraum oder der Schweiz aufhalten. Diese Regelung geht auf eine Entscheidung des Europäischen Gerichtshofs (EuGH NJW 1998, 1767 ff.) zurück, der entschieden hatte, dass es sich beim Pflegegeld um eine Geldleistung handele, die nach Gemeinschaftsrecht auch in das Ausland exportiert, also auch im Ausland bezogen werden könne. Deutsche oder bei den Pflegekassen versicherte EU-Ausländer, die sich ständig oder für längere Zeit im EU-Ausland aufhalten, erhalten seitdem Pflegegeld nach §§ 37 und 38 auch an ihrem Wohnort, der außerhalb von Deutschland liegen kann.

Im Bereich der **Sachleistungen** gilt nach Auffassung der Bundesregierung jedoch das Prinzip der Inländergleichbehandlung weiter. Das bedeutet, dass alle Bewohner in einem Mitgliedstaat die gleichen Sachleistungen erhielten, unabhängig davon, ob sie im Aufenthaltsland versichert seien oder aus einem anderen EU-Mitgliedstaat ihren Versicherungsschutz beziehen würden. Die Kosten, die dem aushelfenden Versicherungsträger im Aufenthaltsstaat durch diese so genannte Sachleistungsaushilfe entstehen würden, seien vom zuständigen deutschen Versicherungsträger zu erstatten. Soweit im Aufenthaltsland Leistungen zur Pflege nicht Bestandteil der dortigen Inlandsversorgung seien, eine Aushilfe also nicht erfolge, bestünden somit auch keine Ansprüche gegen die deutsche Pflegekasse. Ob der

EuGH zukünftig auch den Export von Sachleistungen nach dem SGB XI – wie zwischenzeitlich zumindest teilweise in der Krankenversicherung nach dem SGB V – in das EU-Ausland legitimieren wird, bleibt letztlich abzuwarten.

Einen weitere **Ausnahme** vom Ruhen der Leistungen bei Auslandsaufenthalt sieht das Gesetz selbst vor: Nach § 34 Abs. 1 Satz 2 Nr. 1 SGB XI ist bei **vorübergehendem Auslandsaufenthalt** von bis zu sechs Wochen im Kalenderjahr das Pflegegeld nach § 37 SGB XI oder anteiliges Pflegegeld im Rahmen der Kombinationsleistung nach § 38 SGB XI weiter zu gewähren. Für die Pflegesachleistung nach § 38 SGB XI gilt dies allerdings nur, soweit die Pflegekraft, die ansonsten die Pflegesachleistung erbringt, den Pflegebedürftigen während des Auslandsaufenthalts begleitet. Nicht notwendig ist, dass die sechs Wochen zusammenhängend im Ausland verbracht werden, möglich sind auch mehrere kürzere Auslandsaufenthalte, die in der Summe nicht länger als sechs Wochen betragen. Die **Notwendigkeit der Begleitung** durch die Pflegekraft, die auch zu Hause die häusliche Pflege sicherstellt, stellt für die Pflegebedürftigen eine unnötige zusätzliche Belastung dar. Urlaub bedeutet in der Regel auch, Abstand zu gewinnen vom Alltag. Die Urlaubsfreude kann erheblich eingeschränkt sein, wenn die Verpflichtung besteht, die gewohnte Pflegekraft mitzunehmen. Schon weil in vielen Fällen die ambulanten Pflegedienste, die solche Pflegekräfte zur Verfügung stellen, diese in der Regel nicht für längere Zeit entbehren können, wird diese Vorschrift in der Praxis häufig dazu führen, dass pflegebedürftige Menschen einen Urlaubsaufenthalt im Ausland nicht wahrnehmen können. Zudem kann von den Beträgen der Pflegesachleistung nur ein Teil des tatsächlichen Hilfebedarfs gedeckt werden, weil eine Pflegekraft nur für einen Teil des Tages tatsächlich finanziert werden kann, bei der Mitnahme in den Urlaub müsste jedoch die gesamte Arbeitskraft der Pflegekraft und deren Aufenthalt mitbezahlt werden.

## b) Bezug von Entschädigungsleistungen

Der Anspruch auf Leistungen ruht nach § 34 Abs. 1 Nr. 2 SGB XI weiter, soweit Versicherte Entschädigungsleistungen wegen Pflegebedürftigkeit erhalten nach § 35 **Bundesversorgungsgesetz** (BVG) oder aus der gesetzlichen **Unfallversicherung.**

Nach dem Bundesversorgungsgesetz erhalten Leistungen vor allem Kriegsbeschädigte und deren Hinterbliebene. Bei Pflegebedürftigkeit gewährt § 35 BVG eine Pflegezulage, die in mehrere Stufen gestaffelt ist. Sie kann zudem bei Inanspruchnahme der Pflege durch angestellte Pflegekräfte erhöht werden. Die Leistungen nach dem BVG gehen denjenigen der Pflegeversicherung vor (§ 13 Abs. 1 Nr. 1 SGB XI). Soweit also ein Pflegebedürftiger sowohl die Voraussetzungen für den Bezug der Pflegezulage nach § 35 BVG erfüllt als auch die Voraussetzungen für Leistungen der Pflegeversicherung, sind zunächst diejenigen nach dem BVG in Anspruch zu nehmen. Die Leistungen der Pflegeversicherung ruhen dann insoweit.

Die gleichen Grundsätze gelten auch für Leistungen nach Gesetzen, die eine **entsprechende Anwendung** des Bundesversorgungsgesetzes vorsehen. Dies sind z. B. das Soldatenversorgungsgesetz für Wehrdienstunfälle, das Strafrechtliche Rehabilitierungsgesetz für Opfer rechtsstaatswidriger Strafverfolgungsmaßnahmen im Beitrittsgebiet, das Verwaltungsrechtliche Rehabilitierungsgesetz für Opfer rechtsstaatswidrigen Verwaltungshandelns im Beitrittsgebiet, das Bundesseuchengesetz für Schäden durch gesetzlich vorgeschriebene oder angeordnete Schutz-Impfungen, das Häftlingshilfegesetz für Opfer von Verfolgungsmaßnahmen in der SBZ und das Opferentschädigungsgesetz für Opfer von Gewalttaten.

In der gesetzlichen Unfallversicherung sind vor allem Arbeitnehmer und Unternehmer, aber auch eine ganze Reihe anderer Personen (z. B. Schüler, Studenten, Rehabilitanden, Pflegepersonen etc.) gegen **Arbeitsunfälle** und **Wegeunfälle** versichert. Wer während einer der versicherten Tätigkeiten oder auf dem Weg zur Arbeitsstelle oder zurück einen Unfall erleidet und infolge der Verletzungen pflegebedürftig wird, kann nach § 44 SGB VII vom Träger der gesetzlichen Unfallversicherung (Berufsgenossenschaften, Unfallversicherungsträger der öffentlichen Hand) Pflegeleistungen erhalten in Form eines Pflegegeldes. Auf Antrag des Versicherten kann auch statt des Pflegegeldes eine Pflegekraft gestellt (Hauspflege) oder die erforderliche Hilfe mit Unterkunft und Verpflegung in einer geeigneten Einrichtung (Heimpflege) erbracht werden. Auch diese Leistungen gehen denjenigen der Pflegeversicherung vor (§ 13 Abs. 1

Nr. 2 SGB XI), sind also vorrangig in Anspruch zu nehmen und führen deshalb zu einem Ruhen der Pflegeversicherungsleistungen. Das gleiche gilt auch für Leistungen aus öffentlichen Kassen auf Grund gesetzlich geregelter Unfallversorgung oder Unfallfürsorge, z. B. für Dienstunfälle der Beamten nach dem Beamtenversorgungsgesetz. Auch ein Bezug von vergleichbaren **Entschädigungsleistungen aus dem Ausland** oder von einer zwischenstaatlichen oder überstaatlichen Einrichtung führt zu einem Ruhen der Pflegeversicherungsleistungen.

Ein Bezug anderer Leistungen begründet jedoch kein Ruhen der Leistungen. Dies gilt insbesondere für die Leistungen einer **privaten Unfallversicherung** oder von Schadensersatzleistungen infolge eines Unfalles. Nach § 843 Abs. 1 BGB muss ein Schädiger, der einem anderen wegen einer Körperverletzung zum **Schadensersatz** verpflichtet ist, auch Ersatz für eine eingetretene „Vermehrung seiner Bedürfnisse" leisten. Dies beinhaltet u. U. auch die Übernahme von Kosten, die wegen einer Pflegebedürftigkeit infolge des Unfalles entstehen. Derartige Ersatzleistungen führen nicht zu einem Ruhen der Pflegeversicherungsleistungen. Auch ein etwa gezahltes **Schmerzensgeld** ist nicht einzusetzen.

### c) Häusliche Krankenpflege

Der Anspruch auf Leistungen der Pflegeversicherung ruht nach § 34 Abs. 2 SGB XI, soweit im Rahmen eines Anspruchs auf häusliche Krankenpflege gegen die **Krankenkasse** auch Anspruch auf Leistungen besteht, deren Inhalt den Leistungen nach § 36 SGB XI, also körperbezogene Pflegemaßnahmen und pflegerische Betreuungsmaßnahmen sowie Hilfen bei der Haushaltsführung entspricht. Nach § 37 SGB V erhalten Versicherte in ihrem Haushalt oder ihrer Familie neben der ärztlichen Behandlung häusliche Krankenpflege durch geeignete Pflegekräfte, wenn Krankenhausbehandlung geboten, aber nicht ausführbar ist, oder wenn eine Krankenhausbehandlung durch die häusliche Krankenpflege vermieden oder verkürzt wird. Die häusliche Krankenpflege umfasst die im Einzelfall erforderliche Grund- und Behandlungspflege sowie die hauswirtschaftliche Versorgung. Hinsichtlich der körperbezogenen Pflegemaßnahmen und der hauswirtschaftlichen Versorgung überschneiden sich daher die Leistungen der Pflegeversicherung und der häuslichen Krankenpflege. Diese ist zudem im Gegensatz zu den Pflegesachleistungen der Höhe nach nicht beschränkt, sondern wird grundsätzlich im erforderlichen Umfang übernommen. Allerdings besteht Anspruch auf häusliche Krankenpflege grundsätzlich nur bis zu **vier Wochen** je Krankheitsfall. Nur im Ausnahmefall kann sie auch für einen längeren Zeitraum bewilligt werden, wenn der Medizinische Dienst dies befürwortet.

Die häusliche Krankenpflege kann durch Pflegekräfte erbracht werden, die bei der Krankenkasse angestellt sind („Sachleistungsprinzip"). Überwiegend wird von den Krankenkassen jedoch auch hierfür auf die Kräfte **ambulanter Pflegedienste** zurückgegriffen, mit denen die Krankenkassen entsprechende Verträge abgeschlossen haben. Auch die häusliche Krankenpflege wird als Sachleistung erbracht. Ausnahmsweise, wenn die Krankenkasse keine Kraft für die häusliche Krankenpflege stellen kann oder ein besonderer Grund dafür besteht, im Einzelfall hiervon abzusehen, sind den Versicherten auch die Kosten für eine selbstbeschaffte Kraft in angemessener Höhe zu erstatten. Angemessen dürften insoweit jedenfalls die Kosten sein, die auch bei der Inanspruchnahme eines ambulanten Dienstes entstünden. Häusliche Krankenpflege wird allerdings nicht erbracht, wenn eine im Haushalt lebende Person den Kranken im erforderlichen Umfang pflegen und versorgen kann.

Die Leistungen zur sozialen Sicherung der **Pflegeperson** ruhen nicht für die Dauer einer häuslichen Krankenpflege (§ 34 Abs. 3 SGB XI). Rentenversicherungsbeiträge für die Pflegeperson werden also auch während dieser Zeit weitergezahlt und die Pflegeperson ist auch weiterhin unfallversichert, wenn sie neben der häuslichen Krankenpflege noch Pflegeleistungen erbringt.

Die tatsächliche rechtliche und auch praktische Relevanz der Ruhensregelung nach § 34 Abs. 2 Satz 1 SGB XI erscheint hinsichtlich der häuslichen Krankenpflege bei alledem auch insgesamt als fraglich, nachdem die Krankenkassen Leistungen der körperbezogenen Pflegemaßnahmen und der hauswirtschaftlichen Versorgung nach Eintritt der Pflegebedürftigkeit nach dem SGB XI nicht mehr erbringen dürfen, was sich sowohl auf die sog. Krankenhausvermeidungspflege als auch auf die Behandlungspflege zur Sicherung der ärztlichen Behandlung erstreckt.

### d) Aufenthalt in einer Einrichtung

Ansprüche auf Leistungen der Pflegeversicherung ruhen weiterhin für die Dauer des stationären Aufenthalts in einem **Krankenhaus** oder einer Einrichtung, die der **Rehabilitation**, der beruflichen oder sozialen Eingliederung, der schulischen Ausbildung oder der Erziehung kranker oder behinderter Menschen dient (§ 34 Abs. 2 Satz 1 i. V. m. § 71 Abs. 4 SGB XI). Dies sind z. B. Rehabilitationszentren, Kureinrichtungen, Berufsbildungswerke und Sonderschulen, soweit hiermit eine vollstationäre Unterbringung verbunden ist. Diese Einrichtungen sind nach der Regelung in § 71 Abs. 4 SGB XI keine Pflegeeinrichtungen. Kostenträger für die Inanspruchnahme der Leistungen dieser Einrichtungen sind in der Regel entweder die Krankenkassen (bei Krankenhäusern und medizinischer Rehabilitation) oder die Träger der Sozialhilfe im Rahmen der Eingliederungshilfe für behinderte Menschen.

Das **Pflegegeld** nach § 37 SGB XI oder ein anteiliges Pflegegeld im Rahmen der Kombinationsleistung nach § 38 SGB XI wird dagegen nach § 34 Abs. 2 Satz 2 SGB XI in den ersten vier Wochen einer vollstationären Krankenhausbehandlung, einer häuslichen Krankenpflege mit Anspruch auf Leistungen entsprechend § 36 SGB XI (→ 1. Kap. III.2.) oder einer stationären medizinischen Rehabilitationsmaßnahme weiter gezahlt. Hierdurch soll der Pflegebedürftige in die Lage versetzt werden, auch während eines vorübergehenden Krankenhausaufenthalts das Pflegegeld weiterhin seiner Pflegeperson zuzuwenden, um deren Pflegebereitschaft auch für diese Zeit weiterhin zu erhalten, damit sie nach Beendigung des Aufenthalts in der Einrichtung die notwendige häusliche Hilfe weiter leisten kann.

## 4. Erlöschen der Leistungsansprüche

Der Anspruch auf Leistungen der Pflegeversicherung erlischt mit dem **Ende der Mitgliedschaft** in der Pflegekasse (§ 35 SGB XI). Die Mitgliedschaft wiederum endet mit dem Tod des Mitglieds oder mit

Ablauf des Tages, an dem die Voraussetzungen für eine Pflichtversicherung nicht mehr vorliegen, wenn nicht das Recht zur Weiterversicherung ausgeübt wird (§ 49 Abs. 1 Satz 2 SGB XI). Auch bei Weiterversicherung endet die Mitgliedschaft mit dem Tod und darüber hinaus mit Ablauf des übernächsten Kalendermonats, in dem das Mitglied den **Austritt** erklärt.

# X. Rechtsschutz gegen Entscheidungen der Pflegekasse

## 1. Widerspruchsverfahren

Die Pflegekasse muss nach dem Antrag des Versicherten hierüber entscheiden. Die Entscheidung, ob und ggf. in welcher Höhe Leistungen der sozialen Pflegeversicherung gewährt werden, wird wie die Entscheidung anderer Behörden auch **Verwaltungsakt** (§ 31 SGB X) genannt. Ein solcher Verwaltungsakt wird für die Beteiligten in der Sache bindend, wenn nicht erfolgreich dagegen ein **Rechtsbehelf** eingelegt wird. Rechtsbehelfe sind Widerspruch und Klage. Diese sind im Sozialgerichtsgesetz (SGG) geregelt. Die Rechtsbehelfe müssen sich in jedem Falle gegen die Entscheidung der Pflegekasse richten und nicht etwa gegen einzelne Vorbereitungshandlungen. So ist auch eine gesonderte Anfechtung des Gutachtens des Medizinischen Dienstes nicht möglich. Sollen die Feststellungen des MDK angegriffen werden, muss vielmehr gegen die abschließende Entscheidung der Pflegekasse, die auf diesen Feststellungen beruht, der Rechtsbehelf eingelegt werden. Im Rahmen der Entscheidung hierüber wird dann auch überprüft, ob möglicherweise eine erneute Stellungnahme oder Untersuchung durch den MDK notwendig wird.

Ist der Versicherte mit einer Entscheidung der Pflegekasse nicht einverstanden, so kann er hiergegen zunächst **Widerspruch** einlegen. Der Widerspruch muss binnen eines Monats nach Bekanntgabe des Verwaltungsakts schriftlich oder zur Niederschrift bei der Pflegekasse erhoben werden. Es reicht also in keinem Fall aus, etwa den Sachbearbeiter anzurufen und mündlich Widerspruch einzulegen. Die **Schriftform** muss unbedingt beachtet werden. Zur Niederschrift bei der Pflegekasse bedeutet, dass diese bei Vorsprache des Versicherten den Widerspruch schriftlich aufnehmen muss; dies soll Versicherten die Wahrnehmung ihrer Rechte erleichtern, die im Abfassen von Schriftstücken ungeübt sind.

Eine **Begründung** des Widerspruchs ist grundsätzlich nicht erforderlich. Die Pflegekasse muss auch über einen Widerspruch entscheiden, der von dem Versicherten ohne Darlegung von Gründen eingereicht wurde. Eine Begründung ist aber in jedem Fall zu empfehlen. Die Gründe, weshalb mit der Entscheidung der Pflegekasse kein Einverständnis besteht, sollten nachvollziehbar angegeben werden. Dies verbessert die Erfolgsaussichten eines Widerspruchs. Ohne individuelle Begründung erstreckt sich die Überprüfung nämlich ansonsten erfahrungsgemäß allein auf eine formale Prüfung der Anspruchsvoraussetzungen. Mit der dann in den meisten Fällen folgenden Zurückweisung des Widerspruchs können sich die Pflegekassen insoweit letztlich darauf berufen, dass neue Gesichtspunkte weder vorgebracht worden noch erkennbar seien, so dass auch für eine erneute Begutachtung durch den MDK keine Veranlassung bestehe.

Um den Widerspruch begründen zu können, kann es notwendig sein, **Einsicht** in die Akten der Pflegekasse zu nehmen, insbesondere aber das Gutachten des MDK, das nach der Begutachtung zu übersenden ist, durchzusehen. Dies kann aufgrund der Fülle der Feststellungen gerade für Laien einige Zeit in Anspruch nehmen. Es kann daher durchaus sinnvoll sein, zunächst einen vorläufig noch unbegründeten Widerspruch innerhalb der vorgegebenen Frist einzulegen, sodann Einsicht zu nehmen bzw. das MDK-Gutachten zu überprüfen und erst dann eine schriftliche Begründung nachzureichen. Dies ist ohne weiteres möglich, solange die Pflegekasse noch nicht über den Widerspruch entschieden hat.

Der Versicherte kann sich im Widerspruchsverfahren auch durch einen **Bevollmächtigten** vertreten lassen. Dies kann ein Rechtsanwalt sein, aber auch jede andere Person, die zu einer Vertretung bereit und befugt ist. Viele Verbände und sonstige Organisationen von Betroffenen (auch Gewerkschaften) bieten für ihre Mitglieder die

Unterstützung im sozialgerichtlichen Verfahren an. Hierzu zählt auch bereits die Vertretung im Widerspruchsverfahren.

### Muster eines Widerspruchs

Claudia Muster
Parkstraße 11
Beispielsdorf

An die
Barmer Ersatzkasse
– Pflegekasse–
Schlossallee 22
99999 Beispielsstadt

Beispielsdorf, 12.6.2017

Gegen Ihren Bescheid vom 1.2.2017, bei mir eingegangen am 8.2.2017, Az. III Bx 21/17, lege ich

**Widerspruch**

ein.

**Begründung:**

Ich habe am 2.1.2017 bei Ihnen einen Antrag auf Pflegesachleistung des Pflegegrades 3 gestellt. Nach Untersuchung durch den Medizinischen Dienst der Krankenversicherung im Januar 2017 haben Sie mir mit dem o. g. Bescheid zwar Pflegeleistungen bewilligt, jedoch nur nach Pflegegrad 2.

Diese Einstufung lediglich in die Pflegegrad 2 ist nicht zutreffend. Nach den einschlägigen Vorschriften wird in die Pflegegrad 3 eingestuft, wer bei der Bewertung der im Gesetz genannten Module mindestens 27 Gesamtpunkte erreicht. Dies ist bei mir der Fall, wie ich bereits ausführlich im Gespräch mit dem MDK begründet habe. Einige Leistungen kann ich nicht ohne Unterstützung erbringen und fühle mich in meiner Selbständigkeit erheblich eingeschränkt. Dies sind z. B. die Bereiche ......

Eine eigene hauswirtschaftliche Versorgung ist mir aufgrund meiner eingeschränkten Bewegung der Hände so gut wie gar nicht möglich. Dies wurde bei der Begutachtung nicht ausreichend gewürdigt.

Da das Gutachten sehr umfangreich ist, benötige ich noch etwas Zeit, dieses vollständig mit meiner Tochter, die meine Bevollmächtigte ist, durchzusehen. Nach vollständiger Einsicht in das Gutachten werde ich hierzu näher Stellung nehmen.

*(Unterschrift)*

Über den Widerspruch muss die Pflegekasse entscheiden. In der Regel erfolgt dazu zunächst eine **Zweitbegutachtung** durch anderen Gutachter. Hinsichtlich der daraufhin gewonnen Erkenntnisse oder bei eindeutigen Fällen nach Aktenlage gibt es zwei Möglichkeiten: Entweder dem Widerspruch wird **abgeholfe**n, d. h. dass der ursprüngliche Verwaltungsakt abgeändert und entsprechend dem Begehren des Versicherten neu gefasst wird. Oder dem Widerspruch wird nicht abgeholfen, d. h. die Pflegekasse hält an ihrer ursprünglichen Entscheidung fest. In diesem Falle muss ein sog. **Widerspruchsbescheid** durch den hierfür allein zuständigen Widerspruchsauschuss der Pflegekasse erlassen werden, der schriftlich ergehen muss, eine Begründung für die Zurückweisung des Widerspruchs enthält und eine Belehrung über eine möglicherweise zulässige Klage vor dem Sozialgericht.

---

**Tipp:**

Ein Widerspruch kann sinnvoll sein, wenn
- das Gutachten falsche Angaben enthält,
- der Gutachter den individuellen Hilfebedarf nicht oder nur unzureichend berücksichtigt hat oder
- der Bescheid fehlerhaft ist, weil er nicht den Feststellungen des Gutachtens entspricht.

Der Widerspruch hat die Änderung der fehlerhaften Entscheidung zum Ziel.

Es gibt auch eine andere Vorgehensweise: Man stellt einen **Neuantrag**, um das Verfahren neu aufzurollen. Leistungen für die Vergangenheit können – anders als im Widerspruchsverfahren – jedoch nicht mehr begehrt werden.

---

## 2. Klageverfahren

Wird dem Widerspruch von der Pflegekasse nicht abgeholfen, kann hiergegen Klage vor dem zuständigen **Sozialgericht** erhoben werden. Zuständig ist dabei das Sozialgericht, in dessen Bezirk der Kläger seinen Wohnsitz hat. Kläger ist in jedem Falle der Versicherte, der sich gegen eine Entscheidung der Pflegekasse wendet. Auch die Klage muss innerhalb einer Frist von **einem Monat** eingelegt werden. Die Frist beginnt mit Zustellung des Widerspruchsbescheids, mit dem die Pflegekasse über den Widerspruch des Versicherten entschieden hat. Wichtig ist, dass die Klageschrift innerhalb der Frist beim Gericht eingegangen sein muss. Die Klagefrist ist allerdings auch gewahrt, wenn die Klageschrift innerhalb der Frist bei einem anderen Sozialgericht oder auch einer beliebigen anderen inländischen Behörde eingeht.

**BEISPIEL:** Frau P. beantragt bei der Pflegekasse ein Pflegegeld des Pflegegrades 3. Nach Untersuchung durch den Medizinischen Dienst lehnt diese ein Pflegegeld ab, weil Frau P. nicht einmal in den Pflegegrad 2 einzustufen sei. Nach rechtzeitigem Widerspruch lehnt die Pflegekasse eine Änderung ihrer Entscheidung ab. Dieser Widerspruchsbescheid wird Frau P. durch die Post am 8.3.2017 zugestellt. Sie möchte hiergegen Klage vor dem Sozialgericht erheben, vergisst dies aber zunächst wegen anderer persönlicher Probleme. Am 8.4.2017 fällt ihr plötzlich ein, dass die Klagefrist an diesem Tage abläuft. Da das zuständige Sozialgericht in der 30 km entfernten Stadt K. liegt, kann Frau P. die Klage dort nicht mehr einreichen. Eine Zusendung durch die Post käme ohnehin zu spät. Frau P. setzt daher eine Klageschrift auf und gibt diese in der örtlichen Gemeindeverwaltung ab. Dort erhält die Klageschrift einen Eingangsstempel mit dem Datum 8.4.2017 und wird dann mit der Post an das Sozialgericht geschickt. Obwohl die Klage dort erst am 14.4. 2017 eingeht, ist die Klagefrist durch rechtzeitigen Eingang bei einer Behörde gewahrt.

Auch die Klage muss schriftlich oder zur Niederschrift des Urkundsbeamten der Geschäftsstelle des zuständigen Gerichts erhoben werden. In ihr sollen die Beteiligten und der **Streitgegenstand** bezeichnet sowie ein bestimmter **Antrag** gestellt werden. Beteiligte sind der Kläger und die Pflegekasse als Beklagte. Streitgegenstand ist die beantragte Leistung, um die die Parteien streiten. Der Antrag schließlich bestimmt das Klageziel. Er geht in der Regel dahin, die Beklagte zu verurteilen, die begehrte Leistung zu erbringen. Es kann aber auch die Klage zunächst ohne Antrag eingereicht werden, der genaue Antrag kann später nachgeholt werden (Philipp in Krahmer/Plantholz (Hrsg.), LPK-SGB XI, Anhang: Verfahren und Rechtsschutz, Rn. 76). Weiterhin soll der angefochtene Verwaltungsakt oder der Widerspruchsbescheid bezeichnet werden und die zur Begründung der Klage dienenden Tatsachen oder Beweismittel benannt werden.

Da es sich hierbei nur um „Soll-Vorschriften" handelt, hängt von diesen Formalien nicht die **Wirksamkeit** der Klageerhebung ab. Insbesondere ist es nicht erforderlich, dass eine Begründung für die Klage gegeben wird, da das Sozialgericht den Sachverhalt von Amts wegen aufklären muss. Auch hier gilt jedoch, dass die Erfolgsaussichten wesentlich günstiger sind und vor allem das Verfahren vom Gericht auch wesentlich zielgerichteter betrieben werden kann, wenn der Kläger im Einzelnen anführt, warum er mit der Entscheidung der Pflegekasse nicht einverstanden ist. Ist dies für das Sozialgericht nämlich nicht erkennbar und ergibt die Prüfung der Akten ebenfalls keine entsprechenden Anhaltspunkte, besteht auch für das Gericht trotz der Amtsermittlungspflicht kein Anlass, den Sachverhalt weiter aufzuklären.

Dies gilt umso mehr, als die Sozialgerichte nicht gehindert sind, die im Verwaltungsverfahren eingeholten Gutachten als Entscheidungsgrundlage heranzuziehen, wenn sich weder aus anderen medizinischen Äußerungen noch aus dem Vorbringen der Beteiligten Zweifel an der Schlüssigkeit derartiger Gutachten ergeben, so dass für das Tatsachengericht überhaupt erst gar keine Veranlassung besteht, ein Sachverständigengutachten einzuholen.

*Muster einer Klageschrift*

An das

Sozialgericht Beispielsdorf
Hauptstraße 33
99999 Beispielsstadt

Claudia Muster
Parkstraße 11
88888 Beispielsstadt

Beispielstadt, 12.7.2017

**Klage**

der Claudia Muster, Parkstraße 11, 88888 Beispielsstadt
– Klägerin –

gegen

die Barmer Ersatzkasse – Pflegekasse –, vertreten durch den Vorstand, Schlossallee 22, 99999 Beispielsstadt

– Beklagte –

wegen: Pflegesachleistung

Ich erhebe Klage gegen die Beklagte und beantrage,

die Beklagte unter Aufhebung ihres Bescheides vom 1.6.2017 in der Fassung des Widerspruchsbescheides vom 7.7.2017 zu verurteilen, mir rückwirkend zum 1.3.2017 Pflegesachleistungen des Pflegegrads 3 zu gewähren.

**Begründung:**

Mit Schreiben vom 2.3.2017 habe ich bei der Beklagten, deren Mitglied ich bin, einen Antrag auf Pflegesachleistungen des Pflegegrades 3 gestellt. Nach Untersuchung durch den Medizinischen Dienst der Krankenversicherung im Mai 2017 hat mir die Beklagte mit Bescheid vom 1.6.2017 zwar Pflegeleistungen bewilligt, jedoch nur nach Pflegegrad 2. Gegen diesen Bescheid habe ich am 12.6.2017 Widerspruch eingelegt. Mit Widerspruchsbescheid vom 7.7.2017 hat die Beklagte meinen Widerspruch zurückgewiesen. Bescheid, Widerspruch und Widerspruchsbescheid lege ich dieser Klage in Kopie bei.

Die Beklagte stützt sich bei Ihrer Entscheidung auf das Gutachten des MDK. Danach soll bei mir nur Pflegebedürftigkeit des Pflegegrades 2 vorliegen. Das Gutachten des MDK ist allerdings fehlerhaft. So wird zwar mein Bedarf an Unterstützung im Bereich ... in den Modulen ... beschrieben, meine eigenen Möglichkeiten aber vollkommen falsch wiedergegeben. ... Ich bin aufgrund meiner Erkrankung ... gar nicht in der Lage ... selbst oder nur mit leichter Unterstützung erledigen, sondern brauche manchmal sogar eine vollständige Übernahme der Tätigkeiten, weil ich dies nicht selbständig bewältigen kann.

Beweis: Zeugnis Karin Muster, zu laden unter meiner Anschrift; Sachverständigengutachten

Die Zeugin ist meine Schwester und erbringt bisher meine tägliche Pflege. Sie kennt daher den erforderlichen Zeitaufwand genau.

Meine Probleme bei der selbständigen hauswirtschaftlichen Versorgung wurden im Gutachten des MDK überhaupt nicht berücksichtigt. Ich bin z. B. gar nicht in der Lage .... zu verrichten.

Beweis: wie oben

Die Entscheidung der Beklagten, mich lediglich in den Pflegegrad 2 einzustufen, ist daher nicht rechtens. Da die Beklagte dennoch meinen Widerspruch zurück-

> gewiesen hat, ist Klage geboten. Ich bitte um eine baldige Entscheidung, weil meine Schwester die Pflege allein nicht mehr leisten kann und die Leistungen des Pflegegrades 2 nicht ausreichend sind.
>
> *(Unterschrift)*

Auch vor dem Sozialgericht kann sich die klagende Partei von einem Bevollmächtigten vertreten lassen. Die **Vollmacht** muss in diesem Falle schriftlich erteilt und dem Gericht zur Akte gereicht werden. Eine Vertretung durch einen Rechtsanwalt ist nicht vorgeschrieben. Vielmehr kann neben den bereits genannten Verbandsvertretern auch jede prozessfähige Person bevollmächtigt werden, soweit sie die Vertretung nicht geschäftsmäßig wahrnimmt. Auch kann sich der Versicherte selbst vertreten. Ist der Kläger prozessunfähig, kann ihm seitens des Gerichts ein besonderer Vertreter bestellt werden. Steht der Kläger unter Betreuung, hat dies zunächst keinen Einfluss auf seine Prozessfähigkeit, es sei denn, es liegt ein Einwilligungsvorbehalt vor. In diesem Fall kann eine Vertretung durch den Betreuer erfolgen.

Als **Beweis** können alle zugelassenen Beweismittel angegeben werden, insbesondere Zeugen, Urkunden und Sachverständigengutachten. Das Gericht kann z. B. für die Feststellung, welcher Pflegegrad anzunehmen ist, durchaus auch Zeugen vernehmen. Als Zeugen kommen auch Angehörige in Betracht.

**Tipp:**

Geben Sie im Falle eines Rechtsstreits, bei dem es um den Umfang Ihrer Selbständigkeit geht, alle Personen als Zeugen an, die hierzu Angaben machen können. Das Gericht muss darüber befinden, welche Zeugen vernommen werden oder ob statt der Zeugenvernehmung ein neues Sachverständigengutachten eingeholt werden soll. Zeugen, die das Gericht nicht kennt, kann es auch nicht vernehmen.

Die **Kammern** eines Sozialgerichts sind jeweils mit einem Berufsrichter als Vorsitzenden und zwei ehrenamtlichen Richtern als Beisitzern besetzt. Das Gericht muss den Sachverhalt von Amts wegen ermitteln. Hierzu wird jedenfalls die Akte der Pflegekasse beigezogen und möglicherweise werden weitere Erkundigungen eingeholt – z. B. Stellungnahmen von Ärzten –, eine neue Begutachtung angeordnet und/oder Zeugen vernommen. In der **mündlichen Verhandlung** trägt der Vorsitzende zunächst den Sachverhalt vor. Danach erhalten die Beteiligten die Möglichkeit, ergänzende Angaben zu machen. Der Vorsitzende erörtert mit den Beteiligten auch das „Sach- und Streitverhältnis", erläutert also möglicherweise die Rechtslage, die Notwendigkeit weiterer Ermittlungen und weist auf die Aussichten der Klage hin. Die Parteien sind zwar nicht verpflichtet, zu einer vom Gericht angesetzten mündlichen Verhandlung zu erscheinen. Allerdings kann das Gericht das **persönliche Erscheinen** anordnen. In diesem Fall ist die Partei, deren Erscheinen angeordnet wurde, hierzu auch verpflichtet, es sei denn, gesundheitliche Gründe hindern dies (s. im Einzelnen Philipp in Krahmer/Plantholz (Hrsg.), LPK-SGB XII, Anhang: Verfahren und Rechtsschutz, Rn. 81 u. 84).

> **Tipp:**
>
> Es ist immer ratsam, an einer mündlichen Verhandlung auch teilzunehmen, um möglicherweise noch bestehende Unklarheiten oder Missverständnisse aufklären zu können. Ansonsten entscheidet das Gericht nämlich allein nach Lage der Akten.

Das Verfahren vor den Sozialgerichten ist für Versicherte kostenfrei (§ 138 SGG). Dies bedeutet, dass **Gerichtskosten, also auch Kosten für Sachverständigengutachten,** nicht erhoben werden. Hiervon zu unterscheiden ist allerdings die Frage der Erstattung von Kosten, die einer Partei entstehen wie z. B. Anwaltskosten; verliert man den Prozess, muss man für dessen Kosten aufkommen. Wird vom Gericht das persönliche Erscheinen angeordnet, so kann die Partei in gleicher Weise wie ein Zeuge Kostenentschädigung verlangen, insbesondere also Erstattung von Fahrtkosten und von Verdienstausfall (allerdings nur bis zum im Gesetz festgelegten Höchstbetrag). Im Übrigen kann das Gericht im Urteil darüber entscheiden, im welchem Umfange die Parteien einander Kosten zu erstatten haben. Dies gilt insbesondere für Kosten eines **Prozessbevollmächtigten.** Die gesetzlichen Gebühren eines Rechtsanwalts sind zwar grundsätzlich erstattungsfähig. Eine Erstattung kommt jedoch in der Regel nur in Betracht, wenn die klagende Partei den Prozess auch gewinnt.

Im Ergebnis bedeutet dies: Eine Partei, die den Prozess ohne Vertretung durch einen Bevollmächtigten selbst führt, geht hiermit praktisch kein Kostenrisiko ein. Wird ein Rechtsanwalt beauftragt, muss die Partei dessen Gebühren grundsätzlich übernehmen, wenn nicht im Urteil die Gegenseite, also die Pflegekasse, zum Kostenersatz verpflichtet wird. Dies geschieht jedoch in der Regel, wenn die klagende Partei im Rechtsstreit erfolgreich ist. Selbst bei einer Abweisung der Klage sind die Kosten der Pflegekasse – ob gesetzlich oder privat – aber in keinem Fall erstattungspflichtig; egal, ob sie sich durch einen ihrer Angestellten oder einen Rechtsanwalt vertreten lässt.

# 2. Kapitel

## Private Pflege-Pflichtversicherung

# I. Gesetzliche Vorgaben

## 1. Versicherungspflicht

Das SGB XI enthält, trotz seiner Bezeichnung, nicht nur Vorschriften über die soziale Pflegeversicherung. Erstmals in der Geschichte der Sozialgesetzgebung wurden vielmehr auch Vorschriften über den Abschluss von Privatversicherungen aufgenommen und sogar eine private Pflege-Pflichtversicherung eingeführt. Nach § 1 Abs. 2 Satz 2 SGB XI muss jeder eine private Pflegeversicherung abschließen, der bei einem privaten Krankenversicherungsunternehmen versichert ist. Dies entspricht dem Grundsatz **Pflegeversicherung folgt Krankenversicherung:** Wer in der gesetzlichen Krankenversicherung versichert ist, wird automatisch Mitglied der sozialen Pflegeversicherung; wer dagegen privat krankenversichert ist, wird zum Abschluss einer privaten Pflegeversicherung verpflichtet. Eine solche **Pflichtversicherung** war bisher dem Privatversicherungsrecht jedenfalls im Recht der privaten Vorsorge weitgehend fremd. Nur bei der PKW-Haftpflichtversicherung, bei der Feuerversicherung für Häuser und noch einigen anderen Bereichen gibt es vergleichbare gesetzliche Verpflichtungen zum Abschluss von Versicherungen.

Die Vorschriften des SGB XI über die Verpflichtung privat Krankenversicherter zum Abschluss und zur Aufrechterhaltung privater

Pflegeversicherungsverträge und über deren nähere inhaltliche Ausgestaltung sind nach der Rechtsprechung des BVerfG (Urteil vom 3.4.2001, 1 BvR 2014/95, NJW 2001, 1709) durch die Gesetzgebungskompetenz des Art. 74 Abs. 1 Nr. 11 GG („privatrechtliches Versicherungswesen") gedeckt. Der zur sozialpolitischen Gestaltung berufene Gesetzgeber durfte mit dem BVerfG eine im Grundsatz alle Bürger erfassende Volksversicherung einrichten, um die für die Pflege hilfebedürftiger Menschen notwendigen Mittel auf der Grundlage einer Pflichtversicherung sicherzustellen. Der dabei mit der gesetzlichen Verpflichtung zum Abschluss und zur Aufrechterhaltung eines privaten Pflegeversicherungsvertrages verbundene Eingriff in das Grundrecht der allgemeinen Handlungsfreiheit nach Art. 2 Abs. 1 GG stellt sich insoweit als verfassungsgemäß dar. Die Fürsorge für Menschen, die vor allem im Alter zu den gewöhnlichen Verrichtungen im Ablauf des täglichen Lebens aufgrund von Krankheit und Behinderung nicht in der Lage sind, gehört zu den **sozialen Aufgaben der staatlichen Gemeinschaft**. Die Einführung einer grundsätzlich alle Bürger umfassenden **Versicherung gegen das Risiko der Pflegebedürftigkeit** ist insoweit geeignet, die vom Gesetzgeber angestrebten Zwecke im hinreichenden Maße zu erreichen.

Vereinfacht ausgedrückt kann man zusammenfassen, dass es durchaus Aufgabe des Staates ist, seine Bürger in Situationen besonderer Hilfsbedürftigkeit zu schützen und entsprechende Instrumente zur **allgemeinen Risikoabsicherung** zu schaffen. Da es in Deutschland bei Einführung der Pflegeversicherung – die an die Krankenversicherung gebunden ist, weil Pflegebedürftigkeit nun mal in der Regel ein Ergebnis krankheitsbedingter Beeinträchtigungen ist – zwei Arten von Krankenversicherungen gab, nämlich die gesetzliche und die private, mussten auch entsprechende Institute hinsichtlich einer Absicherung im Pflegefall geschaffen werden.

Der Gesetzgeber war nach der vorgenannten Entscheidung des BVerfG schließlich auch nicht gehalten, die Pflegebedürftigen und die pflegenahen Jahrgänge generell der sozialen Pflegeversicherung zuzuweisen, um niedrigere Prämien für jüngere privat Versicherte zu ermöglichen. Dies hätte nämlich zur Folge gehabt, dass die Mitglieder der sozialen Pflegeversicherung dann durch ihre Beiträge auch die Absicherung der älteren privat Krankenversicherten gegen das Pflegerisiko hätten übernehmen müssen; die durchschnittlich oder unterdurchschnittlich verdienenden abhängig Beschäftigten hätten die gesamte alte Last tragen müssen. Dies erschien besonders vor dem Hintergrund der im Gegensatz dazu durchschnittlich besser verdienenden Klientel der privaten Krankenversicherung als besonders ungerecht. Der Gesetzgeber, der eine Pflegevolksversicherung in der Gestalt zweier Versicherungszweige geschaffen hat, durfte insoweit die einzelnen Gruppen dem einen oder anderen Versicherungszweig sachgerecht und unter dem Gesichtspunkt einer ausgewogenen Lastenverteilung zuordnen. Damit war der Gesetzgeber verfassungsrechtlich auch nicht gehalten, den zum Zeitpunkt des In-Kraft-Tretens des SGB XI privat krankenversicherten Personen zumindest ein Wahlrecht einzuräumen, der sozialen Pflegeversicherung beizutreten (BVerfG, Urteil vom 3.4.2001, 1 BvR 1681/94, NJW 2001, 1707).

§ 23 SGB XI konkretisiert diese Pflichtversicherung. Betroffen hiervon sind Personen, die gegen das Risiko Krankheit bei einem **privaten Krankenversicherungsunternehmen** mit Anspruch auf **allgemeine Krankenhausleistungen** versichert sind. Diese Personen müssen bei ihrem Krankenversicherungsunternehmen auch eine Pflegeversicherung abschließen und aufrechterhalten. Abs. 2 gibt daneben die Möglichkeit, einen entsprechenden Vertrag bei einem anderen privaten Versicherungsunternehmen nach Wahl abzuschließen. Dieses Wahlrecht muss jedoch innerhalb einer Frist von sechs Monaten ausgeübt werden. Der private Versicherungsvertrag muss Leistungen bei Pflegebedürftigkeit für die Versicherten und für ihre Angehörigen oder eingetragenen Lebenspartner, soweit sie nach § 25 SGB XI in der sozialen Pflegeversicherung familienversichert wären (→1. Kap. VIII.4.) vorsehen, die nach Art und Umfang den Leistungen der sozialen Pflegeversicherung gleichwertig sind. Trotz allgemein in Deutschland geltender Vertragsfreiheit muss der Pflegeversicherungsvertrag also mindestens die Leistungen der gesetzlichen Pflegeversicherung enthalten und sicherstellen. Wer als Beamter bei Pflegebedürftigkeit Anspruch auf Beihilfe gegen seinen Dienstherrn hat, muss eine entsprechende anteilige beihilfekonforme Versicherung abschließen (§ 23 Abs. 3 SGB XI). Dies ist so auszugestalten, dass die Beihilfeleistungen und die Leistungen der privaten Versicherung zusammen den Leistungen der sozialen Pflegeversicherung entsprechen. Auf diese Weise soll eine Basis dafür geschaffen werden, dass alle Anspruchsberechtigten im Falle der Pflegebedürftigkeit mindestens die gleichen Leistungen erhalten können. Welche (zusätzlichen) Leistungen privat Versicherte darüber hinaus vereinbaren, unterliegt wiederum ihren individuellen Möglichkeiten.

## 2. Bedingungen der Versicherung

Im Gegensatz zur Sozialversicherung folgt das Recht der Privatversicherung grundsätzlich anderen Prinzipien. Die Beiträge werden nicht berechnet nach dem Einkommen bzw. der Leistungsfähigkeit der Versicherten, sondern grundsätzlich nach dem versicherten Risiko. Ob ein Versicherungsvertrag abgeschlossen wird, unterliegt in der Privatversicherung grundsätzlich der **Vertragsfreiheit**, d. h. der Versicherer kann den Abschluss von Verträgen mit bestimmten Personen auch verweigern. Das versicherte Risiko kann grundsätzlich beschränkt werden, indem z. B. bereits bei Beginn der Versicherungszeit vorliegende Versicherungsfälle ausgeschlossen werden, wie etwa Leistungen für Vorerkrankungen bei der privaten Krankenversicherung. Die Grundsätze der Privatversicherung machten es daher erforderlich, im Gesetz bestimmte Vorgaben für den Abschluss der privaten Pflegepflicht-Versicherungsverträge zu verankern, um einen Ausgleich der Interessen zwischen den Versicherern, den Versicherten und den Leistungsempfängern herzustellen. In § 110 SGB XI sind daher verschiedene **Grundsätze** aufgestellt, die beim Abschluss der Pflege-Pflichtversicherungen allgemein gelten. Dabei differenziert das Gesetz teilweise zwischen Verträgen mit Personen, die bei Inkrafttreten des Pflegeversicherungsgesetzes bereits bei einem privaten Krankenversicherungsunternehmen versichert waren, und solchen, die erst später in Erfüllung der Privatversicherungspflicht geschlossen werden.

Die Einzelheiten des Versicherungsschutzes, die Pflichten der Versicherungsnehmer, das Nähere zum Ende der Versicherung und weitere Konkretisierungen ergeben sich aus den Allgemeinen Versicherungsbedingungen für die private Pflegepflichtversicherung (Bedingungsteil MB/PPV 2017). Allgemeine Versicherungsbedingungen werden von den Verbänden der privaten Versicherung mit Zustimmung der staatlichen Aufsichtsbehörden erlassen und gelten neben den gesetzlichen Bestimmungen für alle Versicherungsverträge, in denen eine Geltung dieser Versicherungsbedingungen vertraglich vereinbart wird. Die Allgemeinen Versicherungsbedingungen für die private Pflegepflichtversicherung (einsehbar und als pdf-Datei abrufbar, z. B. unter www.debeka.de) gelten für alle Versicherungsverträge, die in Erfüllung der Versicherungspflicht nach § 23 SGB XI abgeschlossen werden.

Für alle Versicherten gelten danach folgende Bedingungen (§ 110 Abs. 1 und 3 SGB XI):

## a) Kontrahierungszwang

Die Versicherungsunternehmen sind verpflichtet, mit allen privatversicherungspflichtigen Personen einen Versicherungsvertrag mit den Bedingungen der Pflege-Pflichtversicherung abzuschließen, die bei ihnen einen entsprechenden Antrag stellen. Dies nennt man „Kontrahierungszwang". Sie sind also nicht berechtigt, irgendwelche Personen von der Versicherung auszuschließen oder den **Abschluss von Verträgen** aus irgendwelchen Gründen abzulehnen. Jede dem entgegenstehende Praxis wäre im Bereich der Pflege-Pflichtversicherung aufgrund der gesetzlich verankerten Pflicht zum Vertragsabschluss rechtswidrig. Auch andere Personengruppen oder Einzelpersonen dürfen nicht von der Versicherung ausgeschlossen werden.

## b) Vorerkrankungen

Ein Ausschluss von Vorerkrankungen der Versicherten vom Versicherungsschutz ist unzulässig. Der Kontrahierungszwang wäre ohne Nutzen, wenn der **Versicherungsschutz** auf solche Krankheiten und Behinderungen beschränkt wäre, die erst nach Abschluss des Versicherungsvertrages eintreten. Sehr häufig werden beim Abschluss von Kranken- oder Lebensversicherungsverträgen diejenigen Risiken ausgeschlossen, die aufgrund einer bei Abschluss des Vertrages bereits vorliegenden Erkrankung eintreten. So soll vermieden werden, dass der Beitritt zur Solidargemeinschaft der Versicherten erst erfolgt, wenn ein Versicherungsfall bereits eingetreten ist oder unmittelbar bevorsteht. Bei der Pflege-Pflichtversicherung gilt dies nicht, ein solcher Ausschluss wäre nicht rechtens. Das generelle Ausschlussverbot betrifft aber nur bereits vorliegende – ausgeheilte ebenso wie akute – Erkrankungen, die noch nicht zu einer Pflegebedürftigkeit geführt haben. Für den Fall, dass Pflegebedürftigkeit bereits vorliegt (→ 2.h.), zur Staffelung der Versicherungsprämien nach dem Gesundheitszustand (→ 2.i.).

### c) Geschlecht

Die **Versicherungsprämie** darf nicht nach Geschlecht gestaffelt sein. Männer wie Frauen müssen also für die gleichen Versicherungsprämien versichert werden. Die aus der privaten Krankenversicherung bekannte Differenzierung der Beiträge nach Geschlechtern ist in der Pflege-Pflichtversicherung somit ausgeschlossen.

### d) Wartezeiten

Die Pflege-Pflichtversicherung darf keine längeren Wartezeiten vorsehen, als die für die soziale Pflegeversicherung geltende **Vorversicherungszeit**. Die Allgemeinen Versicherungsbedingungen für die private Pflegepflichtversicherung sehen daher auch in § 3 Abs. 2 die gleichen Wartezeiten vor wie § 33 Abs. 2 SGB XI.

### e) Mitversicherung

Kinder, die nach dem Recht der sozialen Pflegeversicherung nach § 25 SGB XI familienversichert wären (→1. Kap. VIII.4.), müssen auch in der Pflege-Pflichtversicherung beitragsfrei mitversichert sein. Diese gesetzliche Verpflichtung wurde in § 8 MB/PPV 2017 entsprechend umgesetzt.

### f) Prämienhöhe

Die Beiträge in der privaten Pflegepflichtversicherung sind wie auch bei der privaten Krankenversicherung bei Eintritt in die Versicherung abhängig vom Alter des Versicherungsnehmers. Eine Ausnahme besteht für Personen, die bereits zum Inkrafttreten des Gesetzes versicherungspflichtig geworden sind. Die Versicherungsprämie durfte hier von Anfang an nicht höher liegen, als der **Höchstbeitrag** der sozialen Pflegeversicherung, also derzeit 2,55 % bzw. 2,8 % für Kinderlose der Beitragsbemessungsgrenze in der sozialen Pflegeversicherung. Für Versicherungsverträge, die nach dem 1.1.1995 abgeschlossen wurden, gilt dieselbe Regelung für Versicherungsnehmer, die über eine Vorversicherungszeit von mindestens fünf Jahren in ihrer privaten Pflegeversicherung oder privaten Krankenversicherung verfügen. Soweit eine Privatversicherung nur als Ergänzung zur **Beamtenbeihilfe** abgeschlossen wird, darf die Prämie nicht höher liegen als 50 % des Höchstbeitrages in der sozialen Pflegeversicherung. Grundsätzlich sind die Versicherungsunternehmen in der Gestaltung ihrer Versicherungstarife frei. Das Gesetz setzt nur eine **Obergrenze** für die Prämie, die sich nach unterschiedlichen Gesichtspunkten richten kann, insbesondere auch nach dem Alter des Versicherten und u. U. auch nach dem Gesundheitszustand. Unerheblich für die Gestaltung der Versicherungsprämie sind grundsätzlich die wirtschaftlichen Verhältnisse des Versicherten. Im Gegensatz zur Sozialversicherung, bei der sich die Beiträge nach den Einkommen richten, wird die Prämie der Privatversicherung nach anderen Gesichtspunkten kalkuliert.

Ist die vom Gesetzgeber getroffene Entscheidung, privat Krankenversicherten beim In-Kraft-Treten des SGB XI kein Wahlrecht zugunsten der sozialen Pflegeversicherung einzuräumen, mit dem GG vereinbar (→ 3. Kap. I.), so ist es mit dem BVerfG (Urteil vom 3.4. 2001, 1 BvR 1681/94, NJW 2001, 1707) dann grundsätzlich auch nicht verfassungsrechtlich zu beanstanden, dass Privatversicherte für sich und ihre Ehegatten/Lebenspartner eine Prämie zu bezahlen haben, die im Einzelfall höher sein kann als der Beitrag, der im Falle der Mitgliedschaft in der sozialen Pflegeversicherung zu erbringen wäre. Die unterschiedlich hohe Belastung ist insoweit wieder eine Folge daraus, dass sich die Beiträge in der sozialen Pflegeversicherung am Einkommen des Versicherten ausrichten, in der privaten Pflegeversicherung dagegen **risikobezogen** sind. Wenn die Zuordnung krankenversicherter Personen zu einem der beiden Versicherungszweige verfassungsrechtlich unbedenklich ist, dann ist es auch mit Art. 3 Abs. 1 GG vereinbar, wenn die in der privaten Pflegeversicherung Versicherten solche Prämien zahlen, die im Einzelfall die entsprechenden Beiträge in der sozialen Pflegeversicherung überschreiten.

Schließlich werden auch in der privaten Pflegeversicherung pflichtversicherte Eltern mit Kindern nicht dadurch in ihren Grundrechten aus Art. 6 GG und aus Art. 3 GG verletzt, dass bei der Prämienfestsetzung die von ihnen erbrachte Betreuung und Erziehung ihrer Kinder nicht prämienmindernd berücksichtigt wird. Bereits in der sozialen Pflegeversicherung gebietet es Art. 6 GG, der den Staat zum besonderen Schutz der Familie verpflichtet, für sich allein nicht, dass der Gesetzgeber **Betreuung und Erziehung von Kindern** bei der Bemessung von Beiträgen in der sozialen Pflegeversicherung berücksichtigt (BVerfG, Urteil vom 3.4.2001, 1 BvR 1629/94, NJW 2001, 1712). Nichts anderes gilt für die Gestaltung der Prämien in der privaten Pflege-Pflichtversicherung. Zwar entfaltet mit dem Bundesverfassungsgericht die Förderverpflichtung des Art. 6 Abs. 1 GG Wirkung für die gesamte Rechtsordnung und somit auch für das Gebiet des Privatversicherungsrechts. Der Gesetzgeber bewegt sich aber innerhalb des ihm für die Verwirklichung seines grundgesetzlichen Förderungsauftrags zustehenden Spielraums, wenn er davon absieht, die Versicherungsunternehmen der privaten Pflegeversicherung zu verpflichten, bei der Gestaltung der Prämien die Erziehungsleistung des Versicherungsnehmers zu berücksichtigen. Der Gesetzgeber hat den Gedanken des allgemeinen Familienlastenausgleichs im Übrigen in § 110 SGB XI aufgegriffen, indem er auf Dauer eine prämienfreie Mitversicherung der Kinder vorgesehen und übergangsweise die Prämie der Ehegatten auf 150 % des Höchstbeitrags der sozialen Pflegeversicherung begrenzt hat, wenn ein Ehegatte oder Lebenspartner über kein oder nur über ein geringfügiges Einkommen verfügt.

Mit dem BVerfG verletzt es auch Art. 3 i. V. m. Art. 6 GG nicht, dass der Gesetzgeber von einer Verpflichtung der Versicherungsunternehmen der privaten Pflegeversicherung absieht, bei der Ausgestaltung der Prämien die Betreuung und Erziehung von Kindern des Versicherungsnehmers zu berücksichtigen. Die Finanzierung der Leistungen dieser Versicherung erfolgt im sog. Anwartschaftsdeckungsverfahren, bei dem grundsätzlich nicht anders als in der pri-

vaten Krankenversicherung die Prämien zur Bildung von Alterungs-
rückstellungen für künftige Versicherungsleistungen genutzt werden. Damit ist die private Pflegepflichtversicherung zunächst nicht
in gleicher Weise auf die Prämienzahlungen der nachwachsenden
Generationen angewiesen wie die soziale Pflegeversicherung, die auf
dem Umlageverfahren und damit auf einer „intergenerativen" Um-
verteilung beruhe.

Letzteres hatte dazu geführt, dass es das BVerfG (Urteil vom 3.4.
2001, 1 BvR 1629/94, NJW 2001, 1712) dagegen in der sozialen Pflegeversicherung als mit der Verfassung nicht zu vereinbaren angesehen hatte, dass dort Mitglieder, die Kinder betreuen und erziehen
und damit neben dem Geldbeitrag einen generativen Beitrag zur
Funktionsfähigkeit eines umlagefinanzierten Sozialversicherungssystems leisten würden, mit einem gleich hohen Pflegeversiche-
rungsbeitrag wie Mitglieder ohne Kinder belastet würden.

Die **Erziehungsleistung** versicherter Eltern begünstigt innerhalb
eines umlagefinanzierten Sozialversicherungssystems, das der Deckung eines maßgeblich vom Älterwerden der Versicherten bestimmten Risikos dient, in spezifischer Weise Versicherte ohne Kinder. Dabei ist entscheidend, dass der durch den Eintritt des Versicherungs-
falls verursachte finanzielle Bedarf überproportional häufig in der
Großelterngeneration (60 Jahre und älter) auftritt. Die Wahrschein-
lichkeit, pflegebedürftig zu werden, nimmt mit dem Lebensalter
deutlich zu. Wird ein solches allgemeines, regelmäßig erst in höherem
Alter auftretendes Lebensrisiko durch ein Umlageverfahren finanziert, so hat die Erziehungsleistung konstitutive Bedeutung für die
Funktionsfähigkeit dieses Systems. Denn bei Eintritt der ganz überwiegenden Zahl der Versicherungsfälle ist das **Umlageverfahren** auf
die Beiträge der nachwachsenden Generation angewiesen.

Die **Begünstigung Kinderloser** wird sichtbar, wenn man die Grup-
pe der Eltern, die unterhaltsbedürftige Kinder haben, mit der Grup-
pe der kinderlos bleibenden Versicherten im erwerbsfähigen Alter
vergleicht. Beide sind bei einer Finanzierung der Sozialversicherung
im Umlageverfahren darauf angewiesen, dass Kinder in genügend
großer Zahl nachwachsen. Die derzeitigen Beitragszahler der erwerbsfähigen Generation vertrauen im Umlageverfahren darauf,

dass in der Zukunft in ausreichendem Umfang neue Beitragsschuldner vorhanden sind. Dies können nur die heutigen Kinder sein, denen in der Zukunft zu Gunsten der dann pflegebedürftigen Alten durch die mit Beitragslasten verbundene Pflichtmitgliedschaft eine kollektive Finanzierungspflicht auferlegt wird, die einer auf den besonderen Bedarf der Pflege bezogenen Unterhaltspflicht gleichkommt. Damit erwachsen Versicherten ohne Kinder im Versicherungsfall Vorteile aus der Erziehungsleistung anderer beitragspflichtiger Versicherter, die wegen der Erziehung zu ihrem Nachteil auf Konsum und Vermögensbildung verzichten. Zwar werden Kinderlose mit ihren Beiträgen auch zur Finanzierung des Pflegerisikos der beitragsfrei mitversicherten Ehegatten und Kinder herangezogen. Das wiegt jedoch den Vorteil der kinderlosen Versicherten zu Lasten derjenigen nicht auf, die zur Abdeckung des Pflegerisikos aller im Alter für die zukünftigen Beitragzahler sorgen würden. Auf die Wertschöpfung durch heranwachsende Generationen ist jede staatliche Gemeinschaft angewiesen. An der Betreuungs- und Erziehungsleistung von Familien besteht ein Interesse der Allgemeinheit. Das allein gebietet es zwar nicht, diese Erziehungsleistung zu Gunsten der Familien in einem bestimmten sozialen Leistungssystem zu berücksichtigen.

Wenn aber ein soziales Leistungssystem ein Risiko abdecken soll, das vor allem die Altengeneration trifft, und seine Finanzierung so gestaltet ist, dass sie im Wesentlichen nur durch das Vorhandensein nachwachsender Generationen funktioniert, die jeweils im erwerbsfähigen Alter als Beitragzahler die mit den Versicherungsfällen der vorangegangenen Generationen entstehenden Kosten mittragen, dann ist für ein solches System nicht nur der Versicherungsbeitrag, sondern auch die Kindererziehungsleistung konstitutiv. Wird dieser generative Beitrag nicht mehr in der Regel von allen Versicherten erbracht, führt dies zu einer spezifischen Belastung kindererziehender Versicherter im System der sozialen Pflegeversicherung, deren benachteiligende Wirkung auch innerhalb dieses Systems auszugleichen ist. Die kindererziehenden Versicherten sichern die Funktionsfähigkeit der Pflegeversicherung nicht nur durch Beitragszahlung, sondern auch durch Betreuung und Erziehung von Kindern.

Deshalb müssen kinderlose Mitglieder der sozialen Pflegeversicherung, wenn sie über 23 Jahre alt sind, einen um 0,25 Prozentpunkte höheren Beitrag zahlen als Versicherte mit Kindern. Sie zahlen mittlerweile 2,8 % ihres beitragspflichtigen Bruttoeinkommens. Der Arbeitgeberanteil in Höhe von 1,275 % bleibt unverändert. Dies ist rechtlich und sozialpolitisch umstritten. Da die Arbeitgeber – in dieser Form erstmals – durch die Beitragserhöhung nicht belastet werden, die Lohnnebenkosten selbst von der Beitragserhöhung also unberührt bleiben, letztlich aber auch nicht gesenkt werden, erfolgt eine Beitragsverschiebung allein zu Lasten der Versicherten. Nach dem oben erläuterten Urteil des BVerfG besteht aber Verfassungskonformität.

### g) Kündigung

Ein Rücktritt oder eine Kündigung des Versicherungsvertrages **durch das Versicherungsunternehmen** ist ausgeschlossen, solange der Kontrahierungszwang (→ 2. Kap. I.2.a) besteht (§ 110 Abs. 4 SGB XI). Dies wird noch einmal bestätigt in § 14 Abs. 1 MB/PVV 2017. Der Kontrahierungszwang wäre sonst wertlos, wenn sich der Versicherer jederzeit vom Vertrag lösen könnte. Im Allgemeinen können sonstige Versicherungsverträge vom Versicherer z. B. gekündigt werden bei Prämienrückstand, bei unrichtigen Angaben des Versicherungsnehmers oder bei einer Gefahrerhöhung. In der Pflege-Pflichtversicherung ist all dies ausgeschlossen, weil es sich eben um eine Pflichtversicherung handelt. Dies ist besonders wichtig für Versicherte, die für den Versicherer einen hohen **Risikofaktor** darstellen (oftmals ohne überhaupt etwas dafür zu können) oder wegen umfangreicher Leistungen im Fall der Pflegebedürftigkeit der Versicherung wirtschaftliche Nachteile bringen.

Neben den oben dargestellten Bestimmungen a) bis g) gelten darüber hinaus für Versicherte, die bereits bei Inkrafttreten des Pflegeversicherungsgesetzes am 1.1.1995 privat pflichtversichert waren, folgende **weitere Schutzbestimmungen** (§ 110 Abs. 1 SGB XI), die auf später abgeschlossene Versicherungsverträge nicht anzuwenden sind:

## h) Pflegebedürftigkeit

Auch bei Abschluss des Vertrages bereits pflegebedürftige Personen müssen zu den gleichen Bedingungen versichert werden, wie (noch) nicht pflegebedürftige. Ein **Ausschluss** pflegebedürftiger Menschen von der Versicherung war demnach bei Inkrafttreten der Regelung zunächst nicht zulässig, sie mussten zu den gleichen Bedingungen versichert werden, wie nicht-pflegebedürftige Personen auch.

Im Umkehrschluss bedeutet dies aber, dass bei späteren Pflege-Pflichtversicherungen bereits pflegebedürftige Menschen von der Versicherung ausgeschlossen werden dürfen. Dies entspricht dem allgemeinen Grundsatz, dass ein Versicherungsunternehmen nach Eintritt des Versicherungsfalles die Gewährung von Versicherungsschutz verweigern kann, weil in diesen Fällen die Aufwendungen der Versicherung die Erträge durch die Beiträge in der Regel übersteigen und daher unwirtschaftlich sind. Nicht ausgeschlossen werden darf allerdings das durch Vorerkrankungen bei Abschluss des Vertrages bereits erhöhte Versicherungsrisiko (→ 2. Kap. I.2.b).

## i) Gesundheitszustand

Eine Staffelung der **Prämien** nach dem Gesundheitszustand der Versicherten war nicht zulässig. Diese Vorschrift ergänzt das Verbot des Ausschlusses von Vorerkrankungen (→ 2. Kap. I.2.b). Bei späteren Versicherungsverträgen dürfen zwar auch Vorerkrankungen nicht vom Versicherungsschutz ausgeschlossen werden, grundsätzlich können diese aber bei der Bemessung der Versicherungsprämie prämienerhöhend berücksichtigt werden.

## j) Ehegattenversicherung

Ehegatten mussten gemeinsam zu einem Beitragssatz von höchsten 150 % des Höchstbeitrages in der sozialen Pflegeversicherung gemeinsam versichert werden, wenn ein Ehegatte kein **Gesamteinkommen** hatte, das regelmäßig im Monat ein Siebtel der monatlichen Bezugsgröße überschritt. Hierdurch sollte sichergestellt werden, dass Ehegatten, die nur über ein geringes eigenes Einkommen verfügen, durch die Prämien der Pflege-Pflichtversicherung nicht über Gebühr belastet werden. Bei Verträgen nach dem 1.1.1995 können dagegen die Prämien für Ehegatten bzw. eingetragene Lebenspartner ohne diese Beschränkung vereinbart werden.

## II. Versicherungsfall und Leistungen

Versicherungsfall der privaten Pflege-Pflichtversicherung ist die **Pflegebedürftigkeit** einer versicherten Person (§ 1 Abs. 2 MB/PPV 2017). Die Pflegebedürftigkeit wird in gleicher Weise definiert, wie im SGB XI für die soziale Pflegeversicherung. Danach sind Personen pflegebedürftig, die gesundheitlich bedingte Beeinträchtigungen der Selbständigkeit oder der Fähigkeiten aufweisen und deshalb der Hilfe durch andere bedürfen. Es wird genau dasselbe Begutachtungsinstrument (NBA) mit seinen 6 ausschlaggebenden Modulen angewandt wie im 1. Kapitel unter II. beschrieben. § 1 MB/PVV 2017 verweist insofern hinsichtlich des Begutachtungsinstruments und der Punktewertung auf § 15 SGB XI. Auf die diesbezüglichen Ausführungen dort kann daher verwiesen werden. Der Versicherungsfall beginnt nach § 1 Abs. 11 MB/PVV 2017 mit der Feststellung der Pflegebedürftigkeit durch einen vom Versicherer beauftragten Arzt oder durch den medizinischen Dienst der privaten Pflege-Pflichtversicherung.

Allerdings gilt hier jedoch gegenüber der sozialen Pflegeversicherung eine Besonderheit:

Zu der zur Feststellung von Pflegebedürftigkeit erforderlichen ärztlichen Untersuchung enthält § 6 Abs. 2 MB/PPV 2017 die näheren Einzelheiten. Dort heißt es u. a. Eintritt, Grad und Fortdauer der Pflegebedürftigkeit, die Eignung, Notwendigkeit und Zumutbarkeit von Maßnahmen zur Beseitigung, Minderung oder Verhütung einer Verschlimmerung der Pflegebedürftigkeit sind durch einen vom Versicherer beauftragten Arzt festzustellen. Das bedeutet, dass Versicherer und Versicherungsnehmer an die Feststellungen des ärztlichen Sachverständigen zu den Voraussetzungen des Anspruchs aus der Versicherung oder zur Höhe des Schadens grundsätzlich **gebunden** sind, wenn dies – wie in § 6 Abs. 2 MB/PPV 2017 – vertraglich vereinbart worden ist. Diese Regelung beruht auf § 84 Abs. 1 Satz 1 Versicherungsvertragsgesetz (VVG).

Danach sind die Feststellungen des Arztes nur dann nicht verbindlich, „wenn sie offenbar von der wirklichen Sachlage erheblich abweichen", wobei auf den Sachstand und die Erkenntnismittel zum Zeitpunkt der Begutachtung abzustellen ist.

Mit der Anwendbarkeit des § 84 VVG (§ 64 VGG a. F.) ist gleichzeitig eine **Einschränkung** des Umfangs der **gerichtlichen Kontrolle** verbunden, wenn es zu Streitigkeiten über die Leistungspflicht der privaten Pflegepflichtversicherung kommt. Für eine gerichtliche Sachverhaltsaufklärung zur Frage des Umfangs des Pflegebedarfs, z. B. durch Einholung eines gerichtlichen Sachverständigengutachtens, besteht mit dem BSG nur noch dann Veranlassung, wenn und soweit ein nach den Bestimmungen der MB/PPV 2017 eingeholtes Pflegegutachten nach § 84 Abs. 1 Satz 1 und 2 VVG offensichtlich von der wirklichen Sachlage erheblich abweicht oder gemäß § 84 Abs. 1 Satz 3 VVG ein Sachverständiger die erforderlichen Feststellungen ausnahmsweise nicht treffen kann bzw. will oder sie verzögert.

Die Leistungen der privaten Pflege-Pflichtversicherung müssen schließlich nach Art und Umfang den Leistungen der sozialen Pflegeversicherung entsprechen. Im Einzelnen ist der Umfang der **Leistungspflicht** in § 4 MB/PVV 2017 festgelegt. Die hierin vorgesehenen Leistungen bei häuslicher Pflege, für Pflegehilfsmittel und technische Hilfen, bei teilstationärer Pflege, Kurzzeitpflege und vollstationärer Pflege sowie auch Leistungen zur sozialen Sicherung der Pflegeperson, Pflegezeit und kurzzeitige Arbeitsverhinderung der Pflegeperson und Pflegekurse für Angehörige und ehrenamtliche Pflegepersonen sowie Pflegeberatung, Unterstützung im Alltag und Anspruch auf Entlastungsbetrag etc. entsprechen danach denen der sozialen Pflegeversicherung. Auch insoweit kann daher auf die Darstellungen dort verwiesen werden.

Eine Abweichung ergibt sich lediglich daraus, dass von der privaten Pflegeversicherung keine **Sachleistungen** erbracht werden. Von ihr werden vielmehr in jedem Falle nur die der versicherten Person entstandenen Kosten für häusliche Pflegehilfe durch ambulante Pflegedienste bzw. teilstationäre oder vollstationäre Pflege in Pflegeheimen erstattet. An die Stelle der Sachleistung der sozialen Pflegeversicherung tritt daher ein Aufwendungsersatzanspruch.

Die versicherte Person muss also zunächst in **Vorleistung** gehen, die ihr entstandenen Kosten nachweisen und bekommt sodann – bis zu dem durch den Tarif vorgesehenen Höchstbetrag, der den Höchstbeträgen der Sachleistung durch die soziale Pflegeversicherung entspricht – diese Kosten vom Versicherer erstattet. Die versicherte Person kann die Leistungen von Pflegeeinrichtungen oder Einzelpersonen in Anspruch nehmen, die im Rahmen der sozialen Pflegeversicherung durch Versorgungsvertrag mit den Pflegekassen zur Erbringung von Sachleistungen zugelassen sind.

Keine Leistungspflicht besteht in den Fällen, in denen das Gesetz hinsichtlich der Leistungen der sozialen Pflegeversicherung ein **Ruhen** der Leistungen vorschreibt (→1. Kap. IX.3.). Weiterhin besteht keine Leistungspflicht für Aufwendungen für Pflege durch Pflegekräfte oder Einrichtungen, deren Rechnungen der Versicherer aus wichtigem Grunde von der Erstattung ausgeschlossen hat, etwa wegen **Unzuverlässigkeit,** ständiger Pflichtverletzungen oder mangelhafter Leistungen der Einrichtung. Voraussetzung hierfür ist allerdings, dass der Versicherungsnehmer über den Leistungsausschluss zuvor informiert wurde. Der Versicherer muss also die Personen und Einrichtungen mitteilen, deren Rechnungen er künftig nicht mehr anerkennt. Tritt ein solcher Fall während eines schwebenden Versicherungsfalles ein, besteht keine Leistungspflicht für Aufwendungen, die nach Ablauf von drei Monaten seit der Benachrichtigung entstanden sind. Innerhalb dieser Frist hat die versicherte Person die Möglichkeit – aber auch die Pflicht –, die nicht mehr anerkannte Pflegeperson oder Pflegeeinrichtung zu wechseln.

# III. Obliegenheiten der Versicherungsnehmer

Nach § 9 MB/PVV 1996 treffen den Versicherungsnehmer eine Reihe sog. **Obliegenheiten.** Dies sind vor allem Mitteilungs- und Verhaltenspflichten gegenüber dem Versicherer, die diesen bei Eintritt des Versicherungsfalles und in sonstigen Fällen vor Schaden bewahren bzw. ihn in die Lage versetzten sollen, auf Änderungen in den Grundlagen der Versicherung angemessen zu reagieren.

In einigen Fällen ist dem Versicherer unverzüglich **schriftlich** Mitteilung zu machen und zwar u. a.

- bei Eintritt, Wegfall oder Minderung einer Pflegebedürftigkeit,

- Änderungen in der Person und im Umfang der Pflegetätigkeit einer Pflegeperson, für die Leistungen zur sozialen Sicherung erbracht werden,

- die Aufnahme der Erwerbstätigkeit durch beitragsfrei mitversicherte Kinder,

- der Eintritt der Versicherungspflicht in der sozialen Pflegeversicherung für eine versicherte Person.

Ist bereits ein **Versicherungsfall** eingetreten, sind darüber hinaus u. a. mitzuteilen

- eine Krankenhausbehandlung

- stationäre medizinische Rehabilitationsmaßnahmen

- eine Kur- oder Sanatoriumsbehandlung

- eine Unterbringung aufgrund richterlicher Anordnung

- das Bestehen eines Anspruchs auf häusliche Krankenpflege aus der gesetzlichen Krankenversicherung.

Der Abschluss einer weiteren privaten Pflegepflichtversicherung bei einem anderen Versicherer ist nicht zulässig. Den Abschluss einer solchen Versicherung zu unterlassen, gehört ebenfalls zu den Obliegenheiten des Versicherungsnehmers. Schließlich haben der Versicherungsnehmer und die versicherten Personen auf Verlangen des Versicherers jede **Auskunft** zu erteilen, die zur Feststellung des Versicherungsfalles, der Leistungspflicht des Versicherers und ihres Umfanges sowie für die Beitragseinstufung der versicherten Personen erforderlich ist.

Eine Verletzung dieser Obliegenheiten kann gravierende Folgen haben. Der Versicherer ist nämlich nach § 10 Abs. 1 MB/PVV 1996 von der Leistung frei, wenn und solange eine der genannten Obliegenheiten verletzt wird. Dies gilt nach § 6 Abs. 3 VVG allerdings nur dann, wenn die Verletzung der Obliegenheit vorsätzlich oder grob fahrlässig erfolgte. Sie muss zudem nach der sog. Relevanztheorie, die von der Rechtsprechung entwickelt wurde, generell geeignet sein, dem Versicherer einen wirtschaftlichen Schaden zuzufügen. Dies gilt auch dann, wenn aufgrund der unterlassenen oder fehlerhaften Angaben rechtzeitige Feststellungen des Versicherers zu seiner Leistungspflicht nicht mehr erfolgen können.

Darüber hinaus kann der Versicherer vom Versicherungsnehmer oder der versicherten Person den Ersatz von zusätzlichen **Aufwendungen** verlangen, die ihm dadurch entstehen, dass die Aufnahme der Erwerbstätigkeit von mitversicherten Kindern nicht mitgeteilt wird oder trotz Verlangens des Versicherers eine erforderliche Auskunft nicht erteilt wird.

# IV. Rechtsschutz gegen die private Pflegeversicherung

Nach § 51 Abs. 1 Nr. 2 Sozialgerichtsgesetz (SGG) sind sämtliche Streitigkeiten nach dem SGB XI den Sozialgerichten zugewiesen. Dies gilt – auch wenn bei Streitigkeiten aus privaten Versicherungsverhältnissen normalerweise die Gerichte der Zivilgerichtsbarkeit (Amts- und Landgerichte) zuständig sind – nach dem ausdrücklichen Wortlaut des Gesetzes nicht nur für die soziale, sondern auch für Angelegenheiten der privaten Pflegeversicherung. Also nicht nur bei Streitigkeiten über die Versicherungspflicht, den Kontrahierungszwang und die im SGB XI vorgesehenen speziellen Vertragsgestaltungen sind die Sozialgerichte zuständig, sondern auch bei einem Streit über Feststellungen der Pflegebedürftigkeit oder zu erbringende Leistungen aus der privaten Pflege-Pflichtversicherung. Damit gilt für den Rechtsschutz grundsätzlich das gleiche wie bei Streitigkeiten nach dem SGB XI; auf das 1. Kap. X. kann daher verwiesen werden.

# 3. Kapitel

## Sozialhilfe

# I. Grundlegende Informationen zur sozialhilferechtlichen Hilfe zur Pflege

Zu einem guten Pflegefall-Management (einschließlich entsprechender Checks und nachhaltiger Fall-Führung mit eventuell notwendigen Umsteuerungen im Arrangement der Pflege) gehört zunächst die umfassende **Information der Betroffenen**, insbesondere der Angehörigen, über den konkreten Pflegebedarf. Außerdem muss über alle möglichen Leistungen der Pflegeversicherung, natürlich auch über die konkreten Dienste und Einrichtungen vor Ort – seien sie ambulant oder (teil-)stationär – beraten werden. Und gegebenenfalls – wenn nämlich die Leistungen der Pflegeversicherung nach dem SGB XI nicht reichen (insbesondere im Heim) – muss auch über die Leistungen und Bezugsvoraussetzungen der Hilfe zur Pflege nach den Regeln der Sozialhilfe, d. h. nach den §§ 61 ff. SGB XII (Pflegebegriff und Leistungen), aber auch den §§ 85 ff. SGB XII (Einkommenseinsatz und -grenzen) sowie nach § 90 SGB XII (Vermögensschutz), § 94 SGB XII (Grenzen der Unterhaltspflichten) und schließlich § 102 SGB XII (Erbenhaftung und ihre Grenzen) informiert werden. Dazu beispielhaft im Folgenden ein paar rechtlich wichtige Fakten (ausführlicher in Krahmer/Schellhorn (Hrsg.), Hilfe zur Pflege nach dem SGB XII, 6. Auflage 2018).

Viele Menschen haben von der Inanspruchnahme von Pflegeleistungen der Sozialhilfe ein falsches Bild: Denn sie meinen z. B., dass bei einer Inanspruchnahme von ergänzender (oder aufstockender) Hilfe zur Pflege – etwa wenn es um die Pflege des Ehemanns in einer stationären Einrichtung geht –, ihr Vermögen schwerwiegend belastet oder gar vernichtet wird, dass also etwa das Haus oder die Eigentumswohnung verkauft und der Kauferlös für die Deckung der anteiligen Leistungen des Sozialhilfeträgers eingesetzt oder das Haus oder die Eigentumswohnung zumindest mit einer Hypothek belastet werden muss, obwohl die Ehefrau dort doch noch weiter wohnen soll. Oder sie haben Sorge, dass der Sohn mit seiner Familie als Unterhaltspflichtiger allzu spürbar vom Sozialhilfeträger wegen Rückzahlungen von Leistungen an den pflegebedürftigen Elternteil angegangen würde. Oder dass vom Erbe (z. B. vom zu Lebzeiten geschützten Haus der Eltern) für die Kinder gar nichts mehr übrig bliebe, wenn das Amt nach dem Tode der Eltern auf sie zukäme und das ganze Erbe zurückfordere. Oder die pflegebedürftigen Eltern meinen, ihr Einkommen sei zu hoch, so dass sie nicht „bedürftig" genug seien, um für den Bezug von „Hilfe zur Pflege" in Betracht zu kommen; d. h. sie wissen vielleicht nicht, dass eine **Einkommensgrenze** ihr Einkommen **schützt**: Für ein Ehepaar ergibt sich diese Einkommensgrenze z. Zt. – ab dem 1.1.2017 – aus dem Grundbetrag in Höhe der doppelten Regelbedarfsstufe I, gleich 832 Euro, plus der angemessenen tatsächlichen Kaltmiete, also z. B. in einer Großstadt wie Düsseldorf durchaus ca. 1.000 Euro (oder mehr), und einem sog. Familienzuschlag für die nur eine geringe Rente beziehende Ehefrau in Höhe von 292 Euro, in der Summe also 2.124 Euro. Wäre ihr Einkommen höher, müssten sie davon allenfalls den übersteigenden Betrag für die Pflegekosten aufwenden. In all diesen Fallkonstellationen also haben die Betroffenen oft falsche – und insbesondere für sie nur belastende – Vorstellungen von den Regeln der Sozialhilfe, so dass man durchaus von **Zugangsbarrieren** sprechen kann, die der Antragstellung und dem Bezug von sozialhilferechtlichen Leistungen der Hilfe zur Pflege entgegenstehen.

**Hinweis:**

Demgegenüber kann nur entsprechende Information und Beratung helfen, eben z. B. darüber, dass nach den rechtlichen Regeln der Sozialhilfe (§§ 61 ff., 85 ff., 94 SGB XII) beim Wechsel des einen Ehepartners ins Heim und entsprechender Übernahme der stationären Restkosten durch den Sozialhilfeträger (nach Einsatz der Leistungen der Pflegekasse und ggf. zumutbarer Eigenmittel des Ehepaares aus Einkommen oberhalb der relativ großzügigen Einkommensgrenze) für den nicht-pflegebedürftigen Ehepartner alles beim Alten bleibt; d. h. ihm ist weiterhin das Verbleiben in der fraglichen Wohnung grundsätzlich ohne Inanspruchnahme des Wertes (z. B. durch Aufnahme eines Hypothekendarlehens oder einer Untervermietung einzelner Zimmer) möglich.

Hierbei besteht jedoch das Problem, dass solche Informationen den Betroffenen in der Regel nicht „vorsorglich", d. h. vor Eintritt des Pflegebedarfs, vermittelt werden können – etwa durch Aufklärung i. S. v. § 13 SGB I und § 7 Abs. 2 SGB XI –, weil erst in konkreten Notlagen das Interesse an Leistungen zur Pflege überhaupt nachhaltig entsteht. Soll die Rechtsinformation beim Betroffenen bzw. seinem Angehörigen „hängen bleiben", bedarf es einer Motivation aufgrund einer individuell – ohne Hilfe -nicht zu bewältigenden Lebenslage wie z. B., dass das Einkommen des Pflegebedürftigen nicht zu dessen Versorgung ausreicht. Erst mit ihrem akut manifesten Auftreten entsteht ein individuell ausgerichteter Beratungsbedarf, den die Pflegekassen, die Sozialhilfeträger (und häufig in der gesellschaftlichen Wirklichkeit: die Pflegedienste und -einrichtungen) dann zeitnah durch ihr Engagement befriedigen müssen. Entsprechende **Beratungspflichten** zur Pflege sind deshalb an verschiedenen Stellen im Sozialrecht normiert (§ 14 SGB I, § 7a SGB XI, § 10 Abs. 2 SGB XII).

Ein großes Manko besteht leider hinsichtlich der **praktischen Möglichkeiten der Pflegekassen**, den Betroffenen bzw. seine Angehörigen auch „über Leistungen anderer Träger" (so noch der gesetzliche Auftrag an die Pflegekassen bis zum 31.12.2015 nach § 7 Abs. 2 SGB XI a. F.) zu beraten: Den Mitarbeitern der Pflegekassen fehlen in aller Regel nämlich die rechtlichen Kenntnisse über die Hilfe zur Pflege nach den Vorschriften des SGB XII. Leider halten sich manche Sozialhilfe-träger mit Informationen an die Betroffenen hier und da spürbar zurück. Eher die unabhängigen Beratungsstellen (z. B. nach § 6 Alten- und Pflegegesetz – APG NRW) sowie die Mitarbeiter von Pflegediensten und -einrichtungen, Verbraucherverbänden oder Selbsthilfegruppen etc. leisten praktisch die erste notwendige Beratungsarbeit.

Insbesondere also fehlt es in der Praxis immer wieder an der Beratung über die **Ansprüche auf Leistungen der Sozialhilfeträger** und über die insoweit wichtigen Rahmenbedingungen. Diese Informationen könnten helfen, die ergänzenden Leistungen der Sozialhilfe für Pflegebedürftige bekannt und durchsetzbar zu machen, und zwar gerade für die Bedarfe, die von der Pflegeversicherung nach dem SGB XI nicht oder nicht voll abgedeckt werden, die die Betroffen aber auch nicht aus eigenen Mitteln selbst bestreiten können. Dabei ist eben ganz besonders wichtig zu wissen, dass die „Hilfe zur Pflege" nach dem Sozialgesetzbuch Zwölftes Buch (SGB XII) auch Pflegebedürftige beanspruchen können, die – mit Blick auf ihr Einkommen und Vermögen – mittelständisch oder besser gestellt sind. Die Vorschriften der Sozialhilfe gewähren relativ hohe Einkommens- und Vermögensfreibeträge, unterhalb derer Einkommen bzw. Vermögen nicht eingesetzt werden müssen (anders nur bei Alleinstehenden in Heimen). Viele Menschen wissen davon aber nichts, und dieses Nichtwissen bzw. die falschen Auffassungen von den Regeln der Sozialhilfe wirken wie Zugangsbarrieren, die der Beantragung und dem Erhalt von Pflegeleistungen aus Mitteln der Sozialhilfe entgegenstehen: Wie schon angedeutet, besteht oft Unkenntnis hinsichtlich der Schranken für die Inanspruchnahme von unterhaltspflichtigen Verwandten durch die Sozialhilfeträger oder z. B. über den (oft nicht propagierten) Vermögensschutz hinsichtlich eines vom Pflegebedürftigen selbst oder – nach seinem Wechsel ins Heim – noch von seinem Ehegatten bewohnten Hauses (oder einer entsprechenden Eigentumswohnung). Aber auch andere Annahmen der Betroffenen sind häufig irrig: So ist der Kreis der Angehörigen von Pflegebedürftigen, der vom Sozialhilfeträger für geleistete „Hilfe zu Pflege" sozusagen im Rückgriff in Anspruch genommen werden kann, viel enger als gemeinhin angenommen wird (z. B. sind Schwiegertöchter bzw.

-söhne oder Geschwister grundsätzlich nicht unterhaltsverpflichtet), zum anderen bestehen **auch für unterhaltspflichtige Kinder** hohe **Einkommens- und Vermögensfreibeträge** (einschließlich des Wertes eines angemessenen Hauses bzw. einer Eigentumswohnung sowie gegebenenfalls bei Wohnen zur Miete zu deren anerkennungsfähiger Höhe), die in einem nicht unbedeutenden Maße vor einer Inanspruchnahme des Sozialhilfeträgers schützen.

Schließlich nehmen Sozialhilfeträger bei schon länger andauernder Pflege des Erblassers nach dessen Tod zugunsten von vorher in der Pflege engagierten Erben von Pflegebedürftigen gewisse **Teile des Erbes** eben nicht im Wege des „Rückgriffs" für geleistete „Hilfe zur Pflege" in Anspruch, obwohl grundsätzlich ein zu Lebzeiten geschütztes Vermögen (insbesondere ein Haus oder eine Eigentumswohnung) nach dem Tod des Pflegebedürftigen nicht mehr unter den Vermögensschutz fällt.

Über diese Regelungen sowie über die **weitergehenden Leistungsansprüche** des Sozialhilferechts (aufstockende Leistungen bei von der Pflegekasse nicht abgedeckten Heimkosten/Anspruchsberechtigung auch bei einfacher Pflegebedürftigkeit unterhalb des Grades 1/ Anspruch auf Rest-Pflegegeld auch bei voller häuslicher Pflege durch professionelle Pflegekräfte/etc.) bestehen kaum Kenntnisse bei den Pflegebedürftigen und ihren Angehörigen bzw. ihren Betreuern.

Da es sich also bei der Pflegeversicherung um eine „Teilkaskoversicherung" handelt, müssen die Betroffenen je nach ihren Einkommens- und Vermögensverhältnissen für die **ungedeckten Kosten** häufig selbst einstehen, könnten aber auch bei Fehlen entsprechender Eigenmittel ergänzende Sozialhilfe in Anspruch nehmen. Oft kennen die Pflegebedürftigen aber ihre Ansprüche gegenüber den Sozialhilfeträgern nicht bzw. schätzen die Rahmenbedingungen des Bezugs von Hilfe zur Pflege nach dem SGB XII falsch ein. In dieser Situation kann dann erst kompetente Information und Beratung durch den Sozialhilfeträger (und/oder im Ausnahmefall: durch die Pflegekasse), schließlich eventuell auch durch den ambulanten Pflegedienst oder das Heim dazu führen, dass der Pflegebedürftige seinen Anspruch wahrnimmt und geltend macht.

Viele sozialhilferechtliche Einzelfragen, die der Betroffene bzw. seine Angehörigen nicht oder nicht richtig beantworten können, tauchen im Pflegealltag immer wieder auf:

- die Bindungswirkung nach § 62a SGB XII und ihre Grenzen (z. B. bei noch ausstehendem rechtsverbindlichen Bescheid der Pflegekasse),
- die eigentliche Ermittlungspflicht i. S. v. §§ 20, 21 SGB X bei unzureichenden Feststellungen des MDK (z. B. bei fehlender Aussage zum zeitlichen Umfang der Pflege ),
- die ergänzende bzw. aufstockende Funktion der Leistungen der Hilfe zur Pflege,
- die insoweit das Einkommen der Betroffenen schützende Funktion der Einkommensgrenze,
- die Grenzen des Vermögenseinsatzes,
- die Grenzen der Unterhaltspflicht,
- die Freibeträge bei der Erbenhaftung,
- die Kriterien der Kürzung von Pflegegeld bei gleichzeitigem Einsatz von Pflegekräften (§ 63b).

Außerdem sind verschiedene Kommentare (Erläuterungswerke zu den Paragraphen des SGB XII – eher etwas für Fachleute) hilfreich, z. B. von Krahmer/Höfer zu den §§ 61 ff. SGB XII in Bieritz-Harder u. a., LPK-SGB XII, 11. Auflage 2018, oder von Schellhorn in Schellhorn/Hohm/Schneider, SGB XII-Kommentar, 20. Auflage 2018.

Obwohl detaillierte Informationen zur sozialhilferechtlichen Hilfe zur Pflege hier im „Ratgeber zu Leistungen der Pflegeversicherung" nicht gegeben werden können (s. dazu vielmehr die vorstehend genannten Info-Quellen), sollen im Folgenden doch beispielhaft einige **Grundzüge zu den Voraussetzungen des Bezugs von Leistungen der „Hilfe zu Pflege"** vermittelt werden, weil viele Pflegebedürftige und ihre Angehörigen aus Unkenntnis oder Fehlinformation über „Sozialhilfe" die Befassung mit der Frage, ob sie nicht eventuell ergänzend oder aufstockend zu den Leistungen der Pflegeversicherung auch solche der Hilfe zur Pflege in Anspruch nehmen können und wollen, ausgesprochen heftig – und eigentlich nicht mit wirklich guten Gründen – scheuen.

## II. Voraussetzungen zur Gewährung von Hilfe zur Pflege

Hilfe zur Pflege nach dem Sozialhilferecht (SGB XII) wird Personen gewährt, die gesundheitlich bedingte Beeinträchtigungen ihrer Selbständigkeit oder ihrer Fähigkeiten aufweisen und deshalb der **Hilfe durch Andere** bedürfen (§ 61a SGB XII); der Ausgangspunkt ist danach zunächst derselbe wie bei der sozialen Pflegeversicherung (§§ 14, 15 SGB XI). Auch die Pflegegrade sind identisch (s. § 61b SGB XII). Die Leistungen der Sozialhilfe reichen jedoch weiter, da z. B. auch **vorübergehender Pflegebedarf** berücksichtigt werden kann oder umfassendere Hilfe als bei der leistungsmäßig gedeckelten Pflegeversicherung. Anders als in dieser sozialen (und damit anders auch als in der privaten) Pflegeversicherung können Leistungen der Sozialhilfe bei Vorliegen der Leistungsvoraussetzungen grundsätzlich alle beziehen, die sich im Inland aufhalten. Es kommt also nicht auf eine bestehende Versicherung an, sondern darauf, ob ein **sozialrechtlich relevanter Bedarf** besteht, der aus eigenen Mitteln oder den Leistungen vorrangig zuständiger Träger (allererst der Pflegekasse) nicht oder jedenfalls nicht vollständig gedeckt werden kann. **Örtlich zuständig** ist der Sozialhilfeträger, in dessen Zuständigkeitsbereich sich der Leistungsberechtigte tatsächlich aufhält bzw. seinen letzten gewöhnlichen Aufenthalt hatte.

**Voraussetzung** dafür Sozialhilfeleistungen zu erhalten, ist allerdings die **Bedürftigkeit des Pflegebedürftigen**: Das bedeutet, dass er sich nicht bzw. nicht ausreichend selbst durch den Einsatz seiner Arbeitskraft oder seines Einkommens bzw. Vermögens helfen kann. Bei der Bewilligung von Hilfe zur Pflege ist immer der **Einzelfall** zu prüfen. Grundsätzlich müssen daher auch Unterhaltsansprüche (z. B. auf Elternunterhalt) überprüft werden, allerdings schützen die dazu einschlägigen Rechtsregeln umfangreicher als viele Betroffene annehmen (→ 3. Kap. I.).

Hilfe zur Pflege kann auch geleistet werden, wenn zwar Leistungen nach dem SGB XI bezogen werden, diese aber zusammen mit vorhandenem Einkommen dennoch nicht ausreichen, um die entstehenden Kosten zu tragen. Gerade die Versorgung in einer vollstationären Einrichtung, bei der die Bewohner die Kosten für Unterkunft, Verpflegung, Pflegeleistungen über den Festbetrag der Pflegeversicherung hinaus zuzüglich von Investitionskosten und evtl. Ausbildungsumlagen selbst zahlen müssen, kann schnell dazu führen, dass die Bewohner diese Kosten nicht selbst aufbringen können. Dann können Leistungen des Sozialhilfeträgers **direkt an die Einrichtung** erbracht werden. Die Sozialhilfe ist als sozialrechtliche Ausnahme- und Auffanghilfe – anders als die Leistungen der Pflegeversicherung – nicht gedeckelt, d. h. grundsätzlich in der Leistungshöhe nur am Bedarf eines in Würde geführten Lebens orientiert (Art. 1 GG sowie § 1 SGB XII). Sie orientiert sich am **Prinzip der Bedarfsdeckung** und damit dem individuellen Bedarf eines Hilfebedürftigen. Allerdings sind Sozialhilfeleistungen gegenüber den Leistungen anderer Sozialhilfeträger grundsätzlich **nachrangig**, d. h. zunächst müssen die anderen Träger, insbesondere die Pflegekassen, um Leistungen angegangen werden.

Als Hilfe zur Pflege können Leistungen der häuslichen, teilstationären und stationären Pflege, außerdem auch Hilfsmittel und die Kurzzeitpflege übernommen werden. Dieser Leistungskatalog entspricht dem der Pflegeversicherung. Für die Einzelheiten kann insoweit auf die Darstellung zu den Leistungen der Pflegeversicherung verwiesen werden (→1. Kap. III.–VI.). Wichtig ist allerdings, dass die Verweisung nur hinsichtlich des Inhalts der Leistungen erfolgt und nicht hinsichtlich des Umfangs. Dies bedeutet, dass die vom SGB XI vorgesehenen Begrenzungen der jeweiligen Pflegeleistungen der Höhe nach im Sozialhilferecht keine Anwendung finden. Vielmehr kommen immer ergänzende Leistungen der Sozialhilfe in Betracht, wenn die betragsmäßige „Deckelung" der Pflegeversicherungsleistungen den tatsächlichen Bedarf nicht abzudecken vermag.

Reicht im Fall von Pflegebedürftigkeit **häusliche Pflege** aus, soll der Träger der Sozialhilfe nach § 64 SGB XII darauf hinwirken, dass die Pflege einschließlich der hauswirtschaftlichen Versorgung durch

Personen, die dem Pflegebedürftigen nahe stehen, oder im Wege der Nachbarschaftshilfe übernommen wird. Bei den nahestehenden Personen ist insbesondere an Familienangehörige gedacht; aber auch sonstige Haushaltsangehörige (u. a. auch Wohngemeinschaftsmitglieder) oder Freunde kommen in Betracht. Gegenwärtig wird diese Pflege ganz überwiegend von den (Ehe-)Partnerinnen, Töchtern oder anderen weiblichen Angehörigen erbracht, die hierzu nicht selten ihre Erwerbstätigkeit aufgeben oder einschränken müssen. Soweit sie als Pflegepersonen (zu diesem Begriff →1. Kap. III.) Hilfen erbringen, erhalten sie jedoch kein arbeitsrechtliches Entgelt für ihre Tätigkeit – allerdings häufig weitergereichtes Pflegegeld.

Als **Hilfe zur Pflege** können Leistungen der häuslichen, teilstationären und vollstationären Pflege übernommen werden, ebenso Hilfsmittel und die Kurzzeitpflege. Der Leistungskatalog der §§ 61 ff. SGB XII entspricht damit im Wesentlichen dem der Pflegeversicherung. Welche Versorgungsart gewählt werden kann, hängt auch vom Einzelfall sowie den örtlichen Verhältnissen ab.

Im Übrigen entsprechen für Pflegebedürftige in den **Pflegegraden 2 bis 5** die Leistungen der Hilfe zur Pflege nach den §§ 61 ff. SGB XII im Wesentlichen denen der Pflegeversicherung nach den §§ 36 ff. SGB XI (§ 63 Abs. 1 SGB XII, → 1. Kap. III bis VI).

Für den **Pflegegrad 1** kommen als Leistungen neuerdings nur noch Hilfsmittel nach § 64d SGB XII und Maßnahmen zur Wohnumfeldverbesserung nach § 64e SGB XII, außerdem der Entlastungsbetrag in Höhe von monatlich 125 Euro nach § 66 SGB XII in Betracht (§ 63 Abs. 2 SGB XII).

Vor der Novellierung der Vorschriften zur sozialhilferechtlichen Pflege zum 1.1.2017 gab es bei Pflegebedürftigkeit die Möglichkeit, engagierten Helfern („Pflegepersonen") den Aufwand zu erstatten, den sie im Rahmen ihrer Einsätze hatten, z. B. Fahrtkosten oder Kosten der Unterbringung des eigenen Kindes, in geringem Umfang auch Entschädigung für entgangenes Arbeitseinkommen; für Angehörige wurde dieser Aufwand pauschaliert und vom Gesetzgeber als Beihilfe (§ 65 SGB XII a. F.) oder in der Ämterpraxis „Kleines Pflegegeld" bezeichnet. Diese Leistung ist durch das PSG III modifiziert in die sog. Große Haushaltshilfe (§ 70 SGB XII n. F.) verschoben worden.

# III. Beispielhafter Exkurs: Vorrang ambulanter Pflege trotz niedrigerer Heimkosten?

Eine vollständige Erläuterung aller Rechtsfragen der sozialhilferechtlichen Pflege würde den Rahmen dieses Ratgebers zur Pflegeversicherung sprengen. Daher soll hier beispielhaft *ein* für die Pflege wichtiger Bereich dieses Rechtsgebiets vorgestellt werden, nämlich der Vorrang häuslicher Pflege in Fällen niedrigerer Heimkosten.

## 1. Vorrang ambulanter Hilfen

Immer wieder gibt es in der Praxis Probleme, wenn sehr **hohe Kosten** für eine häusliche Pflege vom Sozialamt übernommen werden müssen. Benötigen Menschen die meiste Zeit des Tages immer wieder Assistenz, so können die Kosten ihrer Pflege zu Hause die Kosten eines Heimplatzes ausnahmsweise übersteigen. Häufig versuchen die Sozialämter dann, die Pflegebedürftigen zu einem **Wechsel in ein Pflegeheim** zu veranlassen. Als rechtliche Grundlage hierfür wird § 13 Abs. 1 SGB XII herangezogen.

In § 13 Abs. 1 Satz 1 SGB XII ist allgemein festgelegt, dass eine Sozialleistung entsprechend den **Erfordernissen des Einzelfalls** für die Deckung des Bedarfs ambulant, teilstationär oder stationär erbracht werden kann. Dieser Satz ist eine Konkretisierung des sozialhilferechtlichen **Individualisierungs- und Bedarfsdeckungsgrundsatzes** (§ 9 SGB XII). Ob Hilfe zur Pflege zu Hause oder im Heim zu leisten ist, ist also stets im Einzelfall unter Beachtung der persönlichen und örtlichen Verhältnisse zu entscheiden. Allerdings handelt es sich rechtlich nicht um gleichwertige Alternativen, denn § 13 Abs. 1 Satz 2 SGB XII räumt vielmehr generell den ambulanten Leistungen den Vorrang vor teilstationären und stationären Leistungen ein und den teilstationären Leistungen den Vorrang vor stationären Leistungen. D. h. die Hilfe muss auch tatsächlich vorrangig ambulant erbracht werden und der Sozialhilfeträger muss selbst für eine ambulante Hilfe sorgen. Die Verpflichtung zunächst ambulante

Hilfen zu gewähren, gilt für den zuständigen Sozialhilfeträger nicht, wenn die Voraussetzungen des § 13 Abs. 1 Satz 3 SGB XII vorliegen, nämlich

- eine stationäre Hilfe möglich,
- geeignet sowie
- dem/der Hilfesuchenden zumutbar und
- die ambulante Hilfe mit unverhältnismäßigen Mehrkosten verbunden ist.

Alle diese Voraussetzungen müssen nebeneinander vorliegen. Es reicht also weder aus, dass eine stationäre Hilfe geeignet und zumutbar – aber billiger – ist, um von dem Vorrang ambulanter Hilfe abweichen zu können, noch dass die ambulante Hilfe unverhältnismäßige Mehrkosten verursacht, wenn demgegenüber die konkret ins Auge gefasste stationäre Einrichtung nicht geeignet, weil unzumutbar für den Betroffenen, wäre. § 13 Abs. 1 Satz 4 SGB XII schreibt den Sozialhilfeträgern vor, dass die Zumutbarkeit stets zuerst, also vor der Kostenfrage, zu prüfen ist. Erweist sich der Verweis auf eine teilstationäre oder stationäre Leistung als unzumutbar, so ist ein Kostenvergleich gar nicht mehr vorzunehmen (Satz 6). Bei der Beurteilung, ob es einer/einem Pflegebedürftigen zuzumuten ist, anstelle einer ambulanten eine (teil)stationäre Leistung in Anspruch zu nehmen, sind die **persönlichen, familiären und örtlichen Umstände** angemessen zu berücksichtigen (Satz 5). Der Gesetzgeber reagiert mit den vorgenannten Regelungen auf die Praxis mancher Sozialhilfeträger, die aus Kostengründen Pflegebedürftigen die weitere Versorgung in der eigenen Wohnung versagt haben, ohne ihren individuellen Bedürfnissen angemessen Rechnung zu tragen. Bleiben Zweifel daran, ob alle Merkmale des Satzes 3 tatsächlich erfüllt sind, so muss es gemäß Satz 2 beim **grundsätzlichen Vorrang der ambulanten Hilfen** bleiben. Aber auch wenn die Voraussetzungen des Satzes 3 vorliegen, bedeutet dies noch nicht, dass nur eine stationäre Hilfe in rechtmäßiger Weise vom Sozialhilfeträger erbracht werden kann. In diesem Fall gilt nur der in Satz 2 normierte generelle Vorrang der ambulanten Hilfen nicht, d. h., der Sozialhilfeträger **begrenzt** dann seine ambulanten Leistungen auf die Höhe der durchschnittlich üblichen stationären.

**245**

Die Leistungen der Pflegekassen sind gegenüber denjenigen der Sozialhilfe **vorrangig** in Anspruch zu nehmen. Das Zusammentreffen mehrerer Pflegeleistungsansprüche („**Leistungskonkurrenz**") ist in § 63b SGB XII geregelt. Die Leistungen der Pflegeversicherung und der Hilfe zur Pflege nach §§ 61 SGB XII müssen daher aufeinander abgestimmt werden. So ist der Sozialhilfeträger nach § 62a SGB XII an die Entscheidung der Pflegekasse über das Ausmaß der Pflegebedürftigkeit nach dem SGB XI auch bei seiner Entscheidung über die Hilfe zur Pflege gebunden. Ordnet die Pflegekasse einen Pflegebedürftigen in den Pflegegrad 3 ein, kann der Sozialhilfeträger nicht etwa Leistungen lediglich nach Pflegegrad 2 oder 1 erbringen. Da die Leistungen der Pflegeversicherung vorrangig sind gegenüber denjenigen der Sozialhilfe, muss auch der Pflegekasse die vorrangige Entscheidung zukommen, welche Hilfeart gewährt wird. Es wurde bereits darauf hingewiesen, dass im Rahmen der Pflegeversicherung vollstationäre Pflege nur ausnahmsweise gewährt werden darf, wenn ambulante Pflegehilfe nicht möglich ist oder nicht in Betracht kommt. Wann immer ambulante Pflege möglich ist, weil zur Pflege bereite Pflegepersonen oder ambulante Dienste zur Verfügung stehen, darf vollstationäre Pflege nicht erbracht werden.

Es genügt nicht, wenn der Sozialhilfeträger pauschal auf eine mögliche Heimunterbringung verweist und deren Kosten abstrakt denjenigen einer ambulanten Hilfe gegenüberstellt. Der Sozialhilfeträger muss vielmehr einen **konkreten** stationären Heimplatz benennen können, der als **Alternative** zur Verfügung steht. Es ist zunächst Sache des Sozialhilfeträgers, mögliche Einrichtungen zu benennen, die er für den Betroffenen für zumutbar hält und deren Kosten unter denen der ambulanten Hilfen liegen. Schließlich hat er darzulegen, dass er vorliegend nicht an den Vorrang der offenen Hilfen gebunden ist, weil im konkreten Fall ausnahmsweise die Voraussetzungen des § 13 Abs. 1 Satz 3 SGB XII vorliegen. Der Leistungsberechtigte wird aber erst durch Benennung einer konkreten Einrichtung in die Lage versetzt, zu prüfen, ob es ihm zumutbar ist dort zu leben. Auch die Frage des Kostenvergleichs stellt sich erst, wenn die konkreten Kosten einer konkret benannten Einrichtung bekannt sind. Erst dann kann ein Vergleich vorgenommen werden, um die Frage **unver-**

hältnismäßiger **Mehrkosten** zu beurteilen. Das Sozialgericht kann im Streitfalle die Voraussetzungen des § 13 Abs. 1 Satz 3 SGB XII ebenfalls nur prüfen, wenn vom Sozialhilfeträger konkrete Heime oder Einrichtungen benannt werden. Ein Bescheid, der diesen Anforderungen nicht genügt, kann allein aus diesem Grunde als rechtswidrig aufgehoben werden.

> **BEISPIEL:** Der nach einem Unfall querschnittgelähmte Z. erhält von seiner Pflegekasse ambulante Pflegeleistungen nach Pflegegrad 3. Da die Leistungen der Pflegeversicherung nicht ausreichen, beantragt er ergänzende Leistungen der Hilfe zur Pflege beim zuständigen Sozialhilfeträger und legt diesem einen Kostenvoranschlag des ambulanten Pflegedienstes R. über 4.800 Euro bei. Der Sozialhilfeträger stellt Herrn Z. folgenden Bescheid zu: „Ihrem Antrag auf ambulante Leistungen der **Hilfe zur Pflege nach § 64b SGB XII** können wir nicht entsprechen. Nach unseren Informationen kostet der Platz in einem Pflegeheim für Ihre Pflegestufe etwa 3.200 Euro monatlich. Der von Ihnen vorgelegte Kostenvoranschlag überschreitet diesen Betrag bei weitem. Die beantragte Hilfe können wir daher nicht übernehmen."
>
> Dieser Bescheid ist schon deshalb rechtswidrig, weil der Sozialhilfeträger nur pauschal auf angebliche Heimkosten Bezug nimmt, ohne zu konkretisieren, in welchem Heim konkret welche Kosten entstünden. Auf den Widerspruch von Herrn Z. muss der Bescheid schon deshalb aufgehoben werden. Das Sozialamt muss über seinen Antrag erneut entscheiden.

Kann das Sozialamt keine Einrichtung benennen, in der die Hilfe zur Pflege erbracht werden soll, so verbleibt es bei der Regel des § 13 Abs. 1 Satz 2 SGB XII. Es muss dann die beantragte ambulante Pflege übernommen werden, ohne dass es auf die Frage entstehender Mehrkosten oder der Zumutbarkeit einer stationären Hilfe ankommen kann. Das gleiche gilt im Übrigen, wenn der Sozialhilfeträger nur eine Einrichtung benennen kann, in der zurzeit kein Platz zur Verfügung steht, oder wenn ein einziger Heimplatz in einer Vielzahl von Fällen als Alternative zur ambulanten Hilfe genannt wird. Nur ein **tatsächlich vorhandener Heimplatz**, der von dem Betroffenen auch tatsächlich eingenommen werden könnte, kann für den in § 13 Abs. 1 Sätze 3 bis 6 SGB XII vorgesehenen Zumutbarkeits- und Kostenvergleich herangezogen werden.

## 2. Geeignetheit stationärer Versorgung

Nach § 13 Abs. 1 Satz 3 SGB XII gilt die **Ausnahme vom Grundsatz des Vorrangs ambulanter Hilfen** nur, wenn die für die Zumutbarkeits- und Kostenabwägung herangezogene stationäre Hilfe auch „geeignet" ist. Dies kann nur angenommen werden, wenn durch das angebotene Heim der vom Sozialhilfeträger festgestellte Bedarf an täglicher Hilfe und Pflege auch tatsächlich gedeckt werden kann. Dies dürfte häufig nicht der Fall sein. In aller Regel entstehen hohe Kosten durch die Inanspruchnahme ambulanter Hilfen z. B. durch einen ambulanten Hilfsdienst nur dann, wenn in erheblichem Umfange Hilfe benötigt wird. Das Sozialamt muss – in der Regel auf Grundlage des von der Pflegekasse eingeholten Gutachten des Medizinischen Dienstes der Krankenversicherung (MDK) und gegebenenfalls aufgrund eigener Feststellungen, häufig durch das örtliche Gesundheitsamt – darüber entscheiden, in welchem Umfang es einen täglichen Hilfebedarf für gegeben erachtet. Nur wenn es dabei zum Ergebnis kommt, der Hilfebezieher braucht täglich mehrere Stunden Hilfe, kann es zu **Kosten** einer ambulanten Hilfe kommen, die diejenigen einer stationären Unterbringung übersteigen. Viele Heime sind faktisch gar nicht in der Lage, einen solchen **umfassenden Hilfebedarf** zu erbringen. Zwar leistet in der Regel ein Pflegedienst rund um die Uhr, es ist aber gleichzeitig immer nur eine begrenzte Anzahl von Pflegekräften anwesend. Diese können oft gar nicht für den einzelnen Heimbewohner so viel Pflege erbringen, wie nach den Feststellungen des Sozialamtes eigentlich nötig wäre. So kann z. B. oft die Begleitung außerhalb der eigenen Wohnung zwar durch ambulante Hilfen wahrgenommen, durch das Personal eines Heimes aber nicht gewährleistet werden. Es obliegt jedenfalls immer dem Sozialhilfeträger, die Geeignetheit der vorgesehenen stationären Hilfe zu prüfen und festzustellen. Unterbleiben solche Feststellungen, kann die angebotene stationäre Hilfe nicht als geeignet angesehen werden.

## 3. Zumutbarkeit stationärer Versorgung

Der vom Sozialhilfeträger konkret benannte Heimplatz muss für den Hilfeempfänger auch **zumutbar** sein. Nur eine zumutbare stationäre Hilfe kann für den vorgesehenen Kostenvergleich der ambulanten Hilfe gegenübergestellt werden. Für die Frage der Zumutbarkeit kommt es nicht allein auf die **subjektive Sicht des Betroffenen** an. Es reicht nicht aus, dass er selbst die Heimpflege ablehnt oder nicht. Vielmehr muss beurteilt werden, ob ein vernünftig urteilender Mensch an Stelle des Betroffenen billigerweise das Leben in der vom Sozialhilfeträger benannten Einrichtung ablehnen und eine ambulante Hilfe vorziehen würde. Für die Frage der Zumutbarkeit können wiederum die **Kosten** nicht herangezogen werden. In § 13 Sätze 4 und 6 SGB XII ist ausdrücklich geregelt, dass die Fragen der Zumutbarkeit der Leistungsart und der Verhältnismäßigkeit der Kosten getrennt zu beurteilen sind; sie können nicht miteinander verwoben werden. Es wäre daher nicht rechtens, eine stationäre Hilfe umso eher zuzumuten, je mehr die Kosten ambulanter diejenigen stationärer Hilfen überschreiten: also etwa Unzumutbarkeit anzunehmen, wenn die ambulanten Kosten 15 bis 20 % über denjenigen der stationären Hilfe liegen, aber von Zumutbarkeit der gleichen Einrichtung auszugehen, wenn die Kosten ambulanter Hilfe um 50 bis 60 % über denjenigen der Einrichtung liegen. Die Unterbringung in einer Einrichtung ist entweder zumutbar oder unzumutbar, die Frage der Kosten darf bei dieser Abwägung keine Rolle spielen. Nach § 13 Satz 5 SGB XII sind bei der Prüfung der Zumutbarkeit die **persönlichen, familiären und örtlichen Umstände** angemessen zu berücksichtigen.

> **Tipp:**
>
> Zur Prüfung der Zumutbarkeit sollten z. B. folgende Fragen gestellt werden:
> - Ist ein Ortswechsel notwendig bei Aufnahme in die Einrichtung?
> - Verhindert oder erschwert die topographische Lage der Einrichtung ein selbständiges Verlassen, etwa für Rollstuhlnutzer?

- Wie ist die Anbindung an die allgemeine Infrastruktur (öffentlichen Personenverkehr, Einkaufsmöglichkeiten, Veranstaltungsorte, Ärzte, Apotheken etc.) gestaltet,
- Lebt der Hilfebedürftige mit Familienangehörigen zusammen?
- Kann dieses Zusammenleben aufrechterhalten bleiben?
- Werden familiäre Kontakte erschwert oder gar unmöglich, ggf. auch im Zusammenhang mit den örtlichen Umständen (z. B. schlechtere Verkehrsanbindung)?
- Können Kontakte zu Personen erschwert oder unmöglich gemacht werden, die im traditionellen und rechtlichen Verständnis zwar keine Familienangehörigen sind, für die Pflegebedürftigen aber eine (ebenso) wichtige Funktion und Bedeutung haben?
- Lebt der Pflegebedürftige mit einer oder mehreren Personen zusammen?
- Könnte er im Heim seine bisherigen Sozialkontakte zu Nachbarn und Freunden ungehindert weiter pflegen?
- Kann eine bisherige berufliche Tätigkeit, sonstige Beschäftigung oder ehrenamtliche Tätigkeit auch bei einem Leben in der Einrichtung aufrechterhalten bleiben?
- Ist die Religionsausübung in dem vorgeschlagenen Heim sichergestellt?
- Lässt sich dort auch sonst die freie Religionsausübung verwirklichen?
- Bislang sind z. B. die Heime zuweilen nicht auf die Bedürfnisse jüdischer und muslimischer Pflegebedürftiger eingestellt (z. B. bei der Ernährung). Ist dies hier der Fall?

Nach Art. 6 GG steht die Familie unter dem besonderen Schutz des Staates; dieses Grundrecht ist auch in der Abwägung nach § 13 Abs. 1 SGB XII besonders zu berücksichtigen. In aller Regel dürfte daher die Verweisung auf eine Einrichtung unzumutbar sein, wenn dadurch das Zusammenleben mit Eltern, Ehegatten und insbesondere Kindern des Pflegebedürftigen unmöglich würde.

Bei den **persönlichen** Umständen ist das Risiko der sozialen Isolation durch das Leben im Heim zu berücksichtigen.

Von Bedeutung ist hier auch der **kulturelle und religiöse Hintergrund** der Pflegebedürftigen und ihr Recht auf freie Religionsausübung (Art. 4 Abs. 2 GG). § 9 Abs. 3 SGB XII bestimmt, dass die Leistungsberechtigten in Einrichtungen von Geistlichen ihres Bekenntnisses betreut werden sollen.

Auch das **Alter** und das **Geschlecht** können von Bedeutung sein. So kann es für eine junge behinderte Frau unzumutbar sein, in eine Wohngruppe zu ziehen, in der sie mit ausschließlich männlichen bzw. weitaus älteren Menschen zusammen leben soll. Der psychische Gesundheitszustand kann die Veränderung des häuslichen Umfeldes unzumutbar machen, wenn z. B. der Betroffene sich auf neue Gegebenheiten nicht (mehr) angemessen einstellen kann.

Auch Aspekte des Zusammenlebens mit anderen Menschen auf relativ engem Raum, eine Unterbringung in Doppelzimmern, der fremdbestimmte Tagesablauf, die Reglementierung durch die Hausordnung können eine Unzumutbarkeit begründen. Hier ist der verfassungsrechtliche Schutz von behinderten Menschen vor Diskriminierung zu beachten (Art. 3 Abs. 3 Satz 2 GG): Die Sozialhilfeträger können behinderten Menschen nicht alleine deshalb ein Recht auf einen möglichst selbstbestimmten Alltag und eine geschützte Intimsphäre absprechen, weil diese behinderungsbedingt Hilfe benötigen. Auch ein noch so hoher Hilfebedarf lässt das schützenswerte Interesse an einer **Intimsphäre** und einem **selbstbestimmten Leben** nicht entfallen, im Gegenteil. Deshalb ist für die Zumutbarkeit auch von Relevanz, ob und in welchem Umfang die Pflegebedürftigen im Heim Einfluss nehmen können auf die Auswahl der Pflegekräfte, auf die Planung ihres Tagesablaufs, den Speiseplan usw. Besteht in einem Heim z. B. keine Möglichkeit, die Wünsche der Pflegebedürftigen betreffend die Person der Pfleger/innen zu beachten, so bedeutet dies faktisch, dass Menschen sich hier u. U. gegen ihren ausdrücklichen Wunsch und Willen von Personen pflegen lassen müssen, zu denen sie kein Vertrauen haben oder deren Pflege sie aus anderen Gründen als unangenehm oder beängstigend empfinden. Dies ist nicht nur, aber vor allem im Bereich der Intimpflege von Frauen relevant, wenn diese gegen ihren Willen von männlichen Personen im Freiwilligendienst durchgeführt werden soll. Spezielle

**251**

Aspekte der täglichen Pflege können ebenfalls als persönliche Umstände berücksichtigt werden (besonders zeitintensive Hilfe, die im Heim nicht erbracht werden kann; Einsatz von Hilfsmitteln, die im Heim nicht eingesetzt werden können oder dürfen).

Bei allen diesen Umständen muss auch berücksichtigt werden, für welche **Dauer** ein Leben im Heim vorgesehen ist: Ein nur vorübergehender Verbleib in einer Einrichtung ist eher zumutbar, als ein auf Dauer angelegter. Dies begründet in der Regel auch einen wesentlichen Unterschied etwa zu einem Krankenhausaufenthalt oder dem Aufenthalt in einer Rehabilitationseinrichtung, der seiner Natur nach vorübergehend ist. Während in dieser Zeit z. B. auch Unzulänglichkeiten (Mehrbettzimmer, Pflege durch ständig wechselnde Personen, reglementierter Tagesablauf) hingenommen werden müssen, kann dieses bei einem Daueraufenthalt in einer Pflegeeinrichtung unzumutbar sein.

Im **Einzelfall** kann viel davon abhängen, die zuständigen Sachbearbeiter/innen des Sozialamts oder auch im Streitfalle die Richter/innen des Gerichts von der Unzumutbarkeit eines Lebens im Heim zu überzeugen. Es ist daher notwendig, möglichst viele Aspekte zusammenzutragen, die eine Unzumutbarkeit der Verweisung auf die stationäre Pflege begründen können. Auch verschiedene Argumente, die für sich gesehen noch keine Unzumutbarkeit begründen, können in der **Gesamtschau** dazu führen, dass ein Leben in der Einrichtung als unzumutbar angesehen wird. Hierfür kann es durchaus hilfreich sein, sich die entsprechende Einrichtung einmal anzusehen und soweit möglich auch mit Einrichtungsbewohnern zu sprechen, um sich ein eigenes Bild vom Leben in dieser Einrichtung zu verschaffen.

**Tipp:**

Überlegen Sie sich genau, wie Ihr Tagesablauf üblicherweise aussehen würde, wenn Sie ambulante Pflegehilfe erhalten. Stellen Sie sich dann vor, wie Ihr Tagesablauf und Ihre sozialen Kontakte aussehen würden, wenn Sie in der Einrichtung leben. Schreiben Sie beides auf, vergleichen es miteinander und halten Sie dann fest, welche der festgestellten Änderungen in Ihrem Leben nach Ihrer Ansicht ein Leben in der Einrichtung unzumutbar machen.

# 4. Unverhältnismäßige Mehrkosten im Vergleich zur Pflege im Heim

Selbst wenn die Kosten ambulanter Hilfen höher sind als diejenigen einer geeigneten und zumutbaren stationären Hilfe, bleibt noch die Frage zu entscheiden, ob es sich hierbei um **„unverhältnismäßige Mehrkosten"** handelt. Aus dieser Formulierung in § 13 Abs. 1 Satz SGB XII folgt zunächst ohne weiteres, dass nicht jede festgestellte Kostendifferenz diese Voraussetzung erfüllt. „Verhältnismäßige Mehrkosten" lassen jedenfalls den Vorrang der ambulanten Hilfe nach Satz 3 unberührt, kann im Umkehrschluss gefolgert werden. Bei der „Unverhältnismäßigkeit" der entstehenden Mehrkosten handelt es sich um einen sog. unbestimmten Rechtsbegriff. Es gibt keine im Gesetz oder in sonstigen Rechtsvorschriften festgelegte Grenze für diese „Unverhältnismäßigkeit". Diese Frage ist nicht in einem rein rechnerischen Kostenvergleich zu entscheiden, es bedarf vielmehr einer **wertenden Betrachtungsweise.** Die Beurteilung steht nicht im freien Ermessen des Sozialamtes, sondern ist durch die Gerichte voll überprüfbar. Die Gerichte haben bislang entschieden, dass unverhältnismäßige Mehrkosten in aller Regel dann angenommen werden können, wenn die Kosten ambulanter Hilfe diejenigen einer stationären Heimpflege um **mehr als das Doppelte** übersteigen (HessVGH NVwZ-RR 1991, 562; FEVS 43, 118). Das Bundesverwaltungsgericht sah Mehrkosten der ambulanten Hilfe von mehr als 75 % als unverhältnismäßig an (BVerwG FEVS 31, 221, 226). Nach hier vertretener Auffassung können jedoch auch höhere Kosten im Einzelfall verhältnismäßig sein. Denn die Unverhältnismäßigkeit der Mehrkosten ist stets danach zu beurteilen, ob im Verhältnis der beiden Leistungen zueinander höhere Kosten der einen (ambulanten) Hilfe gegenüber der anderen (stationären) noch hingenommen werden kann.

Als Faustformel kann jedenfalls zur Orientierung gesagt werden, dass dann, wenn die Kosten ambulanter Hilfe diejenigen einer stationären um bis zu 50 % übersteigen, dies noch nicht „unverhältnismäßig" im Sinne des § 13 Satz 3 SGB XII ist. Liegen die ambulanten Kosten dagegen 100 % höher als die der stationären Hilfe, werden sie in der Regel „unverhältnismäßig" sein. Zwischen diesen beiden Marken etwa richtet sich die Frage der „Unverhältnismäßigkeit" nach den besonderen Umständen des Einzelfalles.

# Anhang

## § 14 SGB XI[1] Begriff der Pflegebedürftigkeit

(1) [1]Pflegebedürftig im Sinne dieses Buches sind Personen, die gesundheitlich bedingte Beeinträchtigungen der Selbständigkeit oder der Fähigkeiten aufweisen und deshalb der Hilfe durch andere bedürfen. [2]Es muss sich um Personen handeln, die körperliche, kognitive oder psychische Beeinträchtigungen oder gesundheitlich bedingte Belastungen oder Anforderungen nicht selbständig kompensieren oder bewältigen können. [3]Die Pflegebedürftigkeit muss auf Dauer, voraussichtlich für mindestens sechs Monate, und mit mindestens der in § 15 festgelegten Schwere bestehen.

(2) Maßgeblich für das Vorliegen von gesundheitlich bedingten Beeinträchtigungen der Selbständigkeit oder der Fähigkeiten sind die in den folgenden sechs Bereichen genannten pflegefachlich begründeten Kriterien:

1. Mobilität: Positionswechsel im Bett, Halten einer stabilen Sitzposition, Umsetzen, Fortbewegen innerhalb des Wohnbereichs, Treppensteigen;

2. kognitive und kommunikative Fähigkeiten: Erkennen von Personen aus dem näheren Umfeld, örtliche Orientierung, zeitliche

---

[1] § 14 neu gefasst mit Wirkung vom 1.1.2017 durch Gesetz vom 21.12.2015 (BGBl. I S. 2424).

Orientierung, Erinnern an wesentliche Ereignisse oder Beobachtungen, Steuern von mehrschrittigen Alltagshandlungen, Treffen
von Entscheidungen im Alltagsleben, Verstehen von Sachverhal-
ten und Informationen, Erkennen von Risiken und Gefahren,
Mitteilen von elementaren Bedürfnissen, Verstehen von Aufforderungen, Beteiligen an einem Gespräch;

3. Verhaltensweisen und psychische Problemlagen: motorisch geprägte Verhaltensauffälligkeiten, nächtliche Unruhe, selbstschädigendes und autoaggressives Verhalten, Beschädigen von Gegenständen, physisch aggressives Verhalten gegenüber anderen
Personen, verbale Aggression, andere pflegerelevante vokale Auffälligkeiten, Abwehr pflegerischer und anderer unterstützender
Maßnahmen, Wahnvorstellungen, Ängste, Antriebslosigkeit bei
depressiver Stimmungslage, sozial inadäquate Verhaltensweisen,
sonstige pflegerelevante inadäquate Handlungen;

4. Selbstversorgung: Waschen des vorderen Oberkörpers, Körperpflege im Bereich des Kopfes, Waschen des Intimbereichs, Duschen und Baden einschließlich Waschen der Haare, An- und
Auskleiden des Oberkörpers, An- und Auskleiden des Unterkörpers, mundgerechtes Zubereiten der Nahrung und Eingießen von
Getränken, Essen, Trinken, Benutzen einer Toilette oder eines Toilettenstuhls, Bewältigen der Folgen einer Harninkontinenz und
Umgang mit Dauerkatheter und Urostoma, Bewältigen der Folgen
einer Stuhlinkontinenz und Umgang mit Stoma, Ernährung parenteral oder über Sonde, Bestehen gravierender Probleme bei der
Nahrungsaufnahme bei Kindern bis zu 18 Monaten, die einen
außergewöhnlich pflegeintensiven Hilfebedarf auslösen;

5. Bewältigung von und selbständiger Umgang mit krankheits- oder
therapiebedingten Anforderungen und Belastungen:

a) in Bezug auf Medikation, Injektionen, Versorgung intravenöser Zugänge, Absaugen und Sauerstoffgabe, Einreibungen sowie Kälte- und Wärmeanwendungen, Messung und Deutung
von Körperzuständen, körpernahe Hilfsmittel,

b) in Bezug auf Verbandswechsel und Wundversorgung, Versorgung mit Stoma, regelmäßige Einmalkatheterisierung und

Nutzung von Abführmethoden, Therapiemaßnahmen in häuslicher Umgebung,

c) in Bezug auf zeit- und technikintensive Maßnahmen in häuslicher Umgebung, Arztbesuche, Besuche anderer medizinischer oder therapeutischer Einrichtungen, zeitlich ausgedehnte Besuche medizinischer oder therapeutischer Einrichtungen, Besuch von Einrichtungen zur Frühförderung bei Kindern sowie

d) in Bezug auf das Einhalten einer Diät oder anderer krankheits- oder therapiebedingter Verhaltensvorschriften;

6. Gestaltung des Alltagslebens und sozialer Kontakte: Gestaltung des Tagesablaufs und Anpassung an Veränderungen, Ruhen und Schlafen, Sichbeschäftigen, Vornehmen von in die Zukunft gerichteten Planungen, Interaktion mit Personen im direkten Kontakt, Kontaktpflege zu Personen außerhalb des direkten Umfelds.

(3) Beeinträchtigungen der Selbständigkeit oder der Fähigkeiten, die dazu führen, dass die Haushaltsführung nicht mehr ohne Hilfe bewältigt werden kann, werden bei den Kriterien der in Absatz 2 genannten Bereiche berücksichtigt.

# § 15 SGB XI[1] Ermittlung des Grades der Pflegebedürftigkeit, Begutachtungsinstrument

(1) [1]Pflegebedürftige erhalten nach der Schwere der Beeinträchtigungen der Selbständigkeit oder der Fähigkeiten einen Grad der Pflegebedürftigkeit (Pflegegrad). [2]Der Pflegegrad wird mit Hilfe eines pflegefachlich begründeten Begutachtungsinstruments ermittelt.

(2) [1]Das Begutachtungsinstrument ist in sechs Module gegliedert, die den sechs Bereichen in § 14 Absatz 2 entsprechen. [2]In jedem Modul sind für die in den Bereichen genannten Kriterien die in Anlage 1 dargestellten Kategorien vorgesehen. [3]Die Kategorien stellen die in ihnen zum Ausdruck kommenden verschiedenen Schweregrade der Beeinträchtigungen der Selbständigkeit oder der Fähigkeiten

---

[1] § 15 neu gefasst mit Wirkung vom 1.1.2017 durch Gesetz vom 21.12.2015 (BGBl. I S. 2424); Abs. 3 Satz 1 geändert mit Wirkung vom 1.1.2017 durch Gesetz vom 23.12.2016 (BGBl. I S. 3191).

dar. [4]Den Kategorien werden in Bezug auf die einzelnen Kriterien pflegefachlich fundierte Einzelpunkte zugeordnet, die aus Anlage 1 ersichtlich sind. [5]In jedem Modul werden die jeweils erreichbaren Summen aus Einzelpunkten nach den in Anlage 2 festgelegten Punktbereichen gegliedert. [6]Die Summen der Punkte werden nach den in ihnen zum Ausdruck kommenden Schweregraden der Beeinträchtigungen der Selbständigkeit oder der Fähigkeiten wie folgt bezeichnet:

1. Punktbereich 0: keine Beeinträchtigungen der Selbständigkeit oder der Fähigkeiten,

2. Punktbereich 1: geringe Beeinträchtigungen der Selbständigkeit oder der Fähigkeiten,

3. Punktbereich 2: erhebliche Beeinträchtigungen der Selbständigkeit oder der Fähigkeiten,

4. Punktbereich 3: schwere Beeinträchtigungen der Selbständigkeit oder der Fähigkeiten und

5. Punktbereich 4: schwerste Beeinträchtigungen der Selbständigkeit oder der Fähigkeiten.

[7]Jedem Punktbereich in einem Modul werden unter Berücksichtigung der in ihm zum Ausdruck kommenden Schwere der Beeinträchtigungen der Selbständigkeit oder der Fähigkeiten sowie der folgenden Gewichtung der Module die in Anlage 2 festgelegten, gewichteten Punkte zugeordnet. [8]Die Module des Begutachtungsinstruments werden wie folgt gewichtet:

1. Mobilität mit 10 %,

2. kognitive und kommunikative Fähigkeiten sowie Verhaltensweisen und psychische Problemlagen zusammen mit 15 %,

3. Selbstversorgung mit 40 %,

4. Bewältigung von und selbständiger Umgang mit krankheits- oder therapiebedingten Anforderungen und Belastungen mit 20 %,

5. Gestaltung des Alltagslebens und sozialer Kontakte mit 15 %.

(3) [1]Zur Ermittlung des Pflegegrades sind die bei der Begutachtung festgestellten Einzelpunkte in jedem Modul zu addieren und dem in

Anlage 2 festgelegten Punktbereich sowie den sich daraus ergebenden gewichteten Punkten zuzuordnen. [2]Den Modulen 2 und 3 ist ein gemeinsamer gewichteter Punkt zuzuordnen, der aus den höchsten gewichteten Punkten entweder des Moduls 2 oder des Moduls 3 besteht. [3]Aus den gewichteten Punkten aller Module sind durch Addition die Gesamtpunkte zu bilden. [4]Auf der Basis der erreichten Gesamtpunkte sind pflegebedürftige Personen in einen der nachfolgenden Pflegegrade einzuordnen:

1. ab 12,5 bis unter 27 Gesamtpunkten in den Pflegegrad 1: geringe Beeinträchtigungen der Selbständigkeit oder der Fähigkeiten,

2. ab 27 bis unter 47,5 Gesamtpunkten in den Pflegegrad 2: erhebliche Beeinträchtigungen der Selbständigkeit oder der Fähigkeiten,

3. ab 47,5 bis unter 70 Gesamtpunkten in den Pflegegrad 3: schwere Beeinträchtigungen der Selbständigkeit oder der Fähigkeiten,

4. ab 70 bis unter 90 Gesamtpunkten in den Pflegegrad 4: schwerste Beeinträchtigungen der Selbständigkeit oder der Fähigkeiten,

5. ab 90 bis 100 Gesamtpunkten in den Pflegegrad 5: schwerste Beeinträchtigungen der Selbständigkeit oder der Fähigkeiten mit besonderen Anforderungen an die pflegerische Versorgung.

(4) [1]Pflegebedürftige mit besonderen Bedarfskonstellationen, die einen spezifischen, außergewöhnlich hohen Hilfebedarf mit besonderen Anforderungen an die pflegerische Versorgung aufweisen, können aus pflegefachlichen Gründen dem Pflegegrad 5 zugeordnet werden, auch wenn ihre Gesamtpunkte unter 90 liegen. [2]Der Spitzenverband Bund der Pflegekassen konkretisiert in den Richtlinien nach § 17 Absatz 1 die pflegefachlich begründeten Voraussetzungen für solche besonderen Bedarfskonstellationen.

(5) [1]Bei der Begutachtung sind auch solche Kriterien zu berücksichtigen, die zu einem Hilfebedarf führen, für den Leistungen des Fünften Buches vorgesehen sind. [2]Dies gilt auch für krankheitsspezifische Pflegemaßnahmen. [3]Krankheitsspezifische Pflegemaßnahmen sind Maßnahmen der Behandlungspflege, bei denen der behandlungspflegerische Hilfebedarf aus medizinisch-pflegerischen Gründen regelmäßig und auf Dauer untrennbarer Bestandteil einer pfle-

gerischen Maßnahme in den in § 14 Absatz 2 genannten sechs Bereichen ist oder mit einer solchen notwendig in einem unmittelbaren zeitlichen und sachlichen Zusammenhang steht.

(6) [1]Bei pflegebedürftigen Kindern wird der Pflegegrad durch einen Vergleich der Beeinträchtigungen ihrer Selbständigkeit und ihrer Fähigkeiten mit altersentsprechend entwickelten Kindern ermittelt. [2]Im Übrigen gelten die Absätze 1 bis 5 entsprechend.

(7) Pflegebedürftige Kinder im Alter bis zu 18 Monaten werden abweichend von den Absätzen 3, 4 und 6 Satz 2 wie folgt eingestuft:

1. ab 12,5 bis unter 27 Gesamtpunkten in den Pflegegrad 2,

2. ab 27 bis unter 47,5 Gesamtpunkten in den Pflegegrad 3,

3. ab 47,5 bis unter 70 Gesamtpunkten in den Pflegegrad 4,

4. ab 70 bis 100 Gesamtpunkten in den Pflegegrad 5.

# Anlage 1 zu § 15 SGB XI

## Einzelpunkte der Module 1 bis 6; Bildung der Summe der Einzelpunkte in jedem Modul

### Modul 1: Einzelpunkte im Bereich der Mobilität

Das Modul umfasst fünf Kriterien, deren Ausprägungen in den folgenden Kategorien mit den nachstehenden Einzelpunkten gewertet werden:

| Ziffer | Kriterien | selb-ständig | überwiegend selb-ständig | überwiegend unselb-ständig | unselb-ständig |
|--------|-----------|--------------|--------------------------|----------------------------|----------------|
| 1.1 | Positionswechsel im Bett | 0 | 1 | 2 | 3 |
| 1.2 | Halten einer stabilen Sitzposition | 0 | 1 | 2 | 3 |
| 1.3 | Umsetzen | 0 | 1 | 2 | 3 |
| 1.4 | Fortbewegen innerhalb des Wohnbereichs | 0 | 1 | 2 | 3 |
| 1.5 | Treppensteigen | 0 | 1 | 2 | 3 |

## Modul 2: Einzelpunkte im Bereich der kognitiven und kommunikativen Fähigkeiten

Das Modul umfasst elf Kriterien, deren Ausprägungen in den folgenden Kategorien mit den nachstehenden Einzelpunkten gewertet werden:

| Ziffer | Kriterien | Fähigkeit vorhanden/unbeeinträchtigt | Fähigkeit größtenteils vorhanden | Fähigkeit in geringem Maße vorhanden | Fähigkeit nicht vorhanden |
|---|---|---|---|---|---|
| 2.1 | Erkennen von Personen aus dem näheren Umfeld | 0 | 1 | 2 | 3 |
| 2.2 | Örtliche Orientierung | 0 | 1 | 2 | 3 |
| 2.3 | Zeitliche Orientierung | 0 | 1 | 2 | 3 |
| 2.4 | Erinnern an wesentliche Ereignisse oder Beobachtungen | 0 | 1 | 2 | 3 |
| 2.5 | Steuern von mehrschrittigen Alltagshandlungen | 0 | 1 | 2 | 3 |
| 2.6 | Treffen von Entscheidungen im Alltag | 0 | 1 | 2 | 3 |
| 2.7 | Verstehen von Sachverhalten und Informationen | 0 | 1 | 2 | 3 |
| 2.8 | Erkennen von Risiken und Gefahren | 0 | 1 | 2 | 3 |
| 2.9 | Mitteilen von elementaren Bedürfnissen | 0 | 1 | 2 | 3 |
| 2.10 | Verstehen von Aufforderungen | 0 | 1 | 2 | 3 |
| 2.11 | Beteiligen an einem Gespräch | 0 | 1 | 2 | 3 |

## Modul 3: Einzelpunkte im Bereich der Verhaltensweisen und psychische Problemlagen

Das Modul umfasst dreizehn Kriterien, deren Häufigkeit des Auftretens in den folgenden Kategorien mit den nachstehenden Einzelpunkten gewertet wird:

| Ziffer | Kriterien | nie oder sehr selten | selten (ein- bis dreimal innerhalb von zwei Wochen) | häufig (zweimal bis mehrmals wöchentlich, aber nicht täglich) | täglich |
|---|---|---|---|---|---|
| 3.1 | Motorisch geprägte Verhaltensauffälligkeiten | 0 | 1 | 3 | 5 |
| 3.2 | Nächtliche Unruhe | 0 | 1 | 3 | 5 |
| 3.3 | Selbstschädigendes und autoaggressives Verhalten | 0 | 1 | 3 | 5 |
| 3.4 | Beschädigen von Gegenständen | 0 | 1 | 3 | 5 |
| 3.5 | Physisch aggressives Verhalten gegenüber anderen Personen | 0 | 1 | 3 | 5 |
| 3.6 | Verbale Aggression | 0 | 1 | 3 | 5 |
| 3.7 | Andere pflegerelevante vokale Auffälligkeiten | 0 | 1 | 3 | 5 |
| 3.8 | Abwehr pflegerischer und anderer unterstützender Maßnahmen | 0 | 1 | 3 | 5 |
| 3.9 | Wahnvorstellungen | 0 | 1 | 3 | 5 |
| 3.10 | Ängste | 0 | 1 | 3 | 5 |
| 3.11 | Antriebslosigkeit bei depressiver Stimmungslage | 0 | 1 | 3 | 5 |
| 3.12 | Sozial inadäquate Verhaltensweisen | 0 | 1 | 3 | 5 |
| 3.13 | Sonstige pflegerelevante inadäquate Handlungen | 0 | 1 | 3 | 5 |

## Modul 4: Einzelpunkte im Bereich der Selbstversorgung

Das Modul umfasst dreizehn Kriterien:

*Einzelpunkte für die Kriterien der Ziffern 4.1 bis 4.12*

Die Ausprägungen der Kriterien 4.1 bis 4.12 werden in den folgenden Kategorien mit den nachstehenden Punkten gewertet:

| Ziffer | Kriterien | selb- ständig | über- wiegend selb- ständig | über- wiegend unselb- ständig | unselb- ständig |
|---|---|---|---|---|---|
| 4.1 | Waschen des vorderen Oberkörpers | 0 | 1 | 2 | 3 |
| 4.2 | Körperpflege im Bereich des Kopfes (Kämmen, Zahn- pflege/Prothesenreinigung, Rasieren) | 0 | 1 | 2 | 3 |
| 4.3 | Waschen des Intimbereichs | 0 | 1 | 2 | 3 |
| 4.4 | Duschen und Baden einschließlich Waschen der Haare | 0 | 1 | 2 | 3 |
| 4.5 | An- und Auskleiden des Oberkörpers | 0 | 1 | 2 | 3 |
| 4.6 | An- und Auskleiden des Unterkörpers | 0 | 1 | 2 | 3 |
| 4.7 | Mundgerechtes Zubereiten der Nahrung und Eingießen von Getränken | 0 | 1 | 2 | 3 |
| 4.8 | Essen | 0 | 3 | 6 | 9 |
| 4.9 | Trinken | 0 | 2 | 4 | 6 |
| 4.10 | Benutzen einer Toilette oder eines Toilettenstuhls | 0 | 2 | 4 | 6 |
| 4.11 | Bewältigen der Folgen einer Harninkontinenz und Um- gang mit Dauerkatheter und Urostoma | 0 | 1 | 2 | 3 |
| 4.12 | Bewältigen der Folgen einer Stuhlinkontinenz und Um- gang mit Stoma | 0 | 1 | 2 | 3 |

Die Ausprägungen des Kriteriums der Ziffer 4.8 sowie die Ausprägung der Kriterien der Ziffern 4.9 und 4.10 werden wegen ihrer besonderen Bedeutung für die pflegerische Versorgung stärker gewichtet.

Die Einzelpunkte für die Kriterien der Ziffern 4.11 und 4.12 gehen in die Berechnung nur ein, wenn bei der Begutachtung beim Versicherten darüber hinaus die Feststellung „überwiegend inkontinent" oder „vollständig inkontinent" getroffen wird oder eine künstliche Ableitung von Stuhl oder Harn erfolgt.

*Einzelpunkte für das Kriterium der Ziffer 4.13*

Die Ausprägungen des Kriteriums der Ziffer 4.13 werden in den folgenden Kategorien mit den nachstehenden Einzelpunkten gewertet:

| Ziffer | Kriterium | entfällt | teilweise | voll-ständig |
|--------|-----------|----------|-----------|--------------|
| 4.13 | Ernährung parental oder über Sonde | 0 | 6 | 3 |

Das Kriterium ist mit „entfällt" (0 Punkte) zu bewerten, wenn eine regelmäßige und tägliche parenterale Ernährung oder Sondenernährung auf Dauer, voraussichtlich für mindestens sechs Monate, nicht erforderlich ist. Kann die parenterale Ernährung oder Sondenernährung ohne Hilfe durch andere selbständig durchgeführt werden, werden ebenfalls keine Punkte vergeben.

Das Kriterium ist mit „teilweise" (6 Punkte) zu bewerten, wenn eine parenterale Ernährung oder Sondenernährung zur Vermeidung von Mangelernährung mit Hilfe täglich und zusätzlich zur oralen Aufnahme von Nahrung oder Flüssigkeit erfolgt.

Das Kriterium ist mit „vollständig" (3 Punkte) zu bewerten, wenn die Aufnahme von Nahrung oder Flüssigkeit ausschließlich oder nahezu ausschließlich parenteral oder über eine Sonde erfolgt.

Bei einer vollständigen parenteralen Ernährung oder Sondenernährung werden weniger Punkte vergeben als bei einer teilweisen parenteralen Ernährung oder Sondenernährung, da der oft hohe Aufwand zur Unterstützung bei der oralen Nahrungsaufnahme im Fall ausschließlich parenteraler oder Sondenernährung weitgehend entfällt.

*Einzelpunkte für das Kriterium der Ziffer 4.K*

Bei Kindern im Alter bis 18 Monate werden die Kriterien der Ziffern 4.1 bis 4.13 durch das Kriterium 4.K ersetzt und wie folgt gewertet:

| Ziffer | Kriterium | Einzel-punkte |
|---|---|---|
| 4.K | Bestehen gravierender Probleme bei der Nahrungsaufnahme bei Kindern bis zu 18 Monaten, die einen außergewöhnlich pflegeintensiven Hilfebedarf auslösen | 20 |

## Modul 5: Einzelpunkte im Bereich der Bewältigung von und des selbständigen Umgangs mit krankheits- oder therapiebedingten Anforderungen und Belastungen

Das Modul umfasst sechzehn Kriterien.

*Einzelpunkte für die Kriterien der Ziffern 5.1 bis 5.7*

Die durchschnittliche Häufigkeit der Maßnahmen pro Tag bei den Kriterien der Ziffern 5.1 bis 5.7 wird in den folgenden Kategorien mit den nachstehenden Einzelpunkten gewertet:

| Ziffer | Kriterien in Bezug auf | entfällt oder selb-ständig | Anzahl der Maßnahmen | | |
|---|---|---|---|---|---|
| | | | pro Tag | pro Woche | pro Monat |
| 5.1 | Medikation | 0 | | | |
| 5.2 | Injektionen (subcutan oder intramuskulär) | 0 | | | |
| 5.3 | Versorgung intravenöser Zugänge (Port) | 0 | | | |
| 5.4 | Absaugen und Sauer-stoffgabe | 0 | | | |
| 5.5 | Einreibungen oder Kälte- und Wärmean-wendungen | 0 | | | |
| 5.6 | Messung und Deutung von Körperzuständen | 0 | | | |
| 5.7 | Körpernahe Hilfsmittel | 0 | | | |
| Summe der Maßnahmen aus 5.1 bis 5.7 | | 0 | | | |
| Umrechnung in Maßnahmen pro Tag | | 0 | | | |

| Einzelpunkte für die Kriterien der Ziffern 5.1 bis 5.7 | | | | |
|---|---|---|---|---|
| Maßnahme pro Tag | keine oder seltener als einmal täglich | mindestens einmal bis maximal dreimal täglich | mehr als dreimal bis maximal achtmal täglich | mehr als achtmal täglich |
| Einzelpunkte | 0 | 1 | 2 | 3 |

Für jedes der Kriterien 5.1 bis 5.7 wird zunächst die Anzahl der durchschnittlich durchgeführten Maßnahmen, die täglich und auf Dauer, voraussichtlich für mindestens sechs Monate, vorkommen, in der Spalte pro Tag, die Maßnahmen, die wöchentlich und auf Dauer, voraussichtlich für mindestens sechs Monate, vorkommen, in der Spalte pro Woche und die Maßnahmen, die monatlich und auf Dauer, voraussichtlich für mindestens sechs Monate, vorkommen, in der Spalte pro Monat erfasst. Berücksichtigt werden nur Maßnahmen, die vom Versicherten nicht selbständig durchgeführt werden können.

Die Zahl der durchschnittlich durchgeführten täglichen, wöchentlichen und monatlichen Maßnahmen wird für die Kriterien 5.1 bis 5.7 summiert (erfolgt zum Beispiel täglich dreimal eine Medikamentengabe – Kriterium 5.1 – und einmal Blutzuckermessen – Kriterium 5.6 –, entspricht dies vier Maßnahmen pro Tag). Diese Häufigkeit wird umgerechnet in einen Durchschnittswert pro Tag. Für die Umrechnung der Maßnahmen pro Monat in Maßnahmen pro Tag wird die Summe der Maßnahmen pro Monat durch 30 geteilt. Für die Umrechnung der Maßnahmen pro Woche in Maßnahmen pro Tag wird die Summe der Maßnahmen pro Woche durch 7 geteilt.

*Einzelpunkte für die Kriterien der Ziffern 5.8 bis 5.11*

Die durchschnittliche Häufigkeit der Maßnahmen pro Tag bei den Kriterien der Ziffern 5.8 bis 5.11 wird in den folgenden Kategorien mit den nachstehenden Einzelpunkten gewertet:

| Ziffer | Kriterien in Bezug auf | entfällt oder selbständig | Anzahl der Maßnahmen | | |
|---|---|---|---|---|---|
| | | | pro Tag | pro Woche | pro Monat |
| 5.8 | Verbandswechsel und Wundversorgung | 0 | | | |
| 5.9 | Versorgung mit Stoma | 0 | | | |
| 5.10 | Regelmäßige Einmalkatheterisierung und Nutzung von Abführmethoden | 0 | | | |
| 5.11 | Therapiemaßnahmen in häuslicher Umgebung | 0 | | | |
| Summe der Maßnahmen aus 5.8 bis 5.11 | | 0 | | | |
| Umrechnung in Maßnahmen pro Tag | | 0 | | | |

| Einzelpunkte für die Kriterien der Ziffern 5.8 bis 5.11 | | | | |
|---|---|---|---|---|
| Maßnahme pro Tag | keine oder seltener als einmal wöchentlich | ein- bis mehrmals wöchentlich | ein- bis unter dreimal täglich | mindestens dreimal täglich |
| Einzelpunkte | 0 | 1 | 2 | 3 |

Für jedes der Kriterien 5.8 bis 5.11 wird zunächst die Anzahl der durchschnittlich durchgeführten Maßnahmen, die täglich und auf Dauer, voraussichtlich für mindestens sechs Monate, vorkommen, in der Spalte pro Tag, die Maßnahmen, die wöchentlich und auf Dauer, voraussichtlich für mindestens sechs Monate, vorkommen, in der Spalte pro Woche und die Maßnahmen, die monatlich und auf Dauer, voraussichtlich für mindestens sechs Monate, vorkommen, in der Spalte pro Monat erfasst. Berücksichtigt werden nur Maßnahmen, die vom Versicherten nicht selbständig durchgeführt werden können.

Die Zahl der durchschnittlich durchgeführten täglichen, wöchentlichen und monatlichen Maßnahmen wird für die Kriterien 5.8 bis 5.11 summiert. Diese Häufigkeit wird umgerechnet in einen Durchschnittswert pro Tag.

Für die Umrechnung der Maßnahmen pro Monat in Maßnahmen pro Tag wird die Summe der Maßnahmen pro Monat durch 30 geteilt. Für die Umrechnung der Maßnahmen pro Woche in Maßnahmen pro Tag wird die Summe der Maßnahmen pro Woche durch 7 geteilt.

*Einzelpunkte für die Kriterien der Ziffern 5.12 bis 5.K*

Die durchschnittliche wöchentliche oder monatliche Häufigkeit von zeit- und technikintensiven Maßnahmen in häuslicher Umgebung, die auf Dauer, voraussichtlich für mindestens sechs Monate, vorkommen, wird in den folgenden Kategorien mit den nachstehenden Einzelpunkten gewertet:

| Ziffer | Kriterium in Bezug auf | entfällt oder selbständig | täglich | wöchentliche Häufigkeit multipliziert mit | monatliche Häufigkeit multipliziert mit |
|--------|------------------------|---------------------------|---------|-------------------------------------------|-----------------------------------------|
| 5.12 | Zeit- und technikintensive Maßnahmen in häuslicher Umgebung | 0 | 60 | 8,6 | 2 |

Für das Kriterium der Ziffer 5.12 wird zunächst die Anzahl der regelmäßig und mit durchschnittlicher Häufigkeit durchgeführten Maßnahmen, die wöchentlich vorkommen, und die Anzahl der regelmäßig und mit durchschnittlicher Häufigkeit durchgeführten Maßnahmen, die monatlich vorkommen, erfasst. Kommen Maßnahmen regelmäßig täglich vor, werden 60 Punkte vergeben.

Jede regelmäßige wöchentliche Maßnahme wird mit 8,6 Punkten gewertet. Jede regelmäßige monatliche Maßnahme wird mit zwei Punkten gewertet.

Die durchschnittliche wöchentliche oder monatliche Häufigkeit der Kriterien der Ziffern 5.13 bis 5.K wird wie folgt erhoben und mit den nachstehenden Punkten gewertet:

| Ziffer | Kriterien | entfällt oder selb- ständig | wöchentliche Häufigkeit multipliziert mit | monat- liche Häufig- keit multipli- ziert mit |
|--------|-----------|------|------|------|
| 5.13 | Arztbesuche | 0 | 4,3 | 1 |
| 5.14 | Besuch anderer medizinischer oder therapeutischer Einrich- tungen (bis zu drei Stunden) | 0 | 4,3 | 1 |
| 5.15 | Zeitlich ausgedehnte Besuche anderer medizinischer oder therapeutischer Einrichtungen (länger als drei Stunden) | 0 | 8,6 | 2 |
| 5.K | Besuche von Einrichtungen zur Frühförderung bei Kindern | 0 | 4,3 | 1 |

Für jedes der Kriterien der Ziffern 5.13 bis 5.K wird zunächst die An- zahl der regelmäßig und mit durchschnittlicher Häufigkeit durchge- führten Besuche, die wöchentlich und auf Dauer, voraussichtlich für mindestens sechs Monate, vorkommen, und die Anzahl der regelmä- ßig und mit durchschnittlicher Häufigkeit durchgeführten Besuche, die monatlich und auf Dauer, voraussichtlich für mindestens sechs Monate, vorkommen, erfasst. Jeder regelmäßige monatliche Besuch wird mit einem Punkt gewertet. Jeder regelmäßige wöchentliche Be- such wird mit 4,3 Punkten gewertet. Handelt es sich um zeitlich aus- gedehnte Arztbesuche oder Besuche von anderen medizinischen oder therapeutischen Einrichtungen, werden sie doppelt gewertet.

Die Punkte der Kriterien 5.12 bis 5.15 – bei Kindern bis 5.K – wer- den addiert. Die Kriterien der Ziffern 5.12 bis 5.15 – bei Kindern bis 5.K – werden anhand der Summe der so erreichten Punkte mit den nachstehenden Einzelpunkten gewertet:

| Summe | | | Einzelpunkte |
|-------|-----------|------|------|
| 0 | bis unter | 4,3 | 0 |
| 4,3 | bis unter | 8,6 | 1 |
| 8,6 | bis unter | 12,9 | 2 |
| 12,9 | bis unter | 60 | 3 |
| 60 und | mehr | | 6 |

*Einzelpunkte für das Kriterium der Ziffer 5.16*

Die Ausprägungen des Kriteriums der Ziffer 5.16 werden in den folgenden Kategorien mit den nachstehenden Einzelpunkten gewertet:

| Ziffer | Kriterien | entfällt oder selbständig | überwiegend selbständig | überwiegend unselbständig | unselbständig |
|---|---|---|---|---|---|
| 5.16 | Einhaltung einer Diät und anderer krankheits- oder therapiebedingter Verhaltensvorschriften | 0 | 1 | 2 | 3 |

## Modul 6: Einzelpunkte im Bereich der Gestaltung des Alltagslebens und sozialer Kontakte

Das Modul umfasst sechs Kriterien, deren Ausprägungen in den folgenden Kategorien mit den nachstehenden Punkten gewertet werden:

| Ziffer | Kriterien | selbständig | überwiegend selbständig | überwiegend unselbständig | unselbständig |
|---|---|---|---|---|---|
| 6.1 | Gestaltung des Tagesablaufs und Anpassung an Veränderungen | 0 | 1 | 2 | 3 |
| 6.2 | Ruhen und Schlafen | 0 | 1 | 2 | 3 |
| 6.3 | Sichbeschäftigen | 0 | 1 | 2 | 3 |
| 6.4 | Vornehmen von in die Zukunft gerichteten Planungen | 0 | 1 | 2 | 3 |
| 6.5 | Interaktion mit Personen im direkten Kontakt | 0 | 1 | 2 | 3 |
| 6.6 | Kontaktpflege zu Personen außerhalb des direkten Umfelds | 0 | 1 | 2 | 3 |

[1] Anl. 1 angef. mWv 1.1.2017 durch G v. 21.12.2015 (BGBl. I S. 2424); geänd. mWv 1.1. 2017 durch G v. 23.12.2016 (BGBl. I S. 3191).

# Sachverzeichnis